西安交通大学"十二五"规划教材

U0743088

管理思维与沟通

吕春晓 李 昀 著

西安交通大学出版社
XI'AN JIAOTONG UNIVERSITY PRESS

内容简介

本书围绕提高企业管理效率和改善管理效果的目标,介绍了沟通的基本概念与产生积极效果的机理,解释了管理过程中的沟通与沟通管理之间的差异。全书介绍和讨论了沟通过程的组成环节,重点讨论了沟通者的品行、心态对沟通效果的影响;按照沟通环节详细讨论了在实际管理过程中选择沟通内容、组织沟通观点、选择沟通媒介、改善倾听与反馈效果、评价沟通价值等内容。

本书强调解决企业管理实践中所存在问题的沟通思路与办法,而不仅是对一般性沟通过程与环节的解释;注重阐述个人修养与心态对沟通效果的影响;明确企业管理过程中沟通的目的是提高管理效率、改善管理效果。基于以上三个鲜明的特点,本书对各类企业的管理具有很好的参考价值。

本书适用于高等院校经济管理类各专业作为教材,也可作为研究生、MBA 班教材,亦适用于作为企业管理的参考资料。

图书在版编目(CIP)数据

管理思维与沟通/吕春晓等著. —西安:西安交通大学出版社,2013.3(2020.1重印)
西安交通大学"十二五"规划教材
ISBN 978 - 7 - 5605 - 5062 - 6

Ⅰ.①管… Ⅱ.①吕… Ⅲ.①企业管理-高等学校-教材 Ⅳ.①F270

中国版本图书馆 CIP 数据核字(2013)第 033991 号

书　　名	管理思维与沟通	
著　　者	吕春晓　李　昀	
责任编辑	袁　娟	
出版发行	西安交通大学出版社	
	(西安市兴庆南路 1 号　邮政编码 710048)	
网　　址	http://www.xjtupress.com	
电　　话	(029)82668357　82667874(发行中心)	
	(029)82668315(总编办)	
传　　真	(029)82668280	
印　　刷	西安日报社印务中心	
开　　本	727mm×960mm　1/16　　印张 15　　字数 279 千字	
版次印次	2013 年 3 月第 1 版　　2020 年 1 月第 3 次印刷	
书　　号	ISBN 978 - 7 - 5605 - 5062 - 6	
定　　价	32.80 元	

读者购书、书店添货,或发现印装质量问题,请与本社发行中心联系、调换。
订购热线:(029)82665248　(029)82665249
投稿热线:(029)82668133
读者信箱:xj_rwjg@126.com

目　　录

第1章

管理沟通理论概述

本章学习要点

1. 管理沟通能够帮助企业提高工作效率并改善实际工作效率,能够降低企业的工作成本,实际改善管理工作环境。

2. 管理沟通的研究已经取得了大量成果。管理沟通的研究涉及的内容主要是组织行为与工作关系协调,以及组织管理研究工作。

3. 企业中的沟通行为涉及内部管理工作中需要沟通的内容,以及企业与经营中涉及的外部沟通内容。

4. 管理沟通过程不仅具备积极的效果,也存在沟通成本。需要客观理解沟通过程的成本与收益之间的关系。

在企业的管理过程中,经常会遇到一些涉及多人、多部门、上下级之间的协作问题,一些管理责任划分不清的问题,以及一些可能导致误解的矛盾、彼此之间对一些问题的讨论交流等事情。这些问题、矛盾以及员工彼此之间理解的需要,使得企业相关当事方之间必须进行相应的信息沟通,以便能够通过大家的共同努力,一起解决管理工作中遇到的具体实际问题,从而促进管理工作的有效性并达成更好的经营与管理效果。

从概念上讲,管理沟通有多种内涵。其一,管理沟通是企业在管理过程中开展的各种沟通工作的总和。这种说法的基础是,管理沟通与企业管理者讨论管理活动中的沟通过程密切相关,沟通活动涉及的内容就是企业管理工作涉及的内容。管理沟通工作涉及管理职能中的计划、组织、控制、协调以及指挥等职能的运用。也就是说,管理工作中所涉及的内容都与管理沟通工作有关,沟通内容就是管理活动中涉及的各种与员工彼此之间的交流相关的问题。其二,管理沟通是讨论对一般意义上的"沟通"过程进行管理的学问。这里所说的沟通是普适性意义上的沟通,涉及的范围更广泛,可以是生活、工作、学习等各个方面与层次上的内容。

为了能够更好地理解管理沟通涉及的相关内容,本书将讨论范围界定在与管理工作和活动相关的范围内,同时也借助生活与学习中遇到的一些与企业管理活动相关的内容,用以说明管理工作中的沟通过程所涉及的相关概念与理论以及有关问题。对沟通概念、方法、理念的阐述,为进一步搞好管理工作中的沟通工作,改善企业管理效果提供一些积极的帮助。

1.1　管理沟通的目的

管理沟通的目的是使人们能够在生活中增加彼此的理解,使人在生命的不同阶段中都能充满幸福感;在实际工作中营造更好的气氛使工作氛围充满和谐,让员工能够在企业经营过程中看到充满希望的发展前景。

本书所讨论的沟通目的主要是通过建设性而非破坏性的讨论,理解管理沟通涉及的相关内容,通过对不同经营环境下、不同业务内容中、不同交流方式的沟通过程的分析与讨论,为沟通者提供一种能够客观理性看待工作、理解生活的积极性启发与借鉴、促进沟通者在心灵与物质诸方面价值的实际提升。

在管理工作中能了解和理解交往各方的实际想法、工作愿望、期待与诉求,能够更好地认识这些方面的真实状况与存在的问题,并且通过符合实际要求的理性交流,使得人们所期待的沟通结果顺利或者更容易达成,对一个单位或者企业达成目标具有很实际的价值。

做好企业的管理工作,需要各类员工彼此之间能够密切配合。在生活过程中,同样也需要不同的人们之间的有效合作。人们知道,彼此之间的配合与合作,对人们更好完成工作与生活目标,能够产生积极或者消极影响。在人们彼此的工作接触期间或者过程中,如果因为彼此不能很好地理解对方的意图,不能明白对方所表述内容的真实内涵,不能或者不愿意接受对方所表述意图的方式与情绪等,就会导致交往双方不能在工作中更好地交流与有效合作,导致可能成功的事情最终不能成功,本来可能顺利实施的管理工作任务不能按照计划顺利完成,本来轻易能完成的工作会变得复杂并难以有效开展等消极结果的产生。

尤其是在工作过程中,因为员工彼此之间不能很好地相互理解,往往会造成提升企业的工作成本和员工心情不快的后果。因此,需要讨论管理沟通工作涉及的相关要素,以及这些要素对管理沟通效果的影响方式、影响途径、影响程度等相关内容;还要讨论如何面对和处理这些相关影响因素,使管理沟通工作更有效开展,从而促进和提高员工的生活质量、提升企业员工的工作效率。

简单地说,讨论和研究管理沟通的目的就是通过理解管理沟通的基本原理,使得沟通过程更加有效,沟通效果更符合意愿。或者说能够通过员工之间的彼此交流,使得工作更容易完成、心情更加轻松,彼此之间的误解更容易消除,最终使得管理效率得到提升、管理效果得到改善。

1.2　管理沟通的研究背景

在与企业管理者接触过程中,人们可以看到、观察到,甚至直接体验到一种现实:其实几乎每一个管理者都希望企业气氛能够和谐活泼,企业经营活动能够正常运作,企业能够健康成长,能够成为百年老店,成为长寿组织。这里说的管理者,包括企业的高层管理者、中层管理者以及基层管理者。这些管理者都希望能够做好自己的本职工作,履行自己的岗位责任并完成自己的岗位任务。能够做好这些事情,不仅能给自己带来预期的收益,也能体现自己的生命或者工作价值。

按照马斯洛的理论,社会价值是人生追求的最高层次,不论管理者级别高低,即使是不同的工作人员,也希望自己的工作得到他人、组织甚至社会的认可。所以,为了得到这些期待的结果,人们必然希望工作更加顺利,工作环境与效果更好。管理沟通是帮助人们更好工作的有效工具,也是处理和改善或者优化生存与工作环境的重要过程。

在以往的研究中,很多学者对管理沟通做了论述。这些论述对人们进一步了解管理沟通工作的内容、研究对象、研究方法、效果评价等内容具有很大的借鉴作用。学者们对管理沟通的说法主要有下面一些观点。

1.2.1　管理沟通的发展阶段

陈亮等的论文[①]指出,管理沟通的理论发展经历了 3 个主要发展阶段:萌芽期、成长期与发展期。

在萌芽期(20 世纪初—20 世纪 40 年代),主要的标志性事件是:20 世纪初,哈佛等商学院(哈佛大学和达特茅斯的商学院,皆是此领域的先驱者)开始讲授管理沟通课程;法约尔在一般管理的 14 条原则中提出了"等级链和跳板"的沟通原则;在 20 世纪的二三十年代,梅奥(E. Mayo)在霍桑(Hawthorne)试验的基础上,提出了体现了管理沟通思想的人际关系学说。该学说强调人与人之间的相互沟通,包括上下沟通和横向沟通。其中非正式组织理念的提出拓宽了后人对于组织沟通领域的研究范围。

在成长期(20 世纪 40 年代至 20 世纪 80 年代),主要标志性事件是:申农和W. 维弗根据他们对通信系统的研究,在 1949 年提出了第一个较全面的沟通模型;巴纳德建立了现代管理理论中的组织系统原理;彼得·德鲁克于 20 世纪 70 年代提出了目标管理理论以及企业沟通的四条沟通原则;还有管理学者正式提出了管理沟通的概念。

---

① 　陈亮,林西. 管理沟通理论发展阶段略述[J]. 中南大学学报(社会科学版),2003(12):812-815.

　　其中申农等提出的沟通模型,把沟通过程分解为 6 个环节,包括信源、转换器、信道、噪声源、接受器和信宿六个部分。该模型较为清晰地表述了沟通过程中不同环节之间的关系,对人们认识沟通过程具有很大的帮助。

　　而巴纳德提出的组织系统原理,主要说明信息沟通涉及企业的每一个成员,对企业活动的组织有着非常重要的作用,是企业存续的基本条件。彼得·德鲁克认为,管理者只有通过沟通制定各层次、各部门及其成员个人的目标,才能使成员自己掌握目标实现程度的评价体系,才能使成员及时了解实现目标的情况和结果,并反馈成员的建议和要求。

　　在发展期(20 世纪 80 年代至今),人们对管理沟通的研究取得了很大成果。各种关于管理沟通的专业研究成果书籍大量问世。人们对管理沟通的研究更加深入,并且形成了一些新的观点。

　　按照陈亮等学者的说法,在管理沟通的发展期,主要的研究内容分为三个方面:其一是组织对信息沟通的控制研究,主要讨论"组织在机构设置上必须考虑如何才能最方便、快捷、准确地捕捉和控制信息"的对策。其二是讨论和研究组织沟通与工作满意度的关系。这部分内容主要包括:上下级沟通关系与工作满意感;员工沟通满意感与离职意向的关系;沟通开放性与工作满意感。第三部分的主要内容包括:组织冲突的特点及其在组织中的作用与沟通在冲突管理中的作用等。

　　组织对信息的控制理论则主要讨论组织对信息流向、信息过滤、信息效率、信息效果等的影响与处理方式。

　　在第二部分内容中,Richmond、McCroskey 和 Davis(1982)研究了上司的决策和管理沟通风格对员工满意感的影响;Richmond 和 McCroskey 的实证结果证实:研究结果表明管理沟通风格和员工对上司的满意感之间中度相关,管理沟通风格和对工作的满意感中度相关,管理沟通风格和员工对晋升的满意感之间有较不显著的相关关系。一批学者的研究清楚地揭示了工作满意感和离职之间的关系:工作满意感低者,离职的可能性大,在承诺和离职意向之间存在负相关关系。虽然对沟通满意感还没有进行很好的量化研究,但沟通满意感是员工工作满意感高低的一个预测因素。上司的管理沟通风格越民主,组织沟通越开放,员工对工作和对上司的满意感就越高。如果员工对上下级沟通关系不满意,那么员工离职的可能性越大。

　　在第三部分内容中,Robbins 和 Coulter(1996)提出了冲突与组织沟通理论,认为冲突不仅是组织的要素,而且有些冲突对组织的有效运行、创新能力是不可或缺的。沟通是管理冲突和解决冲突的重要手段,解决冲突的每一个环节都是以沟通为中心的。良好的沟通意味着允许差异的存在。虽然一般人认为大多数冲突是由沟通不足引起的,但有研究表明:足够的沟通并不能阻止一些冲突的发生。由于人们对差异的容忍度不够,所以某些冲突难以避免。

1.2.2　管理沟通的研究内容

卢山冰在《现代传播学理论最重要的跨学科发展》[①]中,认为国内外管理沟通课程涉及的主要内容可以分为五种类型:第一主要介绍管理沟通形态,主要涉及管理沟通的概念、方式、方法、沟通关系等;第二是公共关系沟通,主要涉及主体与外部主体之间的沟通等;第三是企业沟通,主要涉及企业形象识别系统等;第四是内部沟通技巧,主要涉及内部沟通技巧;第五是商务沟通,其主要涉及内容是商务沟通等。

从管理实践看,管理沟通涉及企业的外部沟通与内部沟通两个部分的内容,但两个方面的沟通都涉及沟通过程遇到的普遍性内容,也就是影响沟通效果的因素、沟通工具、沟通技巧等内容。

首先,管理沟通过程中涉及沟通的概念、沟通影响要素等内容。管理沟通不仅涉及人性的特点、企业经营环境,还涉及沟通目的、沟通内容等不确定因素。同时,管理沟通活动的成效还与沟通目的、沟通发起者的性格特点、沟通内容选择、组织形式、沟通媒介、沟通背景、沟通反馈等环节的特殊性之间存在关系。

其次,管理沟通涉及各种具体的沟通工具与技巧,这些工具是管理过程中实际选择并使用的媒介,包括沟通语言表达方式、文字组织、特殊的应用文体等方面。具体可以反映到商业写作、备忘录和信函、岗位沟通、报告和建议的撰写等内容。

再次,管理沟通还涉及多方面管理内容的交流,涉及交流过程与企业经营成功的关系问题。选择怎样的沟通方式,借助怎样的企业文化,在制度管理中如何运用沟通工具使其更为有效,对达成企业经营目标是有关系的。所以,在讨论管理沟通的过程中,需要结合企业的管理实践进行分析和实践。

1.3　管理沟通的概念

在不同的文献中,学者们对管理沟通的概念有过诸多的论述与界定。在界定管理沟通过程中,首先可以将管理沟通分为管理与沟通两个词进行分析。多数文献是先对沟通进行界定,然后才讨论管理沟通这个完整词汇的内涵的。

从沟通这个词本身看,是先考虑"沟"然后再考虑"通"的。在多数情况下,没有"沟"也就没有"通"的结果。当然,本来就是通畅的信息管道,就不存在"沟"的必要了。在现实生活中,说到沟通,首先要考虑前提假设,人们都是在认为存在不通畅的渠道时,才看重沟通的作用与价值。

---

① 卢山冰.管理沟通——现代传播管理论最重要的跨学科发展[J].今传媒,2006(09):23-24.

　　沟通是一个过程,沟通不仅能够解决因为存在误解而导致的工作矛盾,能够传递一些对完成工作任务有益和无益的信息并给他人带来积极或者消极的影响,能够促进员工一起进行合作或者协作完成某项具体的工作,能够使得员工彼此之间形成 1+1＞2 的结果,还能产生一些难以清晰表述的其他积极管理效果。

　　在沟通过程中,一定存在两个或者多个沟通主体。这些主体可以是个人、部门或者其他类型的组织。这些不同主体之间必然存在合作的需求,也可能是存在利益关联性。其次,沟通一定存在具体的信息内容。在管理工作中,需要沟通的内容与企业具体管理工作内容密切相关。这些内容可以是涉及管理活动的具体业务,也可以是其他涉及具体工作业务的零碎事情。紧扣管理工作重点业务,选择合适的沟通主题,是管理活动本身的需要,也是达成沟通目的的前提。再者,根据沟通对方接受沟通内容的特点,而使用通俗的、简明扼要的、容易被理解和接受的表达方式传递希望表达的观点与目的与对方沟通,也是管理过程中必要和需要考虑的问题。最后,必须考虑到被沟通对方的需要,只有当被沟通者愿意、能够而且主动给予反馈,才能实现沟通目的,促进管理效果的改善和提升。

　　显然,管理沟通过程涉及的核心要素是沟通的信息。在管理过程中,被沟通的对方能够理解并且愿意接受沟通过程中所传递的信息,并且能够对沟通愿望给予积极反馈才是达成沟通目的具体反映。因此,沟通的定义必须涉及沟通内容、沟通内容的传递过程、沟通结果的反馈等三个核心要素。进一步讲,在企业经营管理背景下,涉及管理活动与相关内容的沟通过程,才可以称为管理沟通。

　　具体讲,沟通是沟通者将某种管理或工作过程中选择的必要信息进行传递,使被沟通者能够并且愿意,可以接受、理解并作出积极反馈的过程;当然,沟通过程所希望的沟通结果应该能够有益于沟通双方、企业经营效果以及所处的社会环境。如果沟通的结果对社会、企业以及沟通双方不能产生积极影响,则认为这种沟通是消极的过程。

1.4　管理沟通的对象与沟通关系

1.4.1　企业外部沟通对象

　　企业的管理活动涉及与企业经营行为相关的主体。按照利益相关者理论的说法,与企业经营行为相关的主体可以分为企业外部的利益相关者与企业内部的利益相关者两类。在企业外部的利益相关者中,涉及的主体包括企业股东、政府、银行、社区、消费者、供应商等不同的对象;在与企业内部管理涉及的沟通过程中,首先要区分沟通关系,然后才能确定某些特定的沟通过程。比如,上下级部门之间的沟通、同级别部门之间的沟通、员工之间的横向沟通、跨级别沟通等,再者还有组织之间、组织与个人之间的沟通等。

在与企业外部主体的沟通中,企业的代表者也是差异很大的。比如有权与外部主体进行沟通的主体是企业的法人代表,或者是法人代表授权的某个部门与员工。在与外界交往与沟通过程中,需要依据企业与外界的关联性质,决定采用某些特殊的方式处理彼此的关系。不论如何,首先要考虑沟通对方对沟通者的需求,如果对方没有需求,则几乎不存在沟通的可能性。比如,与政府交往过程中,需要理解政府本身对企业的需要,无论是经济上还是社会意义上,都要先了解和理解这种需要。再者,还要考虑代表政府的个人在与企业交往过程中的需要特征。同样,在处理企业与股东之间的关系时,也要了解股东对企业的本质需要,这样才能从多赢的角度选择彼此之间的交流内容、方式以及具体目的。

1.4.2　企业内部的沟通关系

在处理企业内部的沟通关系时,首先要明白企业的经营目的,以及由该经营目的派生出来的各种独特管理需求。当然还要明确不同的部门、员工是否会以企业经营目标为行为选择的准则。在考虑关系处理与沟通选择的过程中,需要假设企业的所有的行为都是以实现企业经营目标为选择依据的。否则,以个人利益或者部门利益最大化为基础的沟通过程,可能会导致企业利益的下降。因此,不提倡该类沟通在管理过程中出现。

企业经营过程中存在的沟通关系是以利益关系与工作关系为基础的。在讨论管理沟通的时候,假设沟通过程的相关者都是为了企业利益增长为基础的。从纵向沟通角度看,可以划分为自上而下与自下而上的沟通过程。其中自上而下的过程包括企业经理、副经理、部门正职、副职、员工等路径上两个节点之间的相互关系。比如,经理与副经理之间的业务与工作沟通,企业副经理与部门经理之间的沟通等。当然,在这个工作链条中,也会存在跨节点形式的沟通过程。但按照管理原则,不希望这种沟通现象经常性出现。横向的管理沟通过程出现在同样级别中的两个主体之间。比如企业的两个副经理之间,两个部门之间,两个具体员工之间等。设计形成企业内不同主体之间的沟通渠道,也是形成良好沟通效果的重要内容。

显然,在企业不同的组织架构中,必然存在不同的沟通路径。通过对不同组织架构进行分析,是设计良好沟通关系的前提条件。

1.5　管理沟通的形式

企业实际工作过程中,信息沟通的形式分为若干类型。

按照沟通过程与组织管理过程的关系分类,可以分为正式沟通与非正式沟通。

正式沟通是按照组织的决定开展的信息交流过程,非正式沟通则主要包含随意的、临时起意的信息交流过程。在正式沟通过程中,可以选择书面形式、口头形式,还可以包括会议等多种方式的信息交流。非正式沟通包括的形式多数是口头的,当然也可以是书面形式的。

选择信息交流方式的依据,是由完成管理工作的需要决定的。

1.6　管理沟通的作用

有人说,沟通能够在两个人的心灵之间搭建一座桥梁。以管理背景理解沟通的作用,就是希望在两个主体之间设立一条高速信息通道,使两个沟通主体能够围绕彼此的共同利益与企业利益提升的要求,积极主动地开展工作合作,实现彼此都期待的管理效果。当然,在两个主体(组织或者个人)之间构建桥梁的关键条件是两个主体都有沟通愿望。只要其中之一没有沟通愿望或者拒绝沟通,则沟通的结果就不会出现。人们考虑彼此之间工作与合作关系的目的,实际上就是为了在工作需要的时候能够保持彼此之间的沟通渠道,以便能够在需要的时候用低成本的代价,达到所期待的沟通结果。

沟通的作用主要表现在以下三方面。

1.6.1　提升员工与企业的实际价值

在生活中的方方面面、在人们彼此之间的沟通过程中,从沟通的出发点设计等方面都可以看到的事实是:如果人们都能更多地考虑被沟通者的利益所在,则通过主动的、客观的沟通过程,可以使得被沟通者的心理感受更好,彼此之间存在的困难更容易解决,工作过程也更容易开展。比如,企业各级领导到工作现场真诚地询问基层员工的工作状况,关心员工在实际工作中遇到的具体困难,了解和理解员工在潜意识中希望得到的帮助,掌握员工心理上的真实需要等的日常行为,都能够温暖员工的心理,并导致员工更愿意努力工作,促进"士为知己者死,女为悦己者容"的状况出现,并使企业的管理工作出现更容易开展的结果。曾经有一位企业中层管理者说过他对管理沟通的认识:在工作中,这位中层管理者兢兢业业,为了完成企业某个重大项目的物资采购工作,与下属员工一起熟悉技术资料,分析供应商情况,在长达一年多的时间里,基本上节假日没有休息过。尽管通过努力完成了工作任务,但由于在采购过程中没有能够经常性地请示上级领导,上级不仅在工作中没有给予充分的支持与帮助,甚至还对其工作产生了不满意;同时,这种结果也没有得到其下属员工的体谅,下属员工认为该中层干部只知道工作,没有体谅大家的困难,在完成工作中,不少员工耽误了家庭生活中的不少事情,身心俱疲,而且也没有得到应有的激励。尽管完成了工作任务,但上级、自己甚至员工都没有感受到工作带来的快乐,没有感受到完成工作任务之后的喜悦与满足。因此,该中层管理者认为,如果在工作中能够认识到上级领导的意图,能够理解下属员工的需求,能够在工作过程中开展有效的工作与感情交流,其结果就可能有很大的不同,所以,沟通过程不仅能够改善工作过程,也能导致更好的工作效果。

在企业现实的工作过程中,很多看似很简单的事情,最后都没有得到很好解决。本来很简单的一件事情,最终却演变成了复杂的结局。本来可以很好解决的问题,却因为利益方之间的沟通失误,导致了问题无法解决等。两个本来关系很好的主体,却因为彼此之间在工作关系处理方式上的不和谐与不习惯,造成了不愿意友好合作的消极结果等现象。

在实际管理工作中还会常常遇到的问题是,不少人在面对利益冲突的时候,往往更多考虑自己的感受与利益得失。一些员工为了自身利益最大化的需要,不会去考虑企业利益的增长需要,常常是仅仅从增加自己利益的角度去考虑并且理解存在的工作问题,同时按照自己处理问题的思路去理解和处理问题,而不考虑这种处理问题的方式究竟能够为企业带来什么样的效果。实际上,从“经济人”假设的角度看,很难要求一个人能够主动去考虑他人或者其他组织的利益所在。但作为企业组织的一个成员,在他进入这个组织的时候,他应该承诺过要对组织的利益承担责任的。但在遇到利益矛盾的时候,他却可能已经忘记了自己曾经的承诺。在一个人的成长过程中、在受教育的不同阶段,他所生活的环境可能会对他的价值观、行为模式产生很大的影响。自我、自私、与人争夺利益等多种不被社会接受的行为习惯都可能逐渐形成,使人在遇到利益冲突的时候,潜意识里会首先更多地考虑自己的得失。环境对人们的心理倾向这种影响,会在很多场合直接影响人们的行为选择模式。

显然,希望的合作与沟通模式的结果不仅使得他人的利益得到提升,更重要的是要求企业的利益增长也能够得到保证。为了达成这个目的,如果沟通双方能够在理解对方需求的前提下,依据可能的条件,达成双方的共赢关系,则沟通过程对企业与员工都能产生积极的帮助,并使彼此的利益得到有效保障。

1.6.2 降低员工与企业的实际价值

在沟通过程中,也有一些沟通主体的目的是通过故意降低对方的信心和自尊,从而使自己的某种需求得到满足。这类沟通者为了满足自己的需要,利用自己的职务权力、语言表达能力等某些方面的优势,选择从精神上欺凌对方的方式与对方进行沟通。比如肆意寻找机会批评下属,采用讽刺等不友好的语言与下属对话等,从而最终在结果上堵塞自己与人合作的渠道。显然,这种情形很可能导致下属的不满。在可能的情况下,很容易导致下属选择可能的反生产行为,从而导致企业相关利益下降。

　　在企业里,有些领导喜欢批评下属,他们总是看到下属的所谓不足,如做事不努力与不认真的现象等。似乎只有他们自己的想法与做法才是正确的,认为下属员工只有在做事情的时候,向自己看齐才能成功,而且不会考虑下属做事情的时候面临了哪些困难与问题,不会考虑批评下属时所处的环境等。显然,这些想法与行为都可能伤害员工的尊严。这种情况下,只有那些没有能力反抗的员工才会忍受,如果员工存在很多其他的选择,多数情况下都会拂袖而去。这也与家长和教师批评孩子一样,似乎只有严厉要求才能纠正孩子那些不能满足自己意愿的行为特点。但经验说明,让别人心情不爽的沟通是很难产生积极效果的。

　　企业年底绩效考核的时候,一般企业的职能部门都会选择让全体成员参加并一起进行工作总结的活动。在总结会上,大家彼此会针对一年来的工作状况,谈自己对一些同事工作状况的看法。在这种场合,一些人可能不是考虑这个场合是总结过去、为明年更好工作做好基础的,而是把这个场合当作是寻找别人的不足,批评和责备他人的机会。实际上,几乎所有人都不愿意别人在公共场合被批评、被否认的。所谓"有则改之,无则加勉"的感受与接受批评的态度不是每个人都能做到的。这种彼此之间的消极工作沟通,是很难产生积极作用的。这种不顾别人感受的沟通,很可能的结果是使沟通者费心费力,但被沟通者则可能心里还会感觉很不舒服,并且可能表现出内心的难受与不满。

　　管理实践中还存在一种情形,当一个员工的工作不能满足工作要求时,也经常会被领导直接批评。一些领导在批评员工的行为缺陷与工作状况时,极少考虑到对方的尊严等心理需求,这种沟通方式,显然不会对该员工未来的工作产生很好的促进作用。

1.6.3　不影响员工与企业实际价值

　　在管理工作中,经常可以看到一些没有主题的沟通过程或者场景。比如很随意地与人招呼,说一些对企业实际工作不产生实际作用的话;比如客套地问对方"天气好吗""最近很忙吧"之类的话等。这种情形可以形成的结果是,能够增加员工彼此之间的熟识程度,但彼此交流沟通的过程不存在实际内容与深度,沟通的结果对达成企业的经营目标经常是无效的。这种表白的沟通过程,不能对企业的工作效果产生直接的有益影响。但如果是领导对下属进行友好性表示,则可能会使下属心里感觉到一定程度上的温馨。

　　还有一种现象是,某些员工在面对经营中的实际问题时,经常选择一种抱怨的态度评价企业的管理方式、管理政策、管理现状等,甚至抱怨周围所有人的一切观点与行为,几乎不会积极地面对实际工作中的矛盾。而这种抱怨还不能明确说,不能与别人交流,即使说了也不会产生任何积极作用的。当然,也可能是因为心里的不满太多,又担心说出来会造成消极影响,所以员工们只能说些无关紧要的事情了。

　　在实际工作中,也存在一些员工不愿意与他人沟通的现象。这些人可能是已经认可了其他员工的工作行为模式,并且认为自己的工作内容也是确定的,自己不需要与他人交流就可以把工作做好。这些员工喜欢封闭自己,甚至孤芳自赏;也有一些员工喜欢自己琢磨一些事情,而不愿意与别人交流彼此对做好工作的看法等。还有一些员工认为自己与其他员工思考问题的切入点不同,自己感兴趣或者愿意讨论的事情,并不是企业与其他员工所关注的,沟通过程很难产生实质性反馈。显然,这种状况很可能导致企业面对的某些工作问题得不到有效解决。

　　再者,由于一个问题可能存在多种解决办法,不同员工在讨论解决问题的过程中,也会出现彼此争吵的现象。尽管员工彼此沟通过程中的这种冲突可能会给企业带来某些积极的影响,但也可能是虎头蛇尾式的沟通,不会对企业工作产生任何实质影响。

1.7　管理沟通的成本

　　尽管沟通过程似乎简单,任何人为了任何事情或者工作都需要进行特定的沟通,但是在管理工作中,要使得沟通过程能够顺利和有效,却并不是一件很轻松的事情。为了在需要的时候能有一个良好的沟通环境和氛围,人们需要构建与同事朋友之间的合作关系,需要在日常生活与工作过程中维护关系,通过必需的方式去巩固和改善这种友好关系,最终达到能够持续保持彼此之间的良好关系的目的。显然,人们所有这些行为的过程都是需要付出一定努力的,而不论是物质方面、时间方面的或者是精神方面的。也就是说,虽然沟通的表现形式可能很多,但都是可以折合为特定的成本付出的。

　　同样的生活环境中,人们经常看到不同的员工在做一件相同事情的时候,顺利程度往往是不一样的。一些人可能不理解这种现状出现的原因,认为这是一种不正常的现象,或许认为这是一种特定条件下出现的特定结果。但如果从沟通促成的成本收益角度看待这个问题,就会清楚地看出,办事方便和顺利的员工,多数是具备良好人际关系的人。他们在做这件事情之前,已经为此次事情的处理过程做了许多有意与无意的铺垫工作,或者说已经付出了一定的成本支出了。比如曾经在别人需要的时候,该员工已经为他们提供过一定的帮助;在平时的生活中,彼此之间存在不少的共同点等。因此,在他需要别人帮助的时候,就会得到较好的工作条件,取得所期待的理想结果,工作效率高。

　　从这个意义上看,为了保持彼此之间友好关系的稳定与和谐,沟通者可能需要在成本付出的方式上,作出一些优化选择,并在一定程度上通过努力进取为将来的沟通过程或者合作过程进行铺垫。比如,沟通者可能需要在沟通行为之前做一些工作,随意或者刻意建立一种备用的关系储备。员工之间存在一种良好的合作联系,在多数情境下都可能会对未来需要的具体沟通过程创造比较好的基础,尽管完成这些工作需要行为主体付出许多努力。

在企业管理过程中,企业与外部主体的许多沟通过程可以通过规定的程序进行或者处理。但如果能依据规则处理事情,同时还具备较好的人际关系支持,则事情的办理成本就会降低很多,同样,事情的处理效率也会提升不少。一些在日常工作中没有为沟通基础建设作出较多贡献的单位或者员工,如果在办理某些工作事项时仅仅强调事情处理的正式与公开规则,就很可能会遇到一些麻烦与矛盾。再者,企业内部的管理环境中同样存在很多不尽如人意的地方,比如一些员工在面对事情的时候,常常是要求别人按照规则处理事情,但当他自己去办理某些事情的时候,却可能要求别人尽量简化或者能够热心处理自己的事情与问题。显然,这种要求是很不现实的。

在实际工作过程中,不少企业都希望提高职能部门的工作效率,企业文化中包含有更多的和谐因素,并且也愿意为此做很多建设性的基础工作。不论结果如何,企业在营造这种和谐的工作环境、顺畅的沟通渠道,以及高效的工作程序的过程中,是必须付出相当的人力物力甚至财力的,而且在日常工作中,同样要付出很多管理努力,才有可能出现期盼的工作状态与结果。因此说,没有必要的成本付出,就很难获取良好的沟通环境与沟通效果。

1.8　管理沟通的支撑因素

企业管理过程中或者实际工作中的一些沟通过程是在临时需要的基础上开始的。由于沟通双方并没有预先的交流计划,彼此之间也可能缺少一定的了解和理解,导致可能出现的实际情形是沟通一方在被动地接受沟通。这种沟通过程所面临的结果是,被沟通者或者拒绝接受沟通,或者彼此理解的障碍较多导致沟通过程难以为继,最终导致实际沟通不能成功或者沟通过程根本无法开展。按照人们的生活常识,下述行为要素对沟通过程具有积极的支撑作用。

1.8.1　语言中体现的善意

在人们的概念上,沟通是一个简单的概念,也是一个应用广泛的概念,同时还是一个极为复杂的过程概念。说沟通简单的原因是,企业实际工作中存在的任何关系,不论是正式的组织关系还是员工彼此之间的非正式关联,都存在着所谓的沟通需求,都存在着沟通的可能性。所以,沟通是生活中的最基本的事情,也就是说沟通过程可以是很普遍也很简单的事情。

如果说沟通是一个复杂的过程,也是有道理的。在人们的生活、学习与工作中,人们在做一件事情的时候,自己的思维与行为选择过程会受到很多不确定性因素的影响。这些因素包含有制度、习惯的约束,有地域文化、个人修养、事情本身特点的牵扯以及理解能力、做事风格的影响等等。尤其是在一个具体企业中,工作特点的不同与工作环境的特殊性以及处理事情的利益相关者的需求差异都会导致事情处理结果的不同。

不论需要沟通的事情是简单的还是复杂的,只要沟通者的出发点是善意的,不存在降低对方价值的故意,则对方就不会从心理上产生抵触情绪。也就是说,善意的沟通过程在多数情形下不会对沟通结果产生消极影响。

1.8.2　看待事物时具备的理性

在正常情况下,多数人们总是以善良的愿望去理解事情的发生过程,认为人们或者一个组织应该选择一种对彼此的利益都能产生积极影响的方式与对方合作和配合。但面对实际的事情时,人们却经常会产生一种无奈与失落,认为事情的发展结果与期待的结果是大相径庭的,而且很多事情的处理过程与正常的设想之间存在很大差异。

实际上,在企业的管理过程中,所谓的管理制度未必能够全面考虑工作涉及的所有问题。企业管理制度中涉及处理事务的原则未必能够做到对每一个主体都是公正的。制订制度的企业领导者或者专业小组,可能并非是真心为企业发展尽心尽力的人,而且他们的能力可能也会存在不足的地方,或者说制订制度的人也可能为了某种特定的利益关系而作一些特殊考虑,而故意无视制度中的公正性与效率。

同样,企业的实际管理氛围也未必是人们所期待的状况,人们可能会从保护自己利益的角度选择处理事情的方式。这其中可能会反映出人们的自私冷酷等不同的消极行为特征。再者,处理事情的员工也会存在自身利益最大化的需要。对一件事情的处理过程并不是孤立的,可能涉及其他事情的处理,甚至还可能涉及对未来一些事情的处理方式等。因此,对沟通过程的认识,需要有一个理性、客观的态度才行。也就是说,能够全面地看待事情,用联系的观点理解事情,用辩证的方法分析事情,选择理性的态度对待事情,将是一个人或者组织能够正确认识和处理沟通过程中是事情的重要基础之一。

1.8.3　对非理性现象的客观理解

能够立足于与人为善的出发点,本着合作双方双赢或者多赢的愿望处理与其他利益主体的关系,也是处理好沟通工作的重要基础条件之一。在企业与外界主体的交往过程中,在有求于对方的时候,企业选择客气、尊重等态度与对方交流的可能性比较大。但当企业自身处于强势位置时,就不一定会仍然选择尊重与双赢的态度与对方相处了。这种状况的出现,可能会导致彼此交往角色发生变化的时候出现一些合作上的障碍。

现实生活中不少事情都能体现出这种特征。人们可能不会为了长远的利益而考虑事情的处理办法,可能不愿意考虑利益最大化的资源配置方案,也可能为了自身某一时间点的特定感受,而忽略一些似乎很简单的处事原则等。再者,也有不少的员工可能不会认真考虑自己的岗位责任,甚至不清楚自己岗位责任的实质是什么内容,更有可能是在被动地履行着自己不是很热衷的岗位责任。

在实际工作过程中,不能或者不愿意、不主动履行自身岗位责任的员工是不少的,在与这样一类员工进行工作交流的时候,遇到一些冷漠、不负责任、被动工作等的现象也是很正常的。

企业管理实践中,由于制订的岗位责任不清楚,工作程序之间的衔接过程不顺利,不同部门就可能对同一件工作产生不同的认识。比如,设备维修时,设备使用者的责任是什么,维修工的责任是什么,安全生产管理者的责任是什么等,都需要很清楚。但是在实际过程中,如果各自的责任不能形成有机的整体,就可能出现彼此之间的配合麻烦,就可能因为各自的利益出现不协调的现象。所以,正确客观理解事情的本质内容,明白这些事物的存在特点,是认识管理沟通活动并能够正确处理管理沟通中遇到的一些消极现象所需的重要心理基础。

1.8.4　积极乐观的沟通心态

当与人为善的沟通态度得不到沟通对方的善意回报时,一些企业或者员工就可能怀疑自己的选择是否正确,尤其是当多次遇到善意不被接受甚至被恶意利用的情况时,更可能改变沟通者的沟通愿望与习惯方式。可能也会选择对外界的怀疑与戒备心理,从而导致在未来的沟通过程中出现一些不可避免的心理障碍。

当一个员工从心理上不愿意与某些同事交流、共同讨论一些问题,一起合作处理一些事情,或者从心底不愿意与他人接触的时候,实际上就是在心态上产生了沟通障碍。这种状况对企业员工彼此之间同心协力解决工作中遇到的有关问题,处理一些不很困难但又必需的事情时,将会产生消极的影响。

正确面对生活、工作、学习中遇到的顺利或不顺利的事情与可能遇到的各种问题,本着积极与乐观、善意与合作的态度与同事相处,客观理解企业在管理过程的面对的矛盾,对于一个员工、一个部门甚至是企业都是很重要的。

1.8.5　公众认可的沟通要素

在日常生活中,很多人都认可管理沟通在实际工作中的积极作用。认为管理沟通对企业实际管理工作的积极作用是真实存在的,而且认为管理沟通的状况与企业的管理沟通环境之间存在很重要的关联关系。沟通环境的改善,可以提升企业员工的满意度,减少员工的离职率,改善管理的实际效果等;还有一些人认为沟通技巧是产生沟通效果的重要支撑要素,企业如果要做好管理工作,不仅需要企业领导者具备沟通技巧,还需要具体职能部门的领导者与管理人员以及基层员工具备较好的沟通能力等。

1. 有效沟通必要能力的认识误区

在实际生活中,人们并不认为具备较高沟通技巧的人就是沟通能力强的主体。而且从一般意义上看,一些语言刻薄、对人挑剔的人,却可能取得了很大的工作成绩;一些语言能力并非很强,但具备毅力、为人友善的人,反而拥有更真挚的朋友等。也就是说,沟通能力能够对管理工作的效果产生积极影响,能够降低管理成本,提升管理效率。但管理沟通过程仅仅是对实现企业目的创造积极影响的有效因素之一而已。

2. 公众认可的有效沟通能力组成要素

为了深入探讨多数人对管理沟通的重要性的认识,以及大家对沟通能力的认识,笔者曾经对 MBA 学生与工商管理专业的本科生,以及日常生活中的朋友与同事据上述沟通能力问题做过交流与探讨。对自己生活中存在的最受大家欢迎的人,每个被访者都写出了自己认为最重要的基本性格特征。经过对大家选择表述的个人性格特征的分类与归纳,最终确定的个性特征主要有:能够给别人安全感,能够给别人轻松愉悦感,能够在与人交往过程中提升他人的价值等。

大家对上述三种个性特征做了基本的分析与讨论,认为这三个特征之间应该存在"与"的关系。一个人只要缺失其中任何一个特征都可能导致其性格存在欠缺,或者说就会影响到其个人的人际魅力。比如,一个没有任何行为能力的人就可能具备第一种行为特征。如果一个人具备第一和第二两个特征,则该主体就拥有能够让别人感觉到轻松的语言或者行为能力,比如语言幽默、心态乐观、待人和善等。就让别人在与其交往过程中能够感觉到心理上、知识上,以及待人处事方面的满足。显然,与这样的人交往应该是比较享受的。如果一个人同时具备上面所说的三种特征,人们与其交往过程中,还能得到必要的帮助。在处理事情的过程中能使工作效率更高,工作效果更好,做事情的成功率得到提升。显然,员工与这样的人进行交往,必然能够得到更多的物质与精神收获。

如果一个人仅具备上述的第一与第三种性格特征,则这个人就是一个善良并且愿意帮助别人的人。由于该人可能会比较矜持,所以在人们与其交往过程中会感觉到一定的心理压力。如果不是很必要的话,多数人是不愿意与其进行交往与沟通的。同样的道理,只具备第二种特征的环境中,可能沟通者的语言表达能力处于很强的层次上,但却不能为被沟通者提供安全感与帮助,则人们也不可能长期与之交流。所以说,仅有高超的语言表达能力并不能保证沟通过程的顺利。按照上述分析可以看出,人的沟通能力与个性特征之间存在很大关系。个体或组织的性格特征与办事方式、行为特点等都是影响沟通结果的重要影响因素;通过与大家沟通,多数人认为,三个重要影响因素中的重要性排序是:价值增长、安全感以及轻松愉悦。

按照上述说法,一个主体能够与其他主体之间形成良好的沟通氛围的基础,重要的方面不在于这个主体具备很好的沟通技巧,而在于这个主体能给其他主体带来什么价值。如果一个员工在企业的经营中能够具备安全感,能在经济、精神方面得到一定的安全保障,而且在工作中能够与很多性格开朗、待人友善的同事一起共事,则该员工就几乎不可能对该企业产生不满意的感觉,除非这个员工本身的个性特征存在问题;也就是说,如果企业成员之间彼此不存在对他人的利益侵害可能,彼此之间的关系是互相帮助的,则这个团体中就会存在良好的沟通基础。当然,沟通技巧也可以是建立在和谐与稳定的环境之上,在这种和谐的基础上,如果能够更好地运用沟通技巧,则管理工作中的沟通过程将会更为有效的。

3. 公众排斥的有效沟通要素

如果一个人在生活和工作中处处考虑个人得失,谎话连篇,不能宽容别人的某些微不足道的个性缺陷,则别人将很难与其沟通。比如一个人在工作中热衷于了解别人的隐私,并且随意传播;或者对别人的期待和要求很高,总是在有意无意之中,提出一些使得他人难以达到的目标和要求;或者总是找别人的不足,总是在工作中看到别人的弱点,歧视别人的短处;总是担心别人会欺骗自己,经常盛气凌人等等。在这种沟通氛围中,一个人、一个组织实际上很难让别人感受到自身的安全感,即使主体偶尔能够帮助别人实现价值,人们也不会在这种环境中得到比较高的满意感。因此,如果存在其他的更好的生活与工作环境,不少人会离开现有环境,并且愿意另谋高就。

1.9　管理沟通涉及的相关因素

管理沟通是一个大家认可的知识与理论体系。这个知识或者理论体系与企业管理过程中的很多管理方式之间都存在着必然的联系,甚至与一些管理手段、工具、理论等内容之间也存在着必然的关联。在处理管理沟通过程所涉及的内容时,也需要理解管理理论和业务内容与沟通之间的必然联系。比如,需要将管理沟通工作与企业的外部沟通、内部沟通以及交叉沟通等诸多工作结合起来考虑。需要知道一项管理沟通工作涉及哪些环节,每个环节涉及的不同因素是什么,如何确定这些不同因素在沟通过程中的影响程度等具体内容。还要理解管理沟通工作与企业的战略发展、市场营销、生产管理、技术管理、质量管理、劳动管理等一系列管理工作涉及的业务内容的关系特点等。

本章小结

　　管理沟通的目的是通过沟通过程提高企业的经营效率,改善经营效果。从管理沟通的发展历程看,管理沟通与企业的许多重要管理工作之间存在着必然的联系。管理沟通对进一步做好企业的管理工作具有重要的促进作用。做好管理沟通,不仅需要面对事情时才去处理相关问题,还需要在日常工作中就能够为日后的有效沟通积累资源。积极的沟通因素,比如心态、语言、行为等都对管理沟通的有效性,存在着重要的支持作用。

阅读材料*

工作经验小结

　　管理沟通课程给了大家一个很好的面对面的机会,让同学们彼此有了一个更深的了解,同时也有机会让每位同学静下心来思考一下自己从业之路的一些心得和体会。

　　我是 2000 年本科毕业后参加工作的,刚毕业的两年在房地产行业里闯荡,拼劲很足,常常因为一个项目或者老板的要求半夜两点也跑到工地上去。曾经一度也很得老板的赏识,全权负责过公司的广告业务。工资待遇虽然不高,但是,曾经一度,我认为这是我在职业道路上能够得到很好锻炼的开始。导致我离开公司的真正原因是,我突然间觉得失去老板的信任了。仔细回想起来,因为我所处的单位属于民营企业,基本上属于老板一个人说了算的公司。由于是从总经理秘书开始做起的,所以,一步一步的认可也是来自总经理的,然后,各部门很多领导却觉得我只是一个刚刚离开学校的小丫头,凭什么就得到老板这么多的厚爱,所以,一时间,谣言、无中生有的中伤,使得老板开始对我忽冷忽热。曾经听到某部门的领导说,与人斗其乐无穷,但是,对于刚毕业不久的我来讲,却是怎么也想不通。虽然后来总经理也找我谈过话,觉得有很多事情误会了我,但是,我却深深感受到了,总经理人虽然好,但是过于没有主见,不够果断,而这样的企业文化也是绝对不适应我的,所以,2002 年,我毅然辞职,决定开始另外一种打工生涯。

　　所谓的另外一种打工生涯,无非就是脱离民企,进入到大的公司进行锻炼学习。在同学的帮助下,2002 年我顺利地进入了一家世界 500 强的通讯企业。在选择这份工作的时候,我甚至不知道自己即将所要从事的职位——物料工程师,究竟是做什么的。在这家公司,做到现在,我已经做了近 9 年了。从开始的物料工程师

---

　　* 本书所有"阅读材料"均选自西安交通大学管理学院 MBA 班学生的大作业。为体现课程风格,大作业原文摘录,仅作少量的修改。

到库存管理再到现在的区域采购商品经理，我感觉这9年，我从一个职场新手到资深的采购，自己在锻炼中成长、感悟，有了自己的一些认识。

应该说，我是一个工作很努力认真的女孩，为了工作，是可以拼命的。但是，在进到公司的前五年，我认为，我是不够幸运的。参与的工作项目很多，也很投入地工作，周围工作的同事也很认可，老板的直接评价也很好，但是，每年年末的评定结果却总是差强人意。即使在公司外包业务转移的时候，由于工作任务中，我几乎每个月都有两个礼拜被派往上海出差，周末全部在外地工厂上班，连同组的同事都认为，我的年底评定一定是组里最好的，但是，到了年底，意外再一次发生了。我的成绩还是一个平平的3，而同桌却沿袭了以往的成绩，继续拿最好的1。年底评定的时候，直接主管跟我说的，居然就是"你有心理准备吧"。而我被通知得到结果的时候，居然只会傻傻地接受，而并没有对主管提出过任何异议，只是觉得不公平，不能理解为什么是这样的结果。而多年以后，我觉得，这是性格使然，这样的结果也可以说是必然的。不是每个人都很幸运能够遇到一位好老板的，也不是每个老板都知道你做了什么，需要什么，能帮你争取你所真正在意的东西的。现在回过头来，我却很感谢这些努力付出过却没怎么得到认可的岁月。

前两天，有位关系很好的其他部门的同事抱怨，总是得不到领导的认可，事情做得慢了，领导觉得她做事情不够积极；她很积极地想要努力快速做好事情，领导又会说，你永远都是给你1就做1，不会想更多的。我的这位同事就很郁闷，她觉得自己一直都是很努力工作的，但是就是做不到领导眼睛里去，好似领导就只能认可之前认可的几个人而已。换作几年前，也许，我也会跟就着她的话题，跟她一起抱怨，抱怨工作得不到认可，抱怨小人当道，抱怨自己永远都是干活的命，干得再好也没用。但是，我觉得我是幸运的，幸运的是我在4年前的一次"华丽"转身，让我遇到一位好的老板，他重新帮我树立了自信，让我重新认识到如何做好工作，如何得到领导的认可。从换位思考的角度，让我了解，领导喜欢什么样的员工，而我们又怎么样能够既做好工作又得到领导的认可。

话说4年前，一个偶然的机会，我得到采购部要内招一名采购员的消息，推荐给我这个机会的同事鼓励我去尝试一下，毕竟采购的职位是比较难得的，而且我已经在当时的部门工作了5年，应该说是尝试一些新东西的时候了。虽然我在当初的部门并没有得到过很满意的年底评定结果，但是，我在该部门的位子也是相当稳定的，如果遇到裁员之类的，我也应该是安全的。话说如此，但是，新的职位、新的机会、新的老板，对我来说，一切都是陌生的。如果换到采购部，我又要重新变成一个新人，一切要跟身边的人学起，要适应一个从来都不认识的老板。这，对我来说也是比较纠结的地方。但是，那时的我抱定了去换一下工作的想法，决定去尝试，哪怕只做几个月的采购，也是为自己的职业生涯添上一笔不一样的色彩。当然，小插曲总是有的，在我决定换岗位的时候，我原先的老板居然出来挽留我，认为我还是部门的中坚力量，希望我能够继续留下，并且提出以后有机会帮我升职等。但是，我还是离开了，离开前，我的老板送给我几个字"会哭的孩子有奶吃"。我想，这个是他对我的教诲，也是对他自己工作的总结吧。静下心来的时候，我也总结过，因为我的直接老板就不是一个会哭的孩子，为部门争取来的东西就少，自然而然，我们只能在弱势群体里分更少的羹，所以，得不到认可，也是很自然的事情了。

这些年，我慢慢学会静下心、跳出来看事情。人往往都会很理智地去评价别人的事情，但是，这个事情当中只要一牵扯到了自己，似乎就很难做到公平公正了，似乎也很难心平气和了。所以，跳出来换位思考就显得尤其重要。

来到新的部门，开始接受的工作都是一些不重要的小金额的采购业务，而且也接手做了部门的协调员。这个协调员原本是大家都不愿做的工作，具体说就是搭建一个桥梁，为采购部的接口与技术、物料、生产等相关部门协调找到正确的采购员，保证物料的供应。这项工作本身并不需要什么资深的人员来做，只不过是找到正确的人，把正确的信息和工作转派给相应的人而已。但在 2007 年的时候，公司刚好接受了一个从美国来的新项目，里面牵扯到的物料多达上千颗，而我自己手头上负责的就有接近 200 颗。除此之外，我要帮忙把剩下的物料分派出去，而且还要追踪。因为信息不全，很多采购员都并不上心，想要在短短的一个多月之内完成并不容易。当时的状况是，我的老板也很头疼，因为合并的问题，很多采购部的业务也被安排在了上海，而我当时面临的情况就是被夹在中间，一方面采购的同事抱怨项目组给的信息不够，没办法找到供应商，另一方面，项目组的同事抱怨采购部的同事效率低。而我被夹在中间，两边都不买账，工作确实不容易做。我的老板也很理解这种状况，开始帮我建立起几个电话会议，但是，具体的沟通还是需要我一个人来完成。之前曾说过，在工作上我还是很努力的，因为，我把所有的物料都分组了，把信息全的物料全部分配给采购员，并且给出时间，让他们完成，对于信息不完整的，我自己亲自盯，就当作自己的物料来看，直到有眉目了再转给相应的采购。虽然使我的工作量增加很大，但大家的抱怨少了，而且，很多人看到我找到的信息，似乎也觉得自己工作做得不够细。最晚的时候，工作到凌晨 4 点钟，幸运的是，我们在限定的时间内顺利完成了项目。在这件事情上，可以说，我给了我老板相当深刻的印象，也给了很多部门的同事认真负责的印象。就仅仅这一件事情，就让我在采购部顺顺利利地站稳了脚跟。以至于后来很长一段时间，我老板都喜欢谈我们当初做的这个项目，认为我相当的不容易。

总结下来，我觉得第一印象相当的重要。好的开始是成功的一半，所以，这也是我对我的同事的第一个建议。当你在现有部门很难做出改变的时候，不如试着换一换部门，换一换环境，也许一切可以重新开始，如果你第一步走得幸运的话，后面可以走得轻松很多。当然，任何事情都是需要承担风险的，没有人可以保证换到新的部门就一定能找到适合自己的发展空间。虽然，我之前并不认识新部门的老板，但是，我曾向人打听过他，知道他人品很好，所以，这也是我愿意到这个部门很重要的原因之一。这个事情就跟跳槽一样，首先要知道自己需要什么，看一下对方所能够提供的是不是自己所需要的，然后去认真地工作，做自己喜欢老板也认可的事情。

当然，接下来的路，我走得也很顺利，我踏踏实实走每一步路。之前在物料部门的时候，并不知道要跟老板怎样沟通，甚至会怕跟老板沟通，不知道什么该说、什么不该说，不知道老板喜欢什么样的思路。所以，基本上很少跟老板有良好的沟通。来到采购部却恰恰相反，由于有了好的基础，老板对我是很信任的，很多事情也希望主动与我沟通，而在越来越多的沟通中，我发现与老板的沟通也越来越容易，沟通得越多，你越容易了解老板的思路，了解了老板的思路，自己的工作就更容易开展。我相信，这是一个良性的循环。因此，良好的沟通一定是相互的。而我也越来越多地感受到，一个好老板是自己职业生涯的一个良师益友。而且，很多时候想要做好工作，并不是只靠默默不作声的努力，而是应该站在领导的高度去想事情，主动替老板想方案，这才是有效沟通和工作的方法。

这也是我给我同事的第二种方案，当然这个难度要大一些，通常我认为从负到正，需要更多的积累，要跳过零才能到正。这个过程需要更多的了解沟通、思考、付出，才能够把工作做得更好，得到领导的认可。

总之，9 年的工作经验让我学会了少抱怨，多去找方法。回想最初的 5 年，如果我是大老板，也许会真的看不到自己的付出。所以，认真分析问题，进行良好的沟通，才是做好自己工作并得到提升的要点。

（MBA 89 班　刘昌峰）

思考与讨论

1. 在工作中，每个人并非完全了解别人的工作，因此很可能会对他人产生误解。同样，自己的工作也可能被别人误解。在可能存在误解的情形下，你认为如何才能够做到彼此之间的理解？

2. 一个员工在辛苦地工作，甚至付出比别人更多的辛劳，但却得不到同事与领导的真正认可，此时，如何看待这类事情？应该以什么样的心态与态度对待此事？应该选择那种方式改变这种状况？

3. 得到领导与同事的信任，需要具备哪些基本条件？选择一个新的工作环境，选择一个宽容并公正的领导，是否就能够得到一个更好的工作环境？在强调理解的目的下，努力工作与个人修养这两个因素哪个更重要？

4. 通过理解上述阅读材料，你认为有效沟通与工作效率之间存在什么关系？

第 2 章

管理沟通的程序与环节

本章学习要点

1. 了解并理解管理沟通的构成环节,清楚各个不同环节需要注意的内容。能够将沟通环节与实际管理过程结合起来考虑处理沟通问题的方法。

2. 管理沟通活动的目标是改善企业的工作效果,通过合理组织沟通活动涉及的各个环节,保障管理工作能够有序开展。

3. 沟通过程中涉及的环节是连续的。其中任何一个环节的失误都可能造成沟通过程的失败,或者降低沟通效率,破坏沟通效果。

管理沟通过程涉及的内容较为复杂。沟通过程与沟通目的、内容、方式、环境等多种具体要素之间存在关系。看起来很简单的一个沟通过程,也可以被划分为不同的沟通环节与要素。按照不同的视角,管理者可以从不同的角度理解和探讨管理沟通的形成过程。

本章内容是按照企业管理沟通的各个环节所处的时间点,从沟通过程涉及的时间序列方面对管理沟通过程进行分解,形成若干个阶段。下面只简单介绍不同沟通环节的内容划分问题及基本要求,具体细节内容在后续章节详细讨论。

2.1 萌发管理沟通动机

在企业管理过程中,沟通过程涉及沟通动机、沟通目的、选择沟通信息、组织沟通信息、传递信息、被沟通者接受信息、沟通过程产生作用与反馈等不同的环节。沟通的动机与实际的管理工作需要之间存在一定的内在联系。沟通动机出现的原因,是因为沟通主体面临管理工作中的一些事情,或者因为对某种工作状况产生了新的设想。为了达成这些特定的管理愿望与目的,沟通者就会在内心产生与某个相关主体进行沟通的愿望,并以此为基础,开始考虑如何与这些利益相关的主体开展相关沟通的动机。

多数情况下,沟通过程是在两个主体之间进行的,沟通结果必然涉及主体之间的利益增减,比如:沟通者自身的利益增长,沟通对象的利益增长,沟通双方所涉及工作的价值增长,以及彼此共同感受到的多赢结果等。

2.1.1　改善管理工作效果

沟通对象的选择与沟通结果之间存在联系,需要开展沟通的对象一定是与沟通目的有关的主体。沟通者的工作角色或目的定位也是与沟通结果之间存在关系的。沟通者的定位与角色不同,选择的沟通方式就会有所区别。如果是自己有求于他人,则有可能选择某种使对方愿意帮助自己的沟通形式;如果认为沟通过程是属于帮助别人的行为,则可能选择对方愿意理解并且能够很好理解的方式与对方交流;同样,如果沟通动机是通过协商与交流,共同决定某件事情的发展方向,则沟通者选择的方式应该具备合作与双赢的出发点。

沟通者的角色定位对沟通方式选择也存在影响。例如:沟通者是下级,要与上级沟通;自己是员工,要与同事沟通;自己是上级,要与下属交流……这些角色的差异,必然会造成对沟通方式的选择问题。需要沟通的主体的角色特殊性,将会触发领导与下属之间的沟通,会导致同事与朋友之间的沟通;同样,沟通涉及的内容可能涉及工作与业务,沟通目的涉及彼此的理解与帮助、合作与争吵,以及最终结果的开心与郁闷等。这些都是与交流动机之间产生关系的相关因素。

作为企业的一员,假设企业员工都希望做好自己的工作,能够为企业的实际发展尽心尽力。因此,企业员工为了改善工作效果,就需要结合自己工作的实际情况,选择能够改善工作效果的事情或者业务进行交流,力争为提高工作效率做出实际贡献。

2.1.2　理顺管理工作关系

企业中的工作关系涉及员工的角色定位问题。沟通者与不同被沟通者之间的关系特点,必然涉及沟通者之间的内容与需要处理的工作与利益关系。这些工作关系的处理,必然与角色定位存在关系。通过分析员工之间的工作关系、员工与不同层级组织之间的工作关系以及不同组织之间的关系后可以看出,各个主体彼此之间的关系应该属于一种利益关系。也就是说相互之间的关系里面都存在一种利益之间的博弈问题。从利益的本质看,主体之间的利益关系可以大致分为下述几类。

1. 彼此利用的关系

这种利益关系在现实生活中大量存在。一个人为了自己特定利益的增长,在某些方面就可能需要他人的帮助。为了满足这种利益增长的需要,他会想很多办法,让能够帮助自己的人愿意帮助自己。尽管这种帮助的前提是他人愿意提供帮助,但如何让对方能够接受自己的请求并帮助自己并不是很容易的事情。为了使自己的沟通动机具备实施的可能性,沟通者需要与对方进行特定方式的交流或者沟通。他需要寻找对方的实际需要,分析对方的需求特点,考虑选择对方能够接受的方式,尽量与对方进行多方面的联系,在满足对方的可能需求的条件下,在付出一定的沟通成本的条件下,力争最终实现自己的设想与期望的目的之间的一致性。在企业实务中,这种沟通目的可以是升职、加薪,也可以是得到某种工作方便,或者是可以得到某种实际的物质与精神利益等结果。

2. 相互帮助的关系

这种彼此相互帮助的关系基础,是交流双方在沟通之前已经存在着良好的人际交流关系,存在着彼此关心和帮助的经历。这种关系可以是有形的或者无形的。

有形的工作关系中存在着实质性的关系内容,比如可以是体力方面的彼此帮助,也可以是经济方面的相互支持,还可以是工作便利性方面的相互支持。员工彼此之间存在的无形帮助可以是精神方面的帮助,比如道义方面的彼此帮助,精神上的相互安慰,遇到事情时彼此心灵间的理解等内容。另外,这些相互的帮助可以是被动的、不经意的,或者是刻意与主动的帮助过程等。在沟通的概念下,这种类型的关系可能是生活与工作中经常出现的内容。在企业实际工作中,同事之间在一些工作过程中相互关心的行为,比如忙闲不均的时候,彼此之间的相互协作等都属于此种关系。

如果沟通动机与相互帮助有关,则实现该动机的可能性就更容易落实。如果动机是为交流双方的利益服务的,则该动机就具备更好的实施基础。

3. 侵占利益的关系

如果落实沟通动机的过程涉及的是侵占他人利益的内容,则必然在交流双方之间存在不对等的关系基础。比如企业或者部门领导在薪酬分配过程中,可以制订不合理和不公正的分配制度,他们只需要用自己的观点向员工说明制度内容的制订结果,而无需向利益相关者解释这种制度的公平性基础。尽管这也是一种管理沟通过程,但这种沟通本身就可能是一种伤害他人信心和心理的行为。这种情况下,弱势一方即使无法接受这种方案,也无法改变现状。也就是说,沟通动机就是在工作中对他人利益的侵害,而且在沟通中根本不需要考虑接受者是否同意交流的内容与过程。在现实生活中,在管理过程中,这种没有公正性、不需认真考虑公平性、不实际公开隐性信息的事情比比皆是。

在这种沟通动机基础上开展的所谓沟通过程,涉及的沟通信息或者沟通过程可能仅仅是形式。这种沟通动机导致的结果,即使在当时能解决表面上的管理问题,但不可能让涉及沟通的弱势利益相关者真正满意。实际上可能给管理工作埋下了隐患,为未来工作的顺利开展设置了障碍,并会对未来的工作造成实际损害的结果。

4. 冷漠平淡的关系

现实的管理工作中,不少同事之间的关系是一种冷漠与漠不关心的状况。如果设想的沟通过程是在这种条件下开展的,则这项沟通就可能会遇到很多不确定因素的消极影响。在这种彼此之间的平淡关系中,当事者不需要考虑沟通者的需求,不需要消耗任何自认为过多的精力与资源,而且也不需要考虑事情的发展结果等。因此,要落实自己的动机和目的,就必须下更大的功夫去考虑事情的发展过程,去设计达成目的的手段与方式等,否则想当然地选择沟通过程,就可能会演变成一种无效的行为。

在这种沟通双方之间关系中,基本上不存在利益或者精神交换内容的沟通意愿,沟通者需要从工作制度要求、人际关系建立过程、工作实际需要等不同方面进行思考,梳理出得到预期结果所需要的各种支撑要素与策略的可行性特点,才能使平淡的工作关系也能支撑最终结果的出现,并使需要的工作条件逐渐成熟起来。

改善平淡的工作关系,需要彼此双方的共同努力。在一些特定企业中,员工之间的平淡关系是企业所期待的结果。因此,在这种企业中,活络密切的沟通关系是非正常的结果。

5. 管理沟通期望形成的关系

按照正常的要求,企业管理工作中的一切行为都应该与实现管理的目的之间存在关联性。企业管理工作中的沟通应该围绕着管理活动的开展而存在。但是,员工的生活内容不完全是围绕企业责任存在的。员工在工作时间里,除了履行工作责任之外,还会考虑业余时间里的事情。在工作时间里,也会从事一些与工作责任无关的事情。所以,管理沟通工作的目的应该与管理目的相关,但也可能与管理目的的实现无关。只不过从责任角度看,管理沟通的内容应该是围绕管理工作展开的。

如果管理沟通的动机是围绕工作责任展开的,就是属于正常的。但沟通工作也完全可以是间接为了实现管理工作的目的而展开的,甚至是忽略了管理工作本身内容而展开的。但不论如何,管理沟通过程的起点是动机的形成。因为工作关系是落实管理沟通过程的重要基础。所以,为了沟通过程的顺利开展,必须正确理解实际存在的工作关系的实际影响。

2.2　设想管理沟通结果

在形成管理沟通的动机之后,沟通者需要分析实现沟通目的的方式等内容。如果不通过认真分析与梳理,就很难具备明确的行为目的。为了落实设想的沟通结果,需要理性地理解沟通过程中可能涉及的不确定因素,并选择落实沟通结果的有效方式。

2.2.1　对经营管理无积极作用

在管理工作中,为了决定某件事情的处理方式,比如制订一个管理制度,讨论一项投资决策,设计一项激励政策等工作,都需要得到多数人的同意与赞同。但在这些工作过程中,要得到多数人认同的结果却并非易事。

在管理工作中,很多沟通过程都是观点争论的过程。在讨论某项特定业务与工作内容的会议中,尽管与会者都在发表自己的观点与看法,也都认为自己的观点是理性与客观的,甚至是科学合理并且符合企业的战略发展目标的,但不同的建议者所立足的基准点不同,所考虑到的有关影响因素不同,代表的利益群体也会不同。所以在很多情况下,大家各自的观点是难以最终趋于一致的,而且结果往往都是比较发散的。实际上,这种通过会议的方式决定一件重要事项的沟通过程,几乎从开始时,就可以判断其结果存在不确定性,如果不要求必须形成结果,则这种沟通过程多数情况下很难存在一致性结果。

有些情况下,会议的动机本身就没有期待达成意见的一致性。开展此类沟通的目的只是希望听到大家的观点,了解和理解不同当事人的想法,以及发表观点的人们在分析问题时的思路和可能提出的观点等。沟通者希望以旁观者的角色,能够在兼听则明的氛围中整理自己的思路,形成自己明确的观点。比如,有些情况下,企业的某个部门会针对某件事情征求大家的意见,但该部门却并不对收集到的观点进行处理和分析,或者将结果应用于实际管理工作。显然,这种沟通过程对实际工作几乎是没有意义的。

当沟通双方的利益之间存在矛盾时,沟通的双方彼此都希望自己的观点能够得到对方的理解和欣赏,但在实际工作中这种结果是很难出现的。一方面是沟通双方的观点未必理性和全面,其次是彼此之间都在为了证明自己观点的正确性而选择非理性的方式表述自己的观点。就像一个家庭中的两个成员,尽管都希望自己家庭的生活水平与生活质量更高,但为了某一点小事情就可能不停地进行争论,从而导致家庭矛盾更多,观点更不一致,氛围更难和谐,彼此相处更为困难。当然,我们也不排除这种情况:在现实中,人们经常看到一个家庭的主要成员之间似乎并没有真正形成意见一致,但家庭日子却越来越好的情况。同样,一个组织在发展过程中矛盾不断,问题也层出不穷,但企业的发展却从未停顿。

如果沟通的双方都属于具备非理性特征的主体,他们可能不是为了解决实际问题而进行必要的沟通。在讨论实际问题的过程中,经常是就事论事讨论解决问题的办法,而且可能是无事生非,并且故意针对某些鸡毛蒜皮的事情而无谓地争执。显然,这样的沟通过程不仅不能对企业的工作产生积极效果,还可能对大家都满意的最终结果产生消极作用。

2.2.2　遗憾的零和博弈

在企业的管理过程中,沟通双方在处理一些涉及利益关系的事情的时候,经常会出现利益关联与利益之间的矛盾性特征。经济博弈论理论中明确指出,利益相关者之间存在一种零和博弈关系。也就是说某个既得利益者,会为了自己的利益,通过高超的沟通技巧与说服能力,去说服沟通对方接受自己解决问题的观点。这种零和博弈的结果,必定导致利益双方的收益出现不一致。比如在一个企业的分配总量确定的情况下,高层管理者的收入增加,必然导致企业其他成员的收益减少。反之结果也是一样的。因此,企业管理者在此类沟通中的动机可能就不是为了实现企业稳定的长久与持续发展目的。这种沟通的目的就是为了使对方接受某种利益分配不公正的结果。再者,一个企业在损失社会利益条件下的发展模式,就可能导致社会治理成本的增加。在企业发展的过程中,使得社会总体利益受到损害。这种此消彼长的状况,就是零和博弈类沟通的实际结果。开展沟通的利益双方基于此种关系的沟通活动,显然是很难存在彼此都满意的结果的。

尽管零和博弈在企业管理过程中经常会出现,但这种利益分配或者配置的状况并不可能在实际中长期存续。在某些特定的时间阶段,沟通双方由于存在权力关系上的不对称,可能造成了这种事实的出现,但利益关系的最终结果应该是趋于平衡的。就像商品的价格可能背离其价值一样,商品价格最终必定会回归其价值。对于那些不符合大众的利益需求与均衡需求的状况,必定会得到最终的改进与完善。

在企业管理的实际工作中,在一些特定条件下可能会出现零和博弈的事实,但企业发展或者个人关系的发展规律,是不会认可这种结果长期存在的。企业中利益分配双方的零和博弈沟通,也必然会随着企业的延续,逐渐回归到利益双方彼此满意的状况下。因此,管理沟通过程中如果不出现以这种结果为目的的沟通,才是沟通能够成功的重要基础。也或者说,在一个致力于长期发展和期待有效管理的企业中,所提倡的管理沟通过程并不是这种具备零和博弈特征的沟通。

2.2.3　达到双赢的常和博弈

在管理过程中,更多的沟通过程体现的是工作中彼此之间的相互关心和帮助。比如同事之间的交流,不同组织部门之间对工作中矛盾的分析与理解,上下级组织或者个人之间对工作内容的进一步深入探讨等。通过这些沟通和交流,使得沟通的彼此双方对问题的看法能够接近或者达成一致,最终使得彼此之间需要合作的工作内容更容易确定,或者更容易得以完成。

解决管理沟通过程中的许多矛盾,都需要具备一定的解决问题的基本条件。比如在处理问题时可以选择一种彼此宽容、理解与友善的态度,也可以选择一种以自我为中心的处理问题的方式。因此,选择解决问题的出发点,是达成沟通效果的最基本的内容。在经济学理论中,有帕累托最优的概念,也有帕累托改进的思路。而常和博弈的结果中,既包含帕累托最优中资源优化的成分,也包含帕累托改进后当事人的利益分配原则。至少可以说,常和博弈的结果不会导致关系一方的利益受到太大伤害。本着这个原则,在设想管理沟通过程的结果的时候,必须充分考虑这个更切合生活和工作中的本质问题。

现实生活中,多数人做事的动力都是能够通过自己的各种方式的努力,尽量获得更多劳动收获。在这种合作过程中,如果对方不能得到最基本的收益,沟通过程不能导致交流双方的实际收益,至少沟通的一方不会热衷于交流过程的实施。所以,在设想沟通过程的时候,需要正确认识人们希望能在沟通中达成彼此之间的利益增长的愿望。如果不能这样思考问题,常和博弈的结果就很难达到,人们也就不可能对交流与沟通过程产生实际兴趣。

管理实务中,尽管多数人都知道自己的工作责任,但也不排除一些人不愿意面对自己的责任,而只是倾心于那些与自身利益提升有关的具体事情。所以说,在一些特定条件或情况下,沟通双方彼此之间的心理矛盾可能并不仅在偶尔时刻出现,而可能会在人们工作的不同环境中经常出现。依据常和博弈的基本思路,理解和实施沟通过程,对沟通双方的沟通愿望或者热情都是积极的因素。

2.3　选择管理沟通方式

在理性分析沟通过程的可能结果后,还要考虑选择怎样的沟通方式,才能达成设想的沟通效果的问题。沟通方式主要涉及的内容是,要根据沟通对象的需求特点,选择不同的沟通方式与之进行交流。通过能够满足对方需求的形式,在满足对方实际需求的情况下,达成管理沟通的目的。沟通者需要深入了解对方的需求特点,并分析对方的需求特点中存在的关键之处,然后根据实际分析的结果,选择能够满足沟通对象需求的方式与其进行有效的工作沟通。

2.3.1　逐渐建立沟通关系基础

在管理实践中,某些沟通过程的实施,是需要前提条件(底线)的。在企业利益与部门或者个体利益之间存在冲突时,沟通过程的前提条件应该是保证企业的整体利益。当企业领导者要求下属完成一项工作时,必然是以下级对上级的服从为前提条件。在企业与政府行政主管部门的交流中,也必然是以尊重法律法规为前提条件的。在企业的两个部门因为工作需要而进行有关业务方面的交流沟通时,同样也要遵循基本的前提条件,即彼此之间的相互理解与尊重等。鉴于此,在设想有效沟通时,沟通者为了达成沟通目的,就必须明确自己与沟通对象之间的工作与利益关系。即首先确定沟通过程中需要考虑的基本前提,然后才能设计具体的沟通程序,并逐步完成后续的沟通过程。

比如,生产部门与销售部门对产品交货期的沟通,生产部门与供应部门的材料质量、规格、性能等方面的交流与沟通,生产部门与财务部门的资金需求沟通等,其沟通基础或者前提都是尊重与理解以及相互之间的真诚合作。不能因为对方工作中的失误与不足,而指责对方的工作质量以及工作方式。沟通者要在理解与尊重的基础上,提出自己对彼此合作与配合过程中所存在问题的看法与建议。

对待涉及核心利益的沟通问题,在坚持沟通前提条件下,同样要本着理解与尊重的原则进行交流与沟通。比如中国大陆与台湾的沟通,必须在一个中国的前提下才能对问题进行讨论。因为放弃了基本前提,就不可能谈出任何可能的结果。另外,某些方面的沟通过程,是在感觉到对方很诚恳的时候,才存在与对方之间坦率沟通的可能。也就是说,沟通的可能性来源于彼此之间的坦诚相待。沟通者需要被沟通者的某种态度作为基础,而且这种态度对于沟通者而言是极为重要的,且不论这种沟通过程具备物质上还是精神上的价值。

对于一些坚持原则的主体而言,原则总是进行沟通过程的基本条件。在现实生活与管理实践中,人们能看到很多这方面的例子。

2.3.2　利用中间环节的过渡支点

沟通过程也是一个讲究艺术性特征的过程。当某个沟通者需要与另外一个主体,或者另外一个单位进行接触和沟通时,直接的沟通可能很难达成既定的目的。比如被沟通者可能是一个不容易接触的人,沟通内容也可能属于比较敏感的事情,沟通过程可能需要有一种比较和谐的氛围等。因此,在沟通之初就必须认真考虑这些相关的影响要素。

当需要与某个主体进行沟通时,为了在实际的交流过程更为有效,沟通者可能就需要寻找一个与沟通对方较为熟悉的人,预先去与被沟通者进行初步接触,然后在比较好的条件下,进一步与对方进行实际业务沟通。当被沟通对方的地位或者角色比较特殊时,沟通者直接与对方接触可能会比较困难,此时可能也需要通过中间介绍才能与对方联系上并开展相应的沟通。在这种情况下,中间人的角色经常是很重要的。比如,沟通者可能需要与某个具备技术特长的人进行合作,这时他就需要寻找某个中间人与对方联系,询问对方的具体愿望。沟通者需要得到某个人的帮助,也可能要通过对方的熟人的介绍,然后再去找对方进行交流与沟通等。当然,对于某些沟通能力较强的沟通者,他们也可以直接与对方联系并沟通有关的事项。在实际生活中,还有一些人为了与某人或某个主体进行沟通,也是通过了解当事人的各种关系,通过关系者的介绍后认识当事者,并最终达到目的的。

在管理实践中,还有一些事情,也可以选择一些间接的方式进行沟通。比如要求员工遵守规章制度,可以通过隐喻的方式,运用不刺激人的方式,采用激励的策略与对方进行交流,而不是在不考虑对方心理感受的条件下,直接把制度要求强加给对方。还有,在管理过程中,也可能会选择一些不是很直接的其他方式,强化对员工的教育等。再有,对领导的某些不甚合适的行为,可以采取比较委婉的方式进行劝告等。所有这些,可能都需要动脑子选择合适的沟通形式。

2.3.3　迂回形式的业务合作

了解沟通对象的习惯、爱好以及做事的方式,也是开展管理沟通工作的重要基础工作。尤其在与不熟悉的人进行交流的过程中,这项工作的作用不可小觑。在企业内部的沟通关系中,沟通者深入了解一个比较陌生的人的相关资料,依据对方的偏好与之交流,可能在交流过程中更容易感觉到更多的一致性,使得交流过程更为顺利。实际上,一个企业的两个部门的领导者,抑或两个员工之间未必就是很熟悉的。当彼此之间的利益关系出现矛盾的时候,常常会因为彼此考虑问题的基准点不同,造成彼此之间对待同一问题的不同看法。彼此之间如果仅仅就事论事,可能就不容易达成解决问题的共识。如果双方通过某种方式较为熟悉之后,大家能够开诚布公地说出自己解决该问题的观点,取得解决问题的方案的可能性就会更大一些。例如,在一次 MBA 课堂讨论的时候,笔者就曾遇到过这种类型的事情。因为两个部门的领导都是一个班级的同学,在无意谈起讨论他们两个部门遇到的矛盾的时候,两个同学表述自己观点的方式都很客观与理性,很容易就理解了对方做事的理由以及考虑问题的思路,在班上同学们补充讨论的基础上,两个部门的领导很快达成了解决问题的共识。

一个员工为了达成某种目的,需要与企业的某个员工进行沟通,这是企业工作中常见的现象。而与对方存在共同的兴趣,与对方的价值观与兴趣爱好一致,是双方达成共识的有效基础。在一个组织中,兴趣爱好能够帮助彼此走到一起的事实,可以在一定程度上证明这个结论,比如喜欢研究佛学的人可以不分职务高低、地位贵贱,共同讨论一些相关的问题等;喜欢钻研技术的人,很愿意一起讨论改进工作效率的话题;喜欢理解人生的人,就会乐意在品茶论道中探讨生命的意义与价值等。

在企业里,曾经听到某员工说过一个有关产品营销的一个故事。为了做成一笔经多次努力都没有做成的生意,该人为了与对方的业务主管取得联系,专门调查和了解了对方管理者的各种资料。通过分析对方的习惯与特点,了解到对方是一个书法爱好者,而且喜欢文字方面的东西。在认真分析生意特点与对方基本情况的基础上,通过与对方进行书法和文字写作方面进行接触和交流、并在共同爱好的基础上,与对方成了爱好与特长方面的莫逆之交,这种结果很自然地导致了生意的成功。

2.3.4　拒绝特定内容的交流

在一个企业里,某些沟通主体之间也可能存在着很大的矛盾与误解。造成这些问题的原因可能是由多种因素造成的。比如人们对某人的修养与品行方面的否定性态度,会导致对某人的价值观拒绝,造成对某人行为模式的极深误解,甚至否定其一切行为或者不信任等。在这种情形下,不被信任的人就很难与他人进行良好的有效沟通。

笔者在与企业合作研究课题的过程中,曾经遇到过这样一件事情:企业某职能部门有一位毕业了3~4年的硕士(MBA),部门领导曾对其寄予厚望,但该员工在工作中基本没有主动做好过一件事情。该部门领导为了发挥其可能的潜力,曾经让其依据自己的爱好去选择自己擅长的工作,但结果仍然是无法满足基本工作要求。该部门领导认为,研究生毕业的员工未必适合企业的实际工作需要。并且说,该部门以后尽量不再招聘具备高学历的员工。对于这个例子,从实际情况看,这个部门的领导已经对该研究生不再抱有期望了。也就是说,即使该研究生希望与领导者进行交流,领导者从内心深处可能已经怀有拒绝的心理了。

当企业的部门领导认为有效沟通的结果不存在,或者认为没有必要与那些无聊的人或者主体进行交流与沟通的时候,后续工作就可能会出现比较严重的消极结果。

2.3.5　依据制度路径与工作和业务关系

沟通过程中,沟通各方存在各种不同的关系。比如彼此之间的权力关系、业务责任的主次关系等。但很多情况下,即使是工作内容的沟通,彼此之间的关系应该是平等的。在处理这种平等的关系时,任何一方对其他一方的过分要求,都可能造成对方的心理抗拒,最终导致沟通过程失败,彼此合作受阻。

企业很多事情都会涉及两个或者多个部门的联系,为了能够在未来的工作中大家都能够明确自己的工作责任与协调的任务,需要通过会议的形式,或者通过两个部门与责任人的交谈方式进行必要的沟通。比如,共同讨论解决某个特定问题可能涉及的具体事情,分析这些具体事情与不同部门的关系点,以及解决这些问题需要某个部门所做出的工作等。同时还要说明在碰到不可预见的不确定问题时,彼此之间如何协调和配合,最终达成使事情得以成功的各种注意事项。

在做这些事情或工作的时候,如果假设相关责任者之间能够相互尊重,并且愿意友好有效进行合作,而且各自都会把面对的事情当作自己的直接责任去努力解决,这种沟通就可能是有价值的事情。如果仅仅是为了让事情的相关者知晓此事,责任也并非很明确,则彼此沟通的效果可能就未必很好了。

显然,如果当事者之一是不具备认真完成岗位责任的主体,企业就必须通过其他有能力的人来协调和解决这个问题了。或者说就必须依据制度的强制性要求来制约某些部门的工作态度与行为。此时,平等的沟通就有可能变成权利不对等的非平等沟通了。

2.4　营造管理沟通氛围

管理过程中的沟通经常会涉及一些实际的利益关系。这种利益是一种广义的利益概念。责任与利益相关、工作量与利益相关、费用支出与利益相关、分配关系与利益相关、工作质量评价与利益相关等等。

在企业实际工作中,部门之间、部门与员工之间、员工之间都存在这些必然的利益关系。因此,两个主体彼此之间的沟通过程,需要平衡这些无处不在的利益关系。对待利益的态度,在一定程度上会影响沟通的有效性。在沟通之前,沟通者需要调整自己对利益的认识状态。比如,对待利益是淡定从容、长行远虑,还是心怀叵测、斤斤计较等。

2.4.1　培育淡定从容面对问题的工作环境

淡定从容这个词看似很简单,也很容易说出来。但是这个词对许多人的行为而言却是很难做到的,因为这个词中包含的内涵极为深刻,意境也很是深邃。

在面对生活中的一些基本问题时,人们常常是无法坦然面对的。比如,有人碰到一件让自己感到难堪的问题;某件事情做错了(例如报表的数据出现问题)要受批评;产品加工程序出现不正确的问题;别人明显在侵犯自己的权利等等。此时,直面事实,当事者能否坦然面对? 能否承认自己的行为确实存在不足,而不是寻找各种借口为自己辩解,不承认自己的疏忽与不当? 再比如面对可能失去某种利益所得时,能否心平气和地理解事情,坦然地面对? 在遇到别人对自己的误解或者侵犯时,能否理性、客观地面对? 所有这些都会反映出一个主体的心情和状况。

本身可能是很简单的事情,不少人却不能够用平和的心态对待。比如不愿意承认自身的失误与不足,寻找各种借口为自己辩护。使得本来很容易化解的矛盾,很容易说清楚的事情,因为自己不能够坦然对待的原因而最终导致彼此之间的误会和不易交流与沟通。

显然,淡定从容的心态,在很大程度上都能够促使人们理性地面对生活和工作中遇到的不快以及被误解的境况。尤其在工作中,在面对某些人们看来比较麻烦的问题时,能否保持一种良好的沟通态度是很重要的。

在设想沟通动机的落实过程中,必然会涉及选择什么样的心态掌握和控制沟通过程中的气氛的问题。以符合时宜的方式,选择能够宠辱不惊的态度去面对沟通过程中的不确定环境,也是处理沟通过程中某些不确定事情的有效选择。

企业在遇到需要处理的问题时,如果能够运用理性与淡定的方式面对,在遇到与员工之间的矛盾时,能够以客观理性和积极的态度处理事情,则这种处理问题的态度就会对企业产生积极影响,长而久之,就能对企业处理问题的倾向与氛围产生积极影响。

2.4.2　坚定长行远虑面向发展的积极心态

管理学常常会讨论企业经营过程中的短期利益与长期利益的关系。沟通过程同样会涉及并需要考虑这个实际问题。实际上,管理沟通就是一个需要长期持续的过程。

尽管在生活中彼此之间的沟通常常是就事论事的过程,但是这个沟通过程能够产生效果的基础,是与此前处理事情的方式之间存在联系的。一个主体与其他主体之间的工作交往过程,不仅仅只是在某件事情上能够进行有效沟通就够了。一个取得成就的人或者组织,能够获得成功的基础是他能够长期致力于某件事情或者某项事业,而不是那种只在某些事情上略微作过努力的人。

主体要能够认真思考某些事情具备长久影响途径,考虑能够长期低成本工作的条件,考虑在长久工作中如何更有效,才能够更好地与其他主体长久相处,才能够在与其他主体的沟通中,得到对方的信任,并且得到更多的工作便利性,从而提升生活品质的内在价值与工作的有效性。

在与其他主体交往与沟通过程中,沟通者需要从总体价值增长的角度,选择那些使得短期与长期利益能够形成一致性的沟通方式。不计较一时的利益得失,不失为一种正确的选择。是否能够从长期利益或者长期发展的视角看待问题,是员工能否约束自己短期行为的基本条件。

2.4.3　摈弃急功近利的短视心理

在生活和工作中,还会面对一种情况:为了可以很容易得到的利益,或者对存在得到可能的利益,比如奖金获取、荣誉获得等,不少人都会想各种办法去争取。这些可能的利益可以是自己应该得到的,也可以是有得到可能性的,还可能是自己根本不应该得到的。但为了这些所谓的利益,这些人甚至能够选择各种让知情者感觉很不适应的策略。这些人可能会搜肠刮肚地捉摸,提出自己应该得到这些好处的各种有利的理由,并且还可能通过寻找竞争者的不足与缺点,来证明自己相比别人而具备的优点和长处。甚至为了自己的利益,通过贬低别人和抬高自己的方法等。

即使得到了自己的利益,哪怕这些利益是争取来的,只要通过这个过程使事情的其他当事人心情不爽,这件事情就可能对自己与他人的未来关系产生不利的消极影响。而且可以说,事事斤斤计较的人,很难得到其他人的长期宽容和理解。这种处处考虑自己利益的行为必然导致或者逼迫他人也斤斤计较,使得自己在未来的工作中面对一种争斗的环境,最终失去一些潜在的或者更多的利益获取机会。

如何在工作中更努力,更加有效?积极主动地提升自己为社会、企业以及他人创造价值而工作的能力,是很重要的。只要一个主体能够为社会和他人创造更多的价值,社会就会承认这个主体的贡献,社会就会给予其必要的报酬。但是在生活和工作中,不少的人确是在尽量考虑自己的直接利益,以及自己不应该得到的那些所谓利益,总是希望少付出努力,多获得利益。比如,一些人在购买某些商品时,与售物者讨价还价,斤斤计较,希望通过这种讨价还价过程更容易地减少利益损失。但是实际生活是,自己的斤斤计较未必能提升自己的生活质量。这些人也没有考虑到这个讨价还价过程是需要时间成本的。而且这种习惯可能会影响到心灵深处的东西,使得自己与任何人的交往都会在无形中产生与他人争斗和计较的心态。

在这种急功近利的心态影响下,当事者可能无法与他人进行和谐的沟通。或者说会把自己与他人的沟通变成没有结果的沟通。生活和工作中处处争取利益的态度,有可能使自己与别人的合作变成零和博弈的状况,并最终损害自己与他人的沟通基础。

2.5　确定管理沟通切入点

在企业管理活动中,依据提升管理工作效率的愿望,萌发沟通的意愿之后,要依据期待解决的管理问题特征,选择开展特定沟通活动的切入点。就像写一个报告,需要选择谈论此报告的切入方向一样,需要认真琢磨才行。根据管理工作的本质内容,一般情况下,需要进行沟通的主要是下面几个方面的内容。

2.5.1　解决工作现场存在的问题

现场管理是企业管理的基本内容。现场管理涉及经营过程中的供应、生产、销售等各个不同的业务内容。在现场管理中,会面对很多与设想状况不同的工作偏差,比如供应工作中涉及的采购材料的规格、性能、材质不符合既定要求的问题;生产过程中遇到的作业操作不规范,在制品摆放不符合制度要求,不能严格遵循工艺要求,环境安全不能满足基本制度要求等各种各样的问题。针对这些实际存在的不足,沟通者可以本着解决问题促进工作效果的出发点开展工作。由于这部分沟通内容可能涉及具体的工作细节,涉及管理制度的运用,涉及工作手段与程序等内容。所以,沟通的对象可以是上级领导、下属员工,以及其他业务部门,甚至包括企业的合作伙伴等。因此,涉及现场管理的沟通过程可以是简单的也可能是复杂的。

解决这种现场出现的问题时,需要从双赢的立足点出发,选择理性的语言与对方进行实际沟通,而不是抱怨或者简单地用制度内容和要求与对方进行交涉。实际上,当人们在工作中遇到困难与问题时,更需要得到宽容与理解。即使需要对方调整他们的既定行为与思维方式,也要从合作以及增加对方工作效率的角度与对方共同探讨解决问题的方法与策略。

在管理沟通过程中,因为人们可以选择多种沟通方式与对方沟通,对方的需求也因人而异,所以认真分析沟通对象的需求特点,是能够达成共同目的的重要基础。例如,在选择与职能部门的责任者的沟通内容的时候,应该充分考虑到该部门的工作价值与工作内容之间的关联程度,以及职能部门在选择工作内容时的可能切入点等。比如,对于人力资源管理部门的工作,首先是考虑"人力资源"的内涵,也就是说,人力首先是一种资源,而该部门的工作重点首先是要考虑如何使用企业的人力资源才能更好地为企业实现经营目标服务。其次是要考虑如何配备各种人力资源,才能满足企业发展和正常工作的需要。再者是要从动态发展的角度出发,如何安排企业的人力资源才能满足企业的发展需要,接着是人力资源主管怎样才能够了解企业的人力资源需要,进行人力资源的合理配置,进一步讲,该管理还要考虑如何做才能更好地开发企业的人力资源等等。

如果企业的人力资源部门仅仅是负责招聘人员、调配人力资源,按照文凭判断人力资源的质量,那么企业的职能部门就很难达到企业经济有效使用人力资源的目的。也就是说,这个企业的职能负责人可能是失职的。但如何与其沟通这方面的内容呢?选择什么样的具体问题进行交流呢?这就成为一个很重要的问题。更为重要的是,如果讨论其中的某个问题,也必须是企业面临的实际问题,比如是人力资源开发中的问题,比如是开发过程中的培训问题,比如是培训中的内容选择问题,比如是具体内容的培训方式问题等。而具体与主管人员沟通的时候,很重要的是要考虑人力资源管理的责任人的需要。

如果该管理者仅仅是一个得过且过的人,他没有工作热情,也没有能力开展这方面的工作,沟通者就必须考虑与能够重新选择该职务人员的领导进行沟通,如果该人员是由于疏忽没有更好地完成工作任务,则沟通者就需要寻找一个合适的机会,在尊重的基础上与其讨论有关问题,并提出自己的观点和建议。不仅能让对方感觉到沟通者的善意,也能感觉到对其工作的真诚帮助的意愿与价值。

在生活和工作的中,沟通者还要能够发现那些需要自己帮助的人和事情,发现帮助对方能够更好工作的关怀点。也就是说,能够主动发现你可能需要别人的事情。即使对方并没有提出被帮助的请求,只要你自己发现别人需要你帮助,这个时候你就可以主动提出帮助别人的建议。当然,在沟通过程中要考虑语言与行为艺术,需要考虑到别人介意的尊严需求,能够考虑并确认别人的需求的本质。这种沟通是企业实际工作过程中非常需要的内容之一。

在解决现场出现的实际问题过程中,担任企业或者基层部门领导的人,更应该选择主动工作的态度与行为。种瓜得瓜、种豆得豆的道理人人都懂。建立沟通的基础,对一个人的领导成效将会有很大的帮助。在选择沟通信息的时候,一定要考虑沟通过程是为了能够让沟通对象的价值得到一定程度上的提高,至少不降低对方的实际价值。否则,从很大程度上讲,沟通过程就可能会得到对方不同形式的抵制。

2.5.2　寻找改善工作状况的方法

改进现有工作方式与程序,很可能对现有工作效率与效果产生积极影响。但这种沟通需求内容可以是或有的。因为这些问题可以是进一步改进工作的内容,它们不是必须面对和解决的问题,而仅仅是可能提高工作效率的内容。作为一个企业员工,其主要工作责任是完成企业为其岗位确定的岗位职责,一般不会要求其做进一步的工作。因此,提出并且与他人沟通这些内容,可以给沟通者带来不同的后果。积极的后果是领导可能会发现并欣赏自己的工作态度与能力,消极的后果是自己所提出的问题是不存在的或者根本无法解决的,或者解决该问题就有可能在实施过程中损害企业某些主体的利益,比如让别人做更多的工作,给别人增添不必要的麻烦等。

深入了解被沟通者对某些事物的认识与观点,是进行有效沟通的重要基础。在观察企业现有管理工作中的某些问题时,深入了解出现这些问题的成因,分析改进现状的具体策略与办法,是提出一种新的观点与建议的基础。缺乏对事物的深度了解,是沟通者经常犯的错误。一些员工能够明显感觉到工作中存在的不足,但他们并不愿意清楚地说出自己的实际感受与建议。因为自己的感受可能不成熟,也可能这种问题本身就是企业期望存在的。再者就是提出自己看法的结果可能会受到他人的奚落,同时还可能得不到领导的欣赏,甚至被认为是想出风头等等。

当然,如果企业的领导与员工都是期望企业越办越好的,则任何人的积极的合理化建议都将是被企业所欢迎的。如果企业能够选择激励员工为企业提供改良建议以及为企业发展进行筹划的各种行为,能够从积极的方面支持与奖励员工的建设性行为,而不是漠视员工的主动精神,则企业就可能会得到更多的有效建议并提升员工对企业的忠诚度。

2.5.3　交流需要理解和接受的制度与观念

由于员工的实际情况存在差异,员工对工作责任的认识也存在实际差别。所以在实际工作中,一些员工可能不甚理解企业的工作要求,或者为了自己的工作便利而不是很注意自己的工作过程与制度要求之间存在的不同。企业需要使用书面或者口头的方式与员工进行沟通,告诉某些员工应该注意的问题。这些方面的沟通问题,是企业经营过程中必须面对的工作内容。在沟通这些方面的问题时,企业可能面对的现状可以是对方的无言接受或者讨价还价,以及极不情愿地接受等不同情况。

在企业制订某些约束员工工作方式制度的过程中,也可能已经与员工做过一些实际沟通,但在制订过程中员工可能并没有认真思考,也没有进行积极反馈。当制度作为行政命令与指示下达的过程,员工可能未必会从内心深处理解与接受。

实际上制度下达也属于一种沟通过程,只是这个沟通过程在下达执行这个环节上是属于单向沟通,在下达执行该制度的时候,可以不再需要被约束者的具体反馈了。企业管理过程中的这种沟通是普遍存在的。但是,制度在实行过程中必然会遇到一些制度制订过程中没有充分考虑到的问题,还需要在实际工作中再通过沟通过程,解决那些事先没有碰到的具体问题。在完善制度的过程中,需要完善的内容与方式等都需要继续开展沟通,需要进一步深入讨论。

在实际工作中,根据沟通内容的特点,选择与具体工作相关的信息进行沟通,对于保证沟通过程达成目的,将能够产生积极的支持作用。

2.6　精心组织管理沟通内容

在沟通信息的组织方面,最基本的要求有以下几点:如果沟通信息组织得好,就要能让对方感受到美的体验、精神的享受;能让对方感受到沟通观点的依据和理由,使被沟通者信服与认可沟通者的观点;能让对方通过与你的沟通过程而受到启发、启迪、获取有意义的知识等,感受到接受你的信息是有价值的;能够让对方清晰地了解你的愿望,而且很容易接受你的层次清晰的相关信息。

2.6.1　突出沟通内容的重点

如何组织选择那些需要沟通的信息,使沟通的对方愿意并且容易理解,是沟通过程中需要注意的非常重要的事情。在组织需要沟通的信息的时候,不仅需要能够清晰准确地将需要沟通的内容传递出去,还需要考虑到被沟通者的个人特点,比如个性、语言表达、情感特征等。选择对方容易接受和理解的方式与对方沟通,一定要注意把握沟通内容,控制一次沟通过程需要的时间,选择沟通要点等相关要素。

如果一件并不复杂的事情,而在交流过程中花费好几个小时,你试想一下,他能记住你说的几句话?在教学工作中,经常看到某个教师与学生交谈的情景,同时也会看到某些教师在指导学生写作论文时,为了说明某个问题,该教师会不厌其烦地针对某一个具体观点反复解释的情形。实际上,一个观点或者要求只要清晰准确地说一遍学生就已经理解了,但教师却总是担心学生没有理解,而是从不同角度、不同形式上反复说明,这种做法不仅不能让学生很轻松地理解你的说法,而且在某种程度上是对学生智力的一种亵渎。再者,在组织需要表达意思的时候,是否能够抓住重点,是否能够做到提纲挈领,也是信息组织过程中需要重视的非常重要的问题。

2.6.2　内容组织要层次清晰

沟通信息的组织过程要具备较好的逻辑性。沟通者需要在沟通之前,对自己希望转达的意思进行认真组织。沟通者不能信口表述自己的观点,不能任意说明自己的要求,在沟通过程中,所谈论的内容的各个部分之间要具备一定的逻辑关系,除非表述的是几个具体的相互独立的问题。这样才能保证对方能够容易理解和接受你的观点。在与对方谈论某项管理制度的实施效果的时候,首先要说明建立该管理制度的必要性,说清楚该制度与其他制度之间的区别与关联性,指出该制度能够解决的具体问题,以及解决这些问题的思路与过程,包括制订该制度需要哪些人参加,讨论制度形成时所需要的工作程序,以及如何贯彻制度等有关问题,使被沟通者能够真实理解你的观点与思路。

有时候沟通氛围也会对沟通过程或者结果产生一定的影响。即使已经运用合适的方式对需要沟通的内容进行了良好的组织,但如果沟通者在沟通过程中存在烦躁情绪,也可能会给被沟通者造成不必要的心理影响,并最终导致对方难以理解沟通内容。所以,需要了解沟通对象的真实状况,才能选择合适的方式和形式组织需要沟通的信息。生活中还存在另外一种状况,有的沟通者认为自己表达的意思已经很清楚了,别人针对沟通的内容提出质疑的时候,往往不能正确对待,认为对方没有认真理解自己,这种对沟通对象的不信任,也可能导致沟通过程的失败与沟通结果的不如意。

2.6.3　沟通内容要体现对工作的价值

当你读一篇文章,你能够从字里行间,感受到生活的美好,景色的优美,人性的善良,行为的清爽等特征的时候,你的心里应该是宁静与美好的。当然,如果一篇文章不能给你以基本的帮助,则这篇文章就没有什么价值,你读文章的过程可能就是一种浪费生命的过程。在生活中,即使你阅读的是一篇学术文章,文中没有经过修饰的文字也能给你学术美的感受,文章中的中性词语也能给你智慧的启发,则这次阅读对你就是一个有价值的过程。

在企业在管理实践中,也经常会遇到一些因为沟通不畅而出现的所谓管理问题。一位企业的管理者曾经告诉笔者,因为他们的企业存在着严重的沟通问题,并最终影响了管理的有效性。在 2007 年的时候,该企业产品的市场情况非常好,企业的产品处于供不应求状况,但合同完成率却相对比较低。为了提高合同完成率,企业的生产部门在生产过程中忽略了产品质量问题。但质量检测部门却严格按照岗位职责进行检验,不允许一些不能达到质量标准的产品转移到下道工序,造成了生产过程的不顺畅,这种现象进一步导致了企业合同履行率的持续下降,也因此导致了企业以及质量检测部门与生产部门的矛盾加剧。

质量检测部门认为自己的职责应该是检查出所有不符合质量标准的产品,而生产部门却认为在特定的情况下,质量管理的策略需要变通,可以低标准放过一些不是很严重的产品缺陷。企业则认为两个部门之间缺乏沟通和协助,才造成了彼此之间的矛盾,而这种矛盾实际影响了企业的正常经营,是不被允许的。因此,企业希望两个部门进行充分的沟通,争取尽快解决问题。进一步讲,企业认为是两个部门的沟通技巧存在问题,如果能够共同想办法,问题就解决了。但两个部门都坚持自己的观点,都认为自己是正确的并受到了委屈,才造成了企业不必要的损失。但事实是,企业管理部门与生产部门之间的沟通出现了问题,企业应该明确告诉生产部门产品质量对企业产品品牌的重要价值,以及对产品能够在市场上长期生存的积极意义所在,并且应该告诉生产部门,严格按照质量标准生产产品,是该部门的基本责任所在。矛盾的根本不是沟通技巧的问题,而是对消费者以及对岗位责任的态度问题。这种沟通,应该有企业管理部门直接参与才会更加有效。

上述例子说明,在沟通过程中要能够很明确指出问题的症结所在,通过对问题进行认真分析,并能提出解决问题的可操作性策略。这个过程对于被沟通者而言,将是具备积极价值的。

2.6.4　沟通观点要具备依据

在信息的组织方式上,沟通者为了能够达到沟通目的,还需要在沟通内容的组织方面做一些有效的工作。比如为了说服对方接受自己的观点,沟通者需要寻找很多很具体的依据证明自己观点的客观性。对于上面所说的人力资源开发问题,就需要用事实和数据说明企业的员工在哪些方面需要培训,在培训方式上为什么选择某项特殊的模式,如何培训,以及是选择某类特定培训方式的具体理由等。也就是说,观点要有依据,建议要有可操作性。

在讨论某件事情的是非曲直的时候,观点的依据性有时候是极为重要的。比如,2009年2月期间,网络上出现了讨论“国学大师”文怀沙的文章,一种类型的观点认为文怀沙不是大师,他的年龄、履历以及学术成就都谈不上是“国学大师”。所有这些观点的依据是具体的数据和文献观点。而反对者的观点则认为,讨论一个人的年龄,历史上的行为,并且用所谓的学术成果评价一个人是不合适的,比如,年龄与“大师”的称号有关吗?一个人做过错事是否就终身有问题?有学术成就的人就一定有大量成果等?但质疑方的观点明确指出大师的年龄是大师宣扬的重要标志,大师的履历也是不真实的,大师有案可查的学术成就确实不够。在这个意义上,反对方对质疑方的批驳就显得不够有力,因为他们更多地是用一些似是而非的说法批驳质疑方的,所以,在笔者看来,质疑方的观点就更有说服力。

综上所述,有效组织沟通过程所需要的相关信息,对达成沟通目的,说服被沟通者接受自己的观点与建议是具备实际意义的。

2.7　选择支撑沟通的媒介

选择合适的信息传递媒介或者工具,对沟通过程的成功也是很重要的。在工作与实际生活中,人们经常会面临一些选择,要求自己选择或者采用一种有效的方式,把自己要与他人沟通和交流的事情更好地讲出来。

如果面对的是一个不仅熟悉,而且能够彼此理解的人,可以很直接地说出自己的事情哪怕是对方不容易接受的某种观点,因为你不担心对方会对你的说法产生逆反,或者产生不快乐甚至反感的情形。因为你们能够很容易地交流和沟通,或者解释导致可能误会的原因。但是,如果你面对的是一个心情抑郁的人,一个习惯从消极角度理解事情的人,你就必须从被沟通者可能产生的各种感受的角度去考虑问题,尽量选择某些特殊的方式与其进行交流。比如请一位与对方比较熟悉人代为转达你的意思,使用委婉客气的语气与之交流,选择一个和谐的氛围与其讨论问题等。

如果你需要与对方讨论某种特殊策略的解决方案,你也可能会选择一种安静的环境与其交流与沟通。如果当面不方便或者不容易交流的事情,你也可能采用电话的形式、短信的形式、抑或电子邮件的方式与之交流,这样的沟通媒介可以避免彼此面对面讨论问题时可能出现的尴尬,并且也能产生预期的沟通效果。

在实际生活中,存在着通过口信、信函、电话、短信、电子邮件、肢体语言、物品、转达、暗喻、行为等不同的沟通媒介。这些媒介在不同的场合或者环境下,如果能够很好地运用,就能产生更好的沟通效果。

2.8　激活沟通过程中的互动性

管理沟通过程需要沟通双方共同努力才能完成。沟通者将需要交流的信息传递给被沟通者,然后被沟通者再选择合适的方式或者形式理解沟通的有关内容。被沟通者对沟通内容的反应可以是多种多样的:如果愿意理解沟通的内容,则会认真理解并尽量接受沟通者的建议或者观点,并且积极予以反馈;如果不愿意理解,则可能对沟通的信息采取充耳不闻、麻木不仁的态度,这种情况明显反映了沟通过程的失败;当然,如果被沟通者无法或者难以理解沟通的内容,则沟通过程同样也会出现相应的问题的。

在学校的教学课堂上,经常可以看到这种沟通者(教师)滔滔不绝地讲课,而被沟通者(学生)心不在焉,或者写作业,或者交头接耳,或者闭目养神的现象,包括在企业单位组织的会议上，也经常会见到这些现象。这种状况的出现，一是被沟通者感觉沟通的内容是无足轻重的，接受这些沟通信息是没有实际价值的；二是被沟通者对这些信息无法理解；三是被沟通者认为已经明白了信息内容，而沟通者仍然啰唆。所以，被沟通者自然而然地选择了消极对待的态度。

另外一种现象是，被沟通者拒绝接受沟通，因为他不愿意与沟通者进行交往。他会认为沟通者不可能用其行为去帮助别人。因为他知道沟通者以前的行为模式和行为习惯。当然，如果沟通者具备一定的权力和能力，可以对不服从自己的人产生某种威慑和伤害的时候，被沟通者只能选择表面上的服从和耐心，但这种沟通的效果也是可想而知的。

还有一种沟通过程，是被沟通者面对沟通者的交流过程，会采取一种蔑视或者敌视的态度，处处寻找沟通过程中的不足与缺陷，以达到破坏沟通过程的目的。尽管沟通过程是客观的，但寻衅找事的故意行为也是存在的。

在现实生活中，还有一种状况就是被沟通者非常渴望得到某类信息。在沟通过程中，这些被沟通者可以聚精会神地倾听沟通者传递的有关信息，而且还能够及时回味，仔细思考，认真领会，并能够与沟通者进行适当的交流和沟通，愿意把彼此沟通的信息作为一种精神食粮，还愿意将沟通过程中接受的信息当作帮助人们了解和理解生活本质的良方而重视之。如果在接受沟通信息的过程中，被沟通者能够感受到一种醍醐灌顶、如沐春风的体会，则沟通过程必然是有意义和有价值的事情。沟通双方就能够更好地进行不同形式的互动，并产生有意义的体验共鸣。

在一些《管理沟通》的教材对沟通信息接收的描述中，主要考虑的问题是如何才能更好地倾听沟通过程中的涉及的有关内容，注重强调沟通过程中倾听的重要性与倾听技巧，包括倾听过程中容易出现的问题以及倾听与成功沟通的关系等。并且可能还会谈到换位思考、移情式倾听等多方面的内容。通过对这些内容的介绍，告诉读者怎么做才能更好地倾听、更好地参与沟通，才能成为一个所谓的沟通高手。但是，实际生活中的沟通过程远远不是这些技巧和劝说所能够解决问题的，还需要考虑很多具体的影响因素才行。

2.9　关注沟通反馈与结果

沟通过程的意义主要出现在沟通之后的反馈行为上。在一个会议结束之后，听众不仅能够了解会议内容，而且理解和赞成会议内容，则会议是成功的。这种结果说明会议达到了组织者的沟通目的。如果会议之后，与会者尽管理解了会议的主题内容，但反应激烈，十分反感会议的议题，则说明该会议也是成功的，而只是会议选择了无法达成一致的事情与被沟通者进行沟通，沟通内容的选择可能欠缺权衡，当然，也许沟通者认为开会的目的就是为了知会他人，但这种知会是可以选择其他更好、更简单的方式进行的。如果会议之后,与会者没有对会议主题产生共鸣,只是感觉作了一件没有意义、浪费时间、消耗生命、无聊且无奈的事情,则该会议的召开与沟通过程实际上就是一件没有实际意义的事情。

显然,与组织会议相似的其他沟通过程,同样会面对这种现象。如果不能真实理解管理工作的本质,不同管理内容的工作目的,则沟通活动出现不良后果,并且产生相应消极作用的沟通过程必然会频繁出现的。

能够得到积极响应,热情反馈的沟通是希望改善工作的人们所期待的结果。如果沟通活动的结果仅仅是得到了沉默应对,或者被沟通者是对沟通主题置之不理,而且促使人们产生逆反心理,得到的结果是别人的怒目相对,则沟通活动的效果显然是消极的。

本章小结

本章内容主要围绕着管理工作中的沟通过程进行叙述。按照本章主要内容所展示的观点,尽管在实际生活中可能会遇到不同的管理实务,但不同沟通过程都存在着共同的环节与特点。而且,沟通过程的每个环节都与最终的沟通效果之间存在联系。

依据生活与管理实践可以看出,多数沟通过程中的各个环节之间存在着"与"的必然关系。如果其中某个环节存在障碍,就会影响后续环节的正常存在。所以,沟通者不仅需要能够发现需要沟通的管理问题,还要能够有效组织沟通内容,选择合适的沟通媒介,并且能够通过传递信息的过程,让被沟通者愿意接受所传递的信息,并作出积极的反馈。

阅读材料

一次有效的沟通

沟通是我们经常用到的一种技能,但是如何有效沟通,是很多人苦恼的。通过沟通成功解决问题的成功例子更是不多,现将工作中通过沟通成功解决问题的例子陈述如下。

1. 背景

2010 年,××公司招收 500 余名大学本科生进入公司。这 500 余名本科生在经过 15 天的入职培训后,在车间进行为期三个月的基础实习,一方面了解××公司生产流程,另一方面了解车间一线工人的工作状态。新员工通过亲自体验一线工人的工作,磨炼了意志,培养了艰苦奋斗的精神,了解了××公司的企业文化。

但是,如此众多的新员工如何有效地安排在各车间进行实习,对于公司人力资源部和各实习车间来说都是一种考验。这批新员工中拟分至技术和销售体系的占了绝大部分,因此底盘车间成了新员工实习的首选车间,尽管公司平衡了各车间的实际接待能力,但底盘车间的日接待新员工实习人数仍在100人以上。

2. 问题

8月份以后,公司将进入高产期,底盘车间首要的任务是保证产品质量和产能。同时底盘车间还是××公司的明星车间,客户来访大多会被安排来此参观。如果安排100多名新员工在底盘车间实习,特别是按照公司要求,进行顶岗实习,存在降低生产效率和影响产品质量的风险。而且,尽管新员工接受了安全培训,在车间从事具体操作时,仍然存在安全风险。

底盘车间认为如此多的新员工,超出了他们的接待能力,不同意接受。

3. 沟通目标

让底盘车间接受新员工在其车间实习,而且能在保证产品质量和产量的同时有好的实习效果。

4. 沟通过程

首先,我们和底盘车间人力资源管理人员进行沟通,了解到车间目前有2400余名工人。据此,我们分析,按照比例,安排100余名新员工到底盘车间实习,对底盘车间来说应该是可以接受的。

其次,我们征求了生产处人力资源管理人员的意见,认为安排100余名新员工在底盘车间实习,尽管有些难度,但也是可以的。

根据上述沟通结果,我们安排100余名本科生进入底盘车间实习。实际情况是,底盘车间负责管理实习人员的是车间的一名QE(质量工程师)。他认为安排给底盘车间的实习新员工太多了,请求调出一部分。在接到其反馈后,我到底盘车间看了学生的实习岗位,发现底盘车间有很多大型机械,操作这些机器,是需要有操作证件的,但新员工可以帮忙抬点东西。底盘车间为了保证新员工安全,没有安排新员工在这些地方工作;而且,发动机拆装工位,考虑到产品质量,他们也不愿意安排新员工实习;还有一些初级装配工作,也没有安排新员工。

根据了解到的情况,我觉得车间有能力接待好新员工实习,接待能力有限只是其不愿下功夫培养新员工的借口,就没有同意其关于调减实习人员的请求。

底盘车间新员工管理人员在接到我不同意的意见后,就回复邮件给我并抄送其他实习接待部门,内容如下:

"(1)一个工位有3~4名大学生在那里实习,仅K线工段就有23人实习,存在很大的安全隐患,车间就算分配新人,每个工段一次最多分配6个人左右,现在是没有出现安全事故,等出现事故就晚了!!!!

(2)由于人员数量太多,没有办法进行轮岗实习。保证不了实习效果!!!

(3)底盘车间是公司外来参观必经车间,现场闲杂人员太多,会有聚堆闲聊、玩手机现象。对公司形象影响很不好！！！！

（4）以前大学生的实习是其他部门也要去的，而且人员很平均，今年到底盘车间实习的人太集中了。

请速将现有人员协调到其他地方实习！底盘车间不怕人来实习，但是接受人数必须是我们能够保证不出现安全问题，且实习有效果的人数。您可以让他们轮流到车间实习！该问题已经和您说过了三次，一直没有得到解决！

另，今天上午在实习现场发现外部门人员带领大学生到底盘车间来了解生产工艺流程，结果领着的人没了，就留下大学生在现场闲逛。一问这些学生是到其他部门实习的。请曹工严格要求其他部门大学生，并传达以上事宜！！"

对于底盘车间实习新员工管理人员的上述邮件，人力资源部领导做了如下回复：

"底盘车间 2400 多员工，100 个实习生就容纳不下了？自己检讨一下方法和管理问题，×××也去帮他们看看，怎么安排的。

之所以分配到底盘车间这么多人，主要是销售公司的要求，也是公司培养业务员的需要，就是因为底盘车间技术含量较高，能让学员了解较多知识，也是底盘车间应该引以为荣的，应承担的责任。

遇到问题不想办法、出主意，责任外推，这就是底盘车间的文化吗？还拿安全问题出来要挟，这是什么作风？

今年大学生有 500 多人，作为一个大车间，在困难的时候不说替公司分忧，还振振有词，这样做合适吗？是××公司人的作风吗？有困难，可以一起商量，协调解决，积极想办法，怎么能够轻易地就撂挑子，说不负责任的话？

再次强调，无论是 100 人还是 200 人，在哪儿都必须保证不出安全事故。在哪儿都必须按公司要求进行顶岗实习，高标准地完成实习任务，这是不可以商量的原则。

车间领导要到现场检查新员工实习安排的问题。每天监控！有问题及时通报，若状况一直很差，向卢总（主管生产的高管）协调。"

收到人力资源部的上述邮件后，底盘车间领导马上转变了态度，一边安排新员工，管理人员制订新员工车间顶岗实习计划，一边召集实习新员工班长开会，安排新员工顶岗实习事宜。

5. 后记

在后来的实习日子里，底盘车间一直保持 100 多人的新员工实习接待任务，因为有效的管理和实习安排，车间产量和产品质量与前期相比不但没有下降，而且新员工实习顺利进行。

（MBA 952　曹运锋）

（注：编辑过程中，仅调整了公司名称与文中极个别语句）

思考与讨论

1. 实际管理工作与企业的所有业务都密切相关。在企业管理过程中,必然会涉及一些利益冲突问题。从工作主动性角度分析问题,您认为底盘车间的管理人员不愿意接受新员工实习的做法是否存在不足?

2. 您如何看待底盘车间对人力资源部提出调整实习人数的观点?如果您是底盘车间负责新员工实习的负责人,您会从哪些方面提出和分析问题,并向公司提出减少员工的实习人数的建议?

3. 如果您是公司人力资源部的员工,您会选择什么样的语气与表述方式与底盘车间的责任者进行沟通?您是否认为人力资源部与底盘车间的沟通是合适的?您认为最终解决问题的关键因素是权威的力量还是沟通的效果?

4. 请介绍一件您认为成功的沟通案例,叙述企业在实际管理工作中开展有效沟通的经验与体会。根据您的体会与认识,说明有效沟通的各个环节之间需要密切的配合,或者能够说明有效沟通与偶然事件之间也是存在关联性的。

第3章

管理沟通主体的性格特征分析

本章学习要点

1.沟通技巧是成功沟通的重要条件。沟通者的人格特点更是多种情况下影响沟通结果的重要因素。没有良好的品行,常常会被多数人在潜意识里拒绝与之沟通。

2.乐于助人、稳重诙谐、热情开朗的性格特征是多数员工认可的个性特点。能够认真考虑对方的需求,是被沟通者认可的基础之一。

3.沟通者在企业中的身份不同,环境对其所期待的性格特征也不相同。为了更好地开展管理沟通,需要沟通者能够关注被沟通者的实际需求。

4.愿意考虑企业利益与被沟通者的利益需求,是环境对沟通者的基本要求,沟通者理性客观的性格特点,能够对沟通过程产生积极作用。

在企业里,人们对人的评价多数集中在两个方面,一是说某人很好,二是说某人是个做事情的人。在"人好"这个评价中,是在说某人从不伤害别人,还愿意帮助别人。而在"做事情"这个词中,明确包含了一种"能力"的含义。从另外角度看,不少员工认为具备"人品好"和能"做事情"特征的人才是值得大家尊敬的人。在生活的实践中也可以看到,人们愿意与具备这两种性格特征的人交往。

本章结合企业的管理背景,通过分析员工的个性特征与沟通之间的关系,说明沟通者的人品特征是有效沟通的前提,被大家认可的良好人格特征是开展有效沟通的重要保证。沟通者的品行与修养、心理状态、把握自我角色的能力、沟通过程的理性与感性特征是影响人际关系好坏的重要因素。

3.1 员工性格特征与有效沟通

现实生活中,在很多场合下,都存在一些能够与别人进行有效沟通的人。这些人在人格特征方面客观地具备着一些他人所不具备的个性特点,如:具备较高或者很高的文化素质和学术修养,具备爽朗和阳光的性格,具备处处愿意帮助别人的热心肠,具有很大的调配资源的权力,能够在危急的时候站出来解决别人难以解决的问题等。归结到一起,这些人应该是能够给别人的价值带来增长潜力的人。

在企业的沟通中,员工的性格特征主要可分为以下几方面。

3.1.1　热衷于利益索取

在谈论沟通主体的人格特点时,主要考虑的是该主体的性格特点,如:其他人是否愿意与其接触和交往,或者是否愿意与其友好合作并且一起工作。

如果一个人在面对工作时,在与别人交往过程中,只愿意考虑自己的心理感受,自己的利益得失,只是希望别人尽量理解自己,不愿意主动帮助别人甚至没有被动地帮助别人的愿望,希望自己周边的人都能够以自己为生活或者工作的中心,则人们很难想象这个人(员工)是一个具备很强沟通能力的人。从常识上讲,在实际生活中这种人是几乎不可能与别人很好相处的。当然,与别人之间没有矛盾也不能被认为是很好相处的。

工作过程中,具备上述这些性格特点的人,多数情况下只注重自己的工作成绩。在需要别人帮助的时候,往往希望别人能够主动关心自己;在取得一些工作成绩的时候,总认为成绩是经过自己的努力取得的,别人在工作与合作中永远是配角,承认别人的努力效果对这类人而言是很难的事情;而在遇到工作困难的时候,这种人则总是抱怨别人的工作质量与结果,认为只要是存在工作不足,都是别人的行为造成的等。总之,成绩是自己的,正确在自己一边,不足一定是别人的。具备基本工作经验的人都知道,人们是不喜欢与这种人交往的,但这种类型的人在生活与工作中却时时处处存在着。

反之,如果一个人在生活和工作中总是愿意以公正和宽宏大量的角色出现,在多数情形下都能够以和善与友好、理智与直接的态度与他人交往,在遇到一些具体事情或者困难的时候,总能考虑着如何以建设性的思路提出解决问题的方法,并且考虑到合作对象与同事的切身利益,能够坦率、直爽地与人交往并共同工作,则这个人是能够得到他人的尊重和认可的,这个人可能比较容易与他人进行卓有成效的沟通。也就是说,如果一个人在工作中只愿意考虑那些能够为自己多得利益的事情,对那些与自身受益无关的事情漠然置之,他不可能真心帮助别人,他也不可能给别人带来令人欣喜的结果,则别人与之交往后就很难得到被帮助后的心理满足,或者说,具备自私与自我性格的人,在生活和工作中除了寻找和感受自我满足的事物之外,是不会关注进行有效沟通的积极因素的。

3.1.2　清高自大,目空一切

如果一个人很聪明,也具备很强的业务能力,而且还可以是一个具有很大权力的部门领导,但是这个人在与他人交往的过程中,总是在尽量展示自己强势的一面,在面对个人利益与大众利益之间的矛盾的时候,常常表现出斤斤计较个人得失、自我膨胀、自我意识极强的工作风格。尽管该人在某些时候也会以表面谦虚的方式与下属交流,但谈话内容多是征求别人对自己的决策的建议,或者总是用强词夺理的方式,向别人推行自己的观点与建议。则这个人也是很难与别人进行顺畅工作沟通的。当人们了解该人的行为模式之后,人们会在内心拒绝与其深入交往。在这种情况下,尽管也会有不少人与其交往,但多数是希望利用其具有的权力得到某些利益的工作人员。当然,也会有一些具备极好心理素质,具备责任感,希望给其提出积极建议,能够使单位工作进一步改善的员工愿意与其交往和沟通。在一个单位里,只有少数人能够做到这一点。

实际工作中,也存在一种能力很强,并且愿意帮助别人的人,但此人在帮助别人的时候却喜欢采取一种"救世主"姿态,用说教的形式去建议他人如何做事,用批评的态度指责别人的工作。显然,即使被沟通者承认此人的善意,也不愿意过多与其交流,因为在交流过程中可能会不断感受到一种心理压力与精神负担。这种高高在上的姿态,实际上已经拒绝了不少同事或者员工与其的沟通愿望,也在无形中拉大了与其他人之间的心理距离。

如果某个人的业务能力很强,而且这个人还能够在别人需要的时候,选择某种方式去帮助别人,并且在一些时候还能够主动、真诚地帮助特定的人,则此人对那些特定的人是存在价值的。但如果此人在与别人的交往中,几乎都是选择一种舍我其谁的态度,使与之交往的人总是处于仰视的状态,则人们可能会尽量避免与其交往与沟通。

有些清高自大的人喜欢处于俯视的交往态度,也能够关心别人;也有一些人即使选择这种与人的交往态度,但只是关心特定的群体,更有一些人除了展示自己的能力之外,不会考虑其他人的心理与物质需要。实际生活中,不论这种人属于哪种清高的类型,人们都不会很乐意与之沟通和交往,除非存在某些必须交往的事项。

3.1.3　喜欢责备和抱怨

在企业的员工中,喜欢抱怨的人也分为多种类型。第一种类型是当事者按照多数人认定的标准,对不公平的事情、对遇到不公正的待遇、对看到的不负责任行为的一种消极情感发泄;第二种类型则是当事人站在自己的立场,采用自己对事物的评判标准衡量面对的事情,发泄自己的不满情绪。两者之间的差别主要反映在对事物的评判标准的差异上。

对于第一种情况,当事人的抱怨容易被人理解。但选择这种抱怨的时候,还是需要经过理性思考的,如果仅仅是抱怨,而不去思考解决问题、改善环境的积极办法,则抱怨就是无法解决实际问题的消极举动了。在现实生活与工作中,人们经常会遇到一些不尽如人意的事情,抱怨也就随之而来了。但是,面对这些消极的状况,积极面对的措施还是要考虑如何去解决此问题,而不是消极面对。现实生活中经常可以看到一种情景:单位中的一些比较熟悉的人坐在一起吃饭或者聊天过程中,会情不自禁地谈论单位中的事情,而且不少人会提起一些对单位不满意的事情,大家一言一语的声讨和抱怨,并且能够持续到这个过程结束。有一次,其中一位员工建议大家聊些快乐或者积极的事情,不要总是抱怨,另一位同事立即表示反对:"咱们没有办法改变不公正的现实,难道连抱怨都不能说吗?"实际上这种抱怨基本上是不能解决问题的,但不少人喜欢这种无意义的抱怨。

第二种情况中的抱怨很难得到大家的共鸣,在多数情况下人们也不会直接对抱怨者表示反对。但无休止的抱怨,却可能让别人不再愿意与之聊天和交流。在工作的过程中,如果一个人不愿意付出精力与努力,而只是抱怨别人对他不公平,在遇到一些所谓的挫折的时候,立即开始思考别人的不足,甚至通过各种手段和方式去诋毁他人,这种心理状况必然导致他人产生心理阴影,并破坏自己与别人的正常交流与沟通。

3.1.4　心地善良,乐于合作

如果一个员工把努力工作看做自己分内的事情,能够时时处处考虑更多地为企业付出辛勤劳动,能更多地注重自己行为所反映的公平与公正特征,能更多地为别人的好生活提供积极影响,而不是过多考虑自己在很多事情上的得失,则人们就会很乐意与他交流与沟通。人们会喜欢并尊敬他,希望像他那样生活和工作,希望像他那样与人相处,但是能做到这点一定是很困难的,也许这个员工做得很容易,但对别人而言,却是不容易的。

因此,在工作和生活中,虽然人们希望通过沟通过程,使生活和工作更加顺心,并能体会到更多的快乐与幸福以及所谓的生命意义,但实际面临的一些问题,往往让人感觉到生活并非充满阳光,而不顺心的事情是非常之多。所以,在实际生活和工作中势必会出现和感受到许多无奈与失意,有的人能够正确和客观地认识这些问题,而有些人感觉到的则是无奈与悲愤。所以,在讨论沟通的相关问题时,需要充分考虑一个人的心态与品行,如果在成长与生活过程中能够坦然面对所遇到的各种顺利与不顺利的事情,能够接受和融合各种类型的人的性格,能够宽容不同人的那些与自己不相符合的生活习惯,能够调整自己的个性需求和行为模式,则在生活中与他人的沟通方式就会更为方便。

3.1.5　真诚待人,乐于助人

在企业管理实践中,员工的个性特征和业务能力以及处理工作中存在问题的能力,包括对生活的热情,都是对沟通过程影响较大的因素。而人们经常谈到的所谓沟通技巧未必是很重要的影响因素。在工作实践中,一些能说会道但心里自私的人,实际上很少拥有较为真诚的朋友。能够将事情描述得很清楚,也能选择很恰当的语言与方式与人交流,但缺少爱心与同情心的人,同样也很难得到他人的认可。所以,真诚是沟通的基础,技巧只是锦上添花的因素之一。如果缺少待人真诚的心态,而仅仅考虑沟通技巧的作用,实际上是一种本末倒置的选择,是对有效沟通缺乏实际理解的结果。

3.2　员工认可的性格与沟通

沟通主体的性格特征直接影响行为的动机与沟通结果。在分析管理沟通过程成功与否的时候,在分析管理过程中的某些问题的时候,要求人们深入地分析企业管理过程中各色人等的性格与行为特点,分析出沟通主体的行为特点和沟通初衷与可能结果之间的关系。需要特别说明的是,这里所述的性格特征不是心理学范畴的概念,而是一个主体面临利益关系的时候,可能与他人处理关系的特点方面所反映出来的性格与品行方面的特征。尽管这些分析过程没有得到实证数据的证实,但分析结果也存在一定的客观性特点。

在下面的分析中,希望能够结合企业的管理实践,分析并说明员工性格特征是成功沟通的前提,优秀的性格是成功进行管理沟通的重要条件,成功的沟通不仅可以有助于企业实现经营目的、有利于一个人或者行为主体能得到认可。进一步讲,具备良好性格特征的员工也能更好且更多地感受到生活与工作的意义和价值。

3.2.1　善良诚信与自尊重诺

从做人的角度讲,人们一般遵从所谓的"人道",即仁、义、礼、智、信。首先考虑的是仁,最后考虑的才是信。而从经商的角度考虑问题,设定的"商道"则是信、智、礼、义、仁,这里将"信"的位置从最后移到了最前面。也就是说,按照传统的思维,在评价一个人人品的时候,人们更多地考虑的是他的善良、宽容。而在经商过程中,人们对一个合作伙伴的看法更多的是从"信用"角度进行观察的。其实,信用的概念是清晰的,但信用的前提条件与信用之间的关系却是很重要的问题。主体所承诺的内容,可能是有益于社会的,但也可以是有害于社会的。显然,如果一个员工承诺为他人偷窃生产车间的某些材料,而且认真履行了承诺,这个承诺,这种信用就是对社会有害的。因此,一个经营者或者一个员工在行为中遵守自己的承诺,信守诺言的结果完全可以是对社会的伤害。从这一点可以看出,在经营过程中,一个商人与一个一般意义上的自然人所遵循的道德规范是存在差异的。

对一个存在于社会的社会人来说,人们尊重这个人的行为中的"仁"。而对一个商场上的职业人而言,人们对他的基本要求是其行为中体现出来的"信"。在实际生活与工作中,每个人都至少同时扮演着"社会人"与"职业人"两种不同角色,人们必须依据环境的实际变化,在不同的场合随时变换身份与角色才能得到社会的认可。

在企业管理过程中,由于人们之间的交往被更多地赋予了工作或者职业者的身份"色彩"。所以,人与人之间的交往常常要重点考虑"信"的成分。如果一个人身在职场却更多地以自然社会人的要求与他人交往,则很快就会产生不适应的感觉。同样,现实生活中的人如果忽略"仁"而注重"信",则你的角色也会出现错位的偏差,因为生活中的人更多体现的是"仁"。因此,在管理过程中,人们需要将"人道"与"商道"有机结合起来,更好地展现自己的行为特点与风采,使人们将你看做一个容易沟通的人,将你看做一个善于沟通的人,将你看做一个被众人喜欢的人。在这种情况下,管理沟通过程的成功和有效就必然是水到渠成的了。

在员工之间与工作关系之间的交往中,"诚信"与"善良"都是沟通的影响要素,"诚信"能让人感受到确定性,而"善良"能让人感受到"被关心"。所以,诚信、善良的行为特征对沟通过程能产生积极影响。

3.2.2　厚道、稳重、睿智

在生活和工作中,人们不愿意轻易信任他人是常见的现象。因为,不少人在工作和生活中的行为与大众认可的基本社会道德标准不一致,不能做到言而有信,不能够做到面临利益矛盾时,不去损害他人的利益,更不用说在面临利益关系时能够舍己为人;当然,有很多人在面对物质与精神诱惑时,能够泰然处之并处处考虑他人的利益。所以,人们在与他人的交往中,会时刻注意自己利益的安全,也会担心受到算计,担心受到伤害。因此,在人们的交往中,也就有了"害人之心不可有,防人之心不可无"的古训。

例如,现实生活中,当一个单位的同事共同讨论并对单位的事情发表不同看法后,其中的某个人可能会将讨论的过程、内容与结果告知单位领导,从而就可能造成一些当事者的实际与潜在利益损失。一个信誓旦旦的人可能告诉你的是假话,一个平时似乎与你关系很密切的同事或者朋友,可能会在出现利益矛盾的时候,选择伤害你的利益的行为等;还有,一个知道一点事情就可以到处宣扬的人,也会让你处境难堪;一个随意讲话从来不考虑后果的人会使你一筹莫展等。而且,这种人的行为似乎永远无法避免与消失。因此,一个能够在绝大多数情况下让你感觉不会伤害你利益的人,才可能是一个你能感觉安全感的人,才是一个让人感觉到可以放心交往与沟通的人。当一个人被别人认为不可靠的时候,即使他具备丰富的沟通技巧,并且巧舌如簧,他也不可能成为一个具备很强沟通能力的人。

与一个能够给你安全感的人交往,不仅能够使你的精神得到安慰,还能在与其交往过程中得到智慧和启发,抑或得到其他一些进一步感受生命价值的其他收益。比如,在感到困惑的时候,这个人能与你一起讨论相关问题。在你面对生活与工作中的困难的时候,他可以帮助你分析问题的本质,让你理解问题产生的原因等。因为能够感受到安全性,不担心被出卖和被张扬,所以彼此之间能够讨论很多问题:可以是能够畅所欲言的问题,也包括必须在一定程度上或范围内保密的问题。而且所有这些内容的探讨,都不会对你的生活和工作造成任何不必要的麻烦。显然,如果一个人能够是给人安全感的人,他就是一个可爱的人,一个被大家喜欢的人,是一个容易沟通的人。

能够在日常生活中给别人带来安全感的人,应该是一个比较容易接触和相处的人。在现实生活中,具备这种个性的人比较少,也可以说是一种稀缺资源。因此,做一个能给别人带来安全感的人,是顺利与他人交往和沟通的重要基础。能够在实际管理过程中,显示出智慧与信用的沟通者,是企业员工在实际工作中需要合作的首选对象。

3.2.3　热心开朗,幽默诙谐

如果一个工作人员在他人需要帮助的时候,能够应别人的请求及时并且尽心地帮助别人,则该人就可以得到许多人的喜欢和信任。当然,这种人不仅能够帮助别人,还能给他人以安全的感受或者印象。如果该人不能够给他人以安全感,则该人即使能够在需要的时候帮助别人,也很难得到别人的信任。

在现实生活中,有些人在面对他人的困难的时候,也会伸手相助,但是事后则会将帮助他人的事情与人叙说,这种情况不仅具有显摆的特点,也可能将当事人的部分隐私泄露于他人,或者伤害他人的自尊,最终造成当事人的难堪和苦恼。在这个意义上讲,仅仅能够在需要的时候,具备帮助别人的能力是不够的。他人与你的交往与沟通,可能确实得到了你的帮助,但事后对人的伤害很可能远远超出了帮助他人的效果。此时,你就成了一个不能信任和进行诚心交往的人。

在讨论本问题的时候,一定要强调人们对信任的要求。如果该人能够在他人需要的时候伸出援助之手,并且在他人需要的时候能够主动去帮助别人,则该主体在很大程度上就应该是沟通的成功者了。

但是,能够帮助别人就去帮助别人,其结果未必就是好的。2009 年 3 月 2 日《西安晚报》上一篇文章(作者:李伟明)描述了 2 个例子:其一是著名作家陈忠实在面对一名农村青年的作品,很客气地表扬了该青年几句话,该青年因为得到表扬,此后什么事也不做,一心扑在写作上,十几年过去,未能做出明显成绩,荒废了生产,并且生活潦倒。但当别人劝说该青年放弃写作时,该青年就因为“陈忠实都表扬了我”,而不愿走出这条死胡同。为此,陈忠实非常后悔自己当年对他的鼓励,认为自己害了他。其二是,某文章作者曾经面对一个文字基础较差的人,在经过大量修改,帮助该人发表一篇文章后,该人自认为自己已具备一定的文字能力,希望能够成为不出力就能够赚很多钱的作家,作者很直接地告诉该人他的文学能力不足,很不客气地拒绝了他的文学梦。上述案例说明,好心并且热心地帮助别人,未必能够达成预期的善良目的。因此,在具备帮助别人的能力并且运用该能力帮助别人的过程中,还需要判断帮助别人的过程是否具有正面的积极意义。

帮助他人是提升沟通能力的一个方面,但理智地帮助别人更是强化沟通能力的重要内容。多数人对帮助自己的人会产生一种感激情绪,也愿意与帮助自己的人或者乐于助人的人进行交流,所以,具备能力,而且乐于助人是沟通能力的重要组成部分。

在与他人交往过程中,能够使用诙谐幽默的语言与人交流,就可以给他人带来轻松愉悦的感受,在接受有效帮助的条件下,同时得到心理方面的满足。

3.2.4　主动与尊重

如果一个人能够满足前面说的要求,并且在潜意识里时刻具备帮助别人解决问题的愿望,则该人就是一个善良、有能力、招人喜欢的人了。但生活现实中,这样的人是比较少见的。在现实生活和工作环境里,企业员工经常会面对许多矛盾和困难,尽管这样,许多人仍然因为自尊的原因,不愿意在面对困难的时候去求他人予以帮助。有些家庭困难的员工愿意写困难申请,希望企业或者工会能够帮助自己,也有的则会拒绝企业的帮助意愿。在碰到工作中的困难时,有的人希望迅速得到别人的理解和帮助,而有的人则会尽力自己想办法解决问题,不希望别人知道自己的困难等。这些事实反映了不同员工面对生活困难的态度以及人们对工作困难的态度。对于上述第一种人,只要能够在需要的时候去帮助他即可,而对于自尊心比较强的人,就需要在知道他的困难时,尽量或者主动地去帮助他。这就要求帮助者在潜意识里随时想着去帮助别人。

在企业的实际工作中,擅长技术的人看到一些不能够深入理解产品或者产品加工过程的人,会主动去帮着别人了解这些问题,看到不能够按照工艺文件组织生产的现象,就会认真去指出解决问题的方法,则他人就会尊重你。但是,即使在生活中能够真实帮助别人,也未必能够得到他人的认可。比如,你看到别人在路边问路时,而被问路的人不清楚或者给人指的路线并不正确,此时你会主动去更正吗?会主动说出正确的路线吗?事实上,你的善良行为不仅不会被人认可,人家还可能会认为你多管闲事,还会认为你头脑是不是不清楚。所以,有些人只在确实被需要的时候才去帮助别人,而不会在可有可无的时候去帮助别人。

善于理解他人的需求,清楚知道与人相处是否能给别人带来益处,并以这样的前提与人交流,也是工作与生活中能够有效沟通的基础条件之一。以主动与尊重的方式去看待面临的问题,选择合适与有效的形式去帮助别人,是需要考虑的另外一个重要问题。

3.2.5　宽容与大度

不论你对别人的帮助是否能够得到别人的认可和接受,不论别人如何看待你主动帮助别人的动机,只要你能让别人感觉到你是一个能给人安全感的人,是一个有能力帮助别人的善良的人,而且确实是个能够真心帮助别人的人,可以确信的是,你就是一个具备较强沟通能力的人,别人与你进行沟通的过程就应该是比较容易的。

在现实生活中,同事之间也未必就能很好沟通。你的善意完全可能被误解,你对他人的热情帮助也完全可能被拒绝。在被误解的时候,一个人能否坦然处之,能否不计较个人得失;在被拒绝的时候,能否仍然坚持善意,而不是退缩,也是考验一个人沟通能力的方面之一。

在实际生活中,如果人们彼此之间存在好感,或者至少彼此之间不存在一些难以解释的矛盾,则相互之间的各种沟通都可能是比较顺畅的。但是,越是熟悉的人之间越是容易出现一些难以轻松解释的事情。或者说,彼此熟悉的人之间,牵扯的事情也会比较多,如果其中之一不能理性地理解对方的行为,并且在环境的影响之下,选择消极的视角看待对方的某些行为,就很可能产生某些自己并不能说服自己的消极想法,甚至对对方产生一些敌意,最终导致产生对他人的猜测与不满情绪。这种情绪必然导致彼此之间的沟通障碍,甚至出现对立结果。

在别人的某些行为不客观并且存在非理性特征的时候,能够选择一种理解的态度积极面对;当环境的影响导致自己出现判断事物对错的障碍的时候,或者当交往对方确实存在某些不足,但并非故意为之的时候,自己能够从客观理性的角度对其行为进行分析,并尽量理解对方选择某些行为的可能理由,选择一种包容的态度去理解对方,也是沟通能力的一种实际体现。因此也可以说,能够宽容待人,选择大度的方式与他人交往,也是生活与工作中很需要的性格特征之一。

上面所涉及的性格特征,只是有效沟通的必要条件,但并不是充分条件。沟通内容的重要性与复杂性、沟通过程面临的环境因素的影响,沟通者当时的心态等都是最终影响沟通成败的重要因素。

3.3　员工常见的消极性格特征

按照企业经营工作的特点,与人们性格特征的一般属性,可以从工作责任心、助人为乐的态度、面对利益的态度、个人修养等不同角度对员工的性格特征进行观察与分析,探讨这些性格特点与成功沟通之间的关联性。员工常见的消极性格特征主要有以下几方面。

3.3.1　缺乏基本责任心

在企业的具体工作中,经常可以看到一些性情懒惰的员工。这些员工不仅对自己的工作责任漠不关心,而且只愿意做一些强度不大、别人羡慕以及收入比较高、责任不大的工作。不仅如此,这些人也不愿意承担更多的工作责任。

企业中的某些人为了得到自己所希望的工作机会,不是通过主动、高质量的工作业绩展现自己的工作能力来获取该工作岗位,而是希望通过人际关系,运用沟通技巧,强化与同事和领导的联系,在被个别人认可的前提下,得到这些工作机会,以便最终能够获取更多的个人利益。这是一种不愿意付出很多劳动,但希望得到更多收益的员工类型。由于这种类型的员工并没有很好的工作责任感,也没有认真思考过如何才能够更好地完成岗位责任,所以如果别人不能够给他一些他希望得到的利益,他就可能会选择一些善良的人们无法想象的方式去报复甚至无端诬蔑别人,而不考虑自己的不足或者工作成绩如何。

在学校里,个别学生不愿意认真学习,却希望得到较高的学习成绩。甚至为了达到自己不劳而获的目的,选择令人不齿的行为。在学校里曾经遇到过这样一件事情:B 大学学生的硕士论文在答辩前送到 A 大学进行匿名评审,请 A 大学的教师用自己所在学校的要求评价 B 大学学生硕士论文是否符合学位论文的基本要求。因为该硕士学位论文不能满足要求,A 大学的教师给出了要求修改或者不同意答辩的意见。但 B 大学的管理者却将匿名评审教师的姓名告诉了当事学生,该学生不仅没有从论文自身的质量考虑问题,而是迁怒于论文的匿名评审教师,并采用匿名的方式,给 A 学校主管部门和评审教师本人写信,运用极不文明的语言,对该评审教师进行人身攻击。这个情况说明一个问题,B 大学的某些管理人员没有遵守基本的职业道德,泄露匿名教师的资料给学生,而且该大学的当事学生也缺乏基本的学术和人格操守:自己的硕士论文不能满足基本要求,却不愿意进一步努力完善论文并提高论文质量,反而认为 A 大学的教师过于认真和刻板,甚至以卑鄙的手段迁怒与污蔑论文的审阅者。这件事情至少可以说明,B 大学的论文管理人员与学生是属于不负责任的当事者。

事后,A 大学的几位被攻击的教师一起分析过这件事,通过分析 B 大学的教学管理与学生的论文特点,认为这种状况的出现,应该不是一件偶然的事件。这件事反映了 B 大学岗位责任教育的不足,即:教师与学生不认真遵守岗位职责是不会受到消极影响的。这种情况助长了一种不愿意承担自身基本责任,而希望获取利益的卑劣行为。

在企业的工作实践中,还存在一些没有事业心、却整天无所事事的人。这些员工不能将自己的岗位责任作为行为依据,甚至不能做到"做一天和尚撞一天钟",处于尽量不做事,做事不用心的状态。作为企业的职员,可以将报表做错;作为管理者,可以将今天的事情拖到明天再做;作为操作工人,可以加工或者生产出不符合质量要求的产品;作为部门的领导者,可以不考虑提升企业业绩的措施;作为计划编制者,可以不考虑计划执行过程中的可行性与严肃性;作为产品销售人员,可以不重视销售收入的回款风险等等。

对于具备上述特征的企业员工,你如何与其沟通有关管理方面的内容呢? 你的沟通过程可能会产生什么样的作用呢? 显然,可以预想的结果应该是消极的。

3.3.2　自私自利,争功抢赏

在现实生活中,人们还必须面对一些极其自私的员工。尽管使用这种词汇描述或者评价这些员工是不合适的,但在面对这些工作伙伴的工作状况与处事态度的时候,确实有可能让许多人感觉心情不好。企业工作中,面对一些喜欢说谎而不愿做事的人,人们感觉彼此的交流与沟通是很困难的事情。比如,没有完成的任务可以说成已经完成,不努力工作说成是尽心尽力工作等。

另外,现实生活中还存在一些不懂得关心别人,却永远需要别人照顾的人。这些人在工作中总是希望别人能考虑自己的需要,总是看到自己在工作过程中遇到的困难,比如操作工人可以抱怨所需要的材料规格存在问题,质量检测人员的要求太高并且不能够通融,设备维修人员的技术不过硬,生产任务过大,领导的体贴与关心不够,食堂的饭菜不可口等。而职能人员则总认为工作所需要的资料不好收集,单位的同事配合不好,工作的强度太大,领导理解不够,工资收入不能反映自己的工作成绩,别人对荣誉的追求有些过分等。而部门领导可能会认为企业高层管理者的要求较为过分,他们不能理解实际工作中存在的问题,部门员工工作质量不能满足部门的要求,员工的工作积极性不高,导致工作难做,而且自己的晋升渠道不畅通等。这些员工很少考虑自己的工作对别人是否具有帮助,自己是否主动关心过他人的困难,自己的努力给企业带来了什么积极影响等。他们只是考虑自己的利益,甚至在与人的交流中,使用频率最高的都是"我"字。希望所有与自己有关的人都是能够理解和主动关心与帮助"我"的人。

在现实生活中,能否做到在遇到利益的时候主动退到他人后面,在能够取得工作成绩的时候不落到别人后面,在得到利益的时候不过分要求,在提升个人修养的过程中能高标准要求自己等,这实际上都是衡量一个人品性的重要因素。古训言之:有所得必有所失,有所失必有所得。这条古训也侧面说明,一味追求自身所得而不愿意付出的人,很难得到他人或者企业的认可与器重,这是必然的现象与结果。

极端自私及其自我的性格特点,必然会表现在生活与工作中的很多地方,也必然会表现在员工与他人交往的过程中。这种表现的结果,可能会造成他人的利益受损,导致他人降低与之交流与沟通的愿望。

3.3.3　控制欲强但能力不足

有些人遇事喜欢斤斤计较,而且在与他人合作的时候,总是反映一种心胸狭窄的倾向。比如,面对工作或者生活中的一些问题的时候,不能理性、客观地看待和分析问题。喜欢乱发脾气,指责他人的任何行为与工作方式,经常在有意与无意之中给他人造成一些精神上的压力。这种类型的人,喜欢在工作和生活中按照自己的思路安排别人的行为,而不考虑自己是否具备能够客观理性安排他人工作的能力,却经常会出现一些使人难以接受的非理性的指点性行为。这种现象更多地出现在一些具备一定权力的员工身上,这些员工不仅感觉自己具备超越他人的能力,更愿意认为自己的观点比别人更正确。但在事实上,我们经常会看到,一些所谓的能人也常常会犯一些低级的错误。

如果把这种现象放在家庭这样一个背景下进行分析,可以看到一种有趣的现象。许多家长自以为是,自己给孩子设计了一种成功的渠道。比如努力学习,考上好中学、大学,将来就能找一份好工作。家长认为按照这样的路径,孩子在未来就能过上自己认为的幸福生活等。在这种思路的影响下,家长会要求自己的孩子要如何学习、如何生活,可以很明确地否定孩子的观点、扼杀孩子的兴趣、忽略孩子的愿望,而这些家长可能并不完全知道也从不认真思考孩子的特点与能力,很含糊地强迫孩子按照特定模式去安排生活的内容,这种学习与生活的模式是否能够达成最终的培养目标,家长自己也是没有把握的。

实际上,家长与孩子的成长环境是不一样的,再者,不同的家长都曾经按照自己对生活的经验安排过自己的生活,也未必成功。但一些家长为了满足自己对他人的控制愿望,却在并非理智与客观的前提下,在自己可能没有能力帮助孩子的条件下,总是愿意自以为是地安排孩子的学习与生活,甚至让孩子感觉痛苦也在所不惜。

这反映了一种客观现实:一个人如果不能够客观并理性地对待生活,就很难有效控制自己的许多行为。其实,这种状况是人们表现控制欲望的客观结果,也是一种可悲的行为特点。这种客观事实反映在管理工作中,就可能造成工作的非效率性与随意性,并可能消极影响管理沟通的实现。

这种现象反映在行为上,就会表现为多疑与脾气暴躁以及骄横等现象。比如在对待生活与工作的态度方面怀疑别人存在与自己不同的想法,别人总会选择一些对自己不利的观点与行为等。如果看到他人的行为与自己的想法不同的时候,就会采取粗暴指责的方式,强烈要求别人修正其行为模式,并靠拢自己的想法。而且还会要求别人必须遵循自己的思路去做事情。认为只有这样做,别人才能更好地生活,其工作效率才能提高,生活和工作才能和谐。这种人在行为上基本忽略了别人的思维和愿望中可能体现的正确性,忘记了人们常说的"爱他(她),更要懂他

（她）"，以及"家和万事兴"等俗话的内涵。

显然，具备这种性格特征的人，应该是不容易进行沟通的人。

3.3.4 虚荣攀比，修养较差

在生活中还有一些人则是喜好虚荣，酷爱盲目攀比。这些人只要看到他人拥有一点成绩，或者具备某些特长，再或者拥有某些物品后，往往忘却自己的实际状况，希望自己也能立即拥有那些东西。比如在生活中，为了能让他人尊重自己，可能会自不量力地购买一些昂贵的物品等，并用于炫耀等。

另外，在与别人的交往中，还有一些人会随意泄露别人的隐私，即使是别人在信任的基础上告诉他的个人隐私，他都可以用开玩笑的方式当众说笑。这种行为从心理和行为等不同的方面，伤害着他人的实际利益。这类人在心理与行为的诸多方面，就是在贬低他人而抬高自己，糟糕的是，他们并没意识到这种行为不好。

实际上，这些行为不仅会给对方造成心理上的伤害，使对方感到尴尬，严重者会消极影响对方的生活和工作。根据个人心理感受的宽容状况，对方可能会选择不同的方式与其交往，比如敬而远之，比如针锋相对，比如鄙视忽略等。至少，这类人在与他人的交往过程中，必定会受到一定程度上的消极影响。

人们可能会在一定程度上容忍那些修养较差的人，也可能会在行为上不计较他们的某些不足，但这些性格方面的不足不可能会成为提高某人沟通能力的积极因素。

综上所述，不论一个人在生活和工作是属于责任心差、自私自利、控制欲望强，还是修养较差的类型，所有这些类型的人都具备一些基本特点：做事不客观、自我意识强，并唯利是图，这几种性格类型都是对沟通过程产生消极影响的因素。因此，在任何时候或者环境下，人都需要积极和严谨的生活态度，都需要客观理性的认识观，都需要关注他人的生活理念，并且需要用心去经营生活，从而谋求更好的沟通基础。

3.4 对员工角色的性格特征要求

沟通主体的角色定位，是关乎沟通过程有效性的重要影响因素。如果一个人不知道自己在沟通过程中的角色是什么，他会很难与他人进行有效沟通的，例如：一个普通员工要指挥企业高层的决策过程，一个高层管理者经常做基层员工的操作工作，一个中层管理者对其他部门的工作指手画脚，具体的岗位责任者总是寻找他人的不足和缺陷等等，这些事情都是不可想象的问题。如果一个家庭主妇要求男主人每天做饭并收拾家庭卫生，企业要求每个知识分子必须熟练操作机器，要求操作工人必须精通机械设计原理并且能够制图和设计产品，则在选择这种要求的

过程中,所产生的沟通过程必然会存在问题。

在企业的组织机构设计过程中,对不同的责任岗位都设定了不同的岗位职责,每个岗位上的员工都在完成着企业达成经营目标过程中所需要的工作任务。而且,各项任务之间同时也存在着必然的逻辑关系。如果企业机构的设计者能够真正理解企业这部机器的运作原理,则每个岗位的职责就几乎是明确的。但是企业运作过程的复杂性和管理方面某些不可解决的实际问题,常常导致岗位设计与人员安排的非理性特征。比如设置了不需要的岗位,比如重要岗位上缺少了得力的人力资源等。所有这些问题,都可能导致企业组织中某些岗位责任的不清晰与完美履行过程的困难性。

在实际的管理过程中,经常会出现很多意想不到的矛盾,比如某些员工(各种层次)不愿意主动履行自己的岗位职责,或者没有能力履行自己的岗位职责,不知道如何更有效履行自己的岗位职责,排斥自己的岗位职责等各种情况。这些问题的出现,使得企业在经营过程中增加了工作成本,增加了工作的难度,降低了工作的效率。如果企业拥有很好的产品销售市场、很好的产品或者商品而且经营效益良好,则企业经营过程中的一些问题就能较好地隐藏起来,但一旦企业经营业绩下滑,则企业经营过程中的一些矛盾就会轻易暴露出来。

实际上,管理过程中的沟通工作,在一定程度上讲,其本身可能就是管理水平催生出来的一部分问题导致的结果。有人认为如果管理水平较高,则企业不同工作岗位的责任者都知道自己的岗位职责,不需要做更多的沟通工作,每个人按部就班地处理好自己应该做的工作内容,企业的运作就可以得到保证,所以需要沟通的内容就会相对少一些。也有的人认为这种说法是不完全正确的,正常沟通过程是保证企业良好运作的基础,企业内部经常性的有效沟通才能形成更为完美的运作结果。所以,管理过程本身就是一个沟通过程。

在实际工作过程中,不同岗位的员工拥有特定的工作责任。因为角色与责任不同,人们对不同岗位的员工的性格特征是存在一定要求的。

3.4.1　高层管理者

在一般管理理论中,人们认为企业高层的主要工作责任是思考企业的长远发展,确定企业的发展方向,协调企业发展过程中的重大矛盾,并决定企业经营过程中的关键事项,以及处理企业与社会之间的重要关系。但是在实际的企业经营过程中,企业高层管理者的责任划分是很细致的,比如董事长、经理、副经理、财务总监等人员都可以归纳到企业高层管理者的范畴之内,这些责任人的岗位职责是否清晰,其能力是否能够胜任企业经营过程的需要等,都不能一概而论。不少实际工作经验说明,企业的重大工作事项实际上并不属于经常性的工作内容,而且一个企业的重大工作事项也不可能经常发生变化。也就是说,企业实际经营过程中,更多的是具体、细微的工作,企业高层管理者的工作可能就是在解决一些制度贯彻过程中的偏差与"例外事项"。企业高层管理者的很多工作内容可能是在处理一种非制度规定范围内的偏差出现时,所需要开展的评价、判断以及协调等工作。因此,如何制订这些人的工作责任,实际上也是一项很复杂和矛盾的工作内容。

在岗位职责设计过程中,企业常常倾向于将企业的经营目标分解到不同的岗位上。然后每个责任者各负其责,并很好完成自己的具体工作任务。但是实际上,管理中的许多事情是不能够很容易划分清楚的。比如,经理与副经理的关系就不能很清楚地划分,如果副经理的职务不由经理确定,副经理就有可能不听经理的工作安排,副经理本来按照工作分工可以做主的事情,也可能会将责任推给经理等。例如,一个负责人力资源部门的副经理,碰到开除某个员工的事情的时候,还会与经理讨论,而实际上,是否开除某个违纪员工的问题,企业是有明确的制度规定的。再比如,企业的一个负责企业财务管理工作的副经理,其实并没有权力决定企业财务资源的分配和运用,他的工作在一定程度上也需要经理的许可。所有这些,都可能造成企业高层之间的沟通过程,但这些沟通在一定程度上又是多余的事情,因为如果按照职责的划分结果,这些事情可能是不需要进一步沟通就能够解决的问题。

按照上面的讨论和对企业组织结构与基本岗位职责的常识可知,企业高层管理者的沟通对象更多的是企业的外部利益相关者。企业在经营过程中可能需要这些利益相关者的支持与理解。再者,企业在经营过程中可能会做出一些影响外部利益相关者的行为,也需要企业与外部的利益相关者共同解决这些问题,所以企业的高层管理者需要与之沟通。在企业内部管理过程中,高层管理者之间需要进行多方面内容的沟通,以便能够集合众人智慧,做出更适合企业发展的有关企业人、财、物方面综合运用的相关经营决策。比如,经理需要与董事长、监事会主席、财务总监、副经理等不同高层沟通,以便制订相关的经营决策。经理还需要与具体的中层管理者进行沟通,以便能够在深入了解企业各方面基本状况的条件下制订有关管理政策。尽管企业的各种报表很多,但企业在管理过程中,不同的管理高层究竟需要什么样的经营信息,也是需要沟通之后才能决定的事情。当然,企业高层除了在制订策略方面做出大量工作之外,更重要的是,在保证策略与战略实施过程中,需要处理实际工作中可能出现的偏差,以及制度或者责任规范没有包含的有关内容。所有这些都是经营工作中企业面临的具体问题。

另外,企业高层在与外界进行交流与沟通时,需要具备自信、稳重、谦虚、善意、智慧的性格特征和态度与之交往。在涉及内部的管理沟通时,由于可能的交流对象并非上级,所以要用平等尊重、客观和气的态度进行交流。在客观平等的沟通模式下,高层管理者可能更容易得到下属的认真坦率的信息;严格与刻板的沟通状况下,沟通过程得到的可能又是另外一种信息;同样,在被指责与批评的情况下,下属反映或者汇报的信息还会有所不同。所以,高层管理者与他人的沟通方式,与其个人的品行存在一定的关系。能否根据自己在企业经营中的角色定位,选择有利于企业发展的沟通方式,对于高层管理者的沟通效果应该是有显著影响的。

按照角色定位,企业高层管理者应该具备稳重和善的性格,应使下属员工能够感受到一个安全的工作环境;高层管理者还需要具备智慧与游刃有余的管理能力,使下属员工能够看到企业发展的愿景。

3.4.2　中层管理者

中层员工一般是指企业职能管理部门的正副职责任人。如企业的处长(部长)和副处长等不同的岗位责任人,例如人力资源部长、企业管理部长、质量管理部长、财务管理部长、设备动力管理部长、生产分厂的厂长等。中层管理者是企业组织结构中的各个重要节点的负责者。在经营过程中,这些责任者是企业经营政策的主要贯彻者。这些中层管理者的工作状况决定着企业的各种管理策略能否实现。为了研究和解决策略执行过程中面临的问题,这些责任者需要与众多的对象进行交流与沟通。

人力资源部长需要与企业经理、主管业务的副经理、人力资源部副部长、企业其他职能部门的领导与员工等进行交流,他要考虑企业发展过程中的人员招聘、使用、考核、奖惩等多项不同的工作内容。而这些内容与企业的正常、有效经营,与企业所有员工的利益之间都存在一定的关系。处理好这些关系,是任何企业都无法完美解决的问题。

企业的财务处长则负责企业的融资、资金资源的使用、成本的核算等多方面的事务,该责任人还需要负责与企业外部的税务、工商、银行等不同主体的协调,负责协调企业内部有关供应、生产、销售、行政部门等单位的资金使用等重要工作,负责财务部门内部员工的工作安排、业绩考核,以及业务指导等工作。所有这些工作也都需要进行相关协调和讨论,以及相应的沟通工作。但如何进行沟通,也是一个很重要的选择与抉择过程。

在开展工作的过程中,认真客观地思考自己在企业组织中的角色定位,明确自己的工作责任与企业整体工作之间的关系,是选择有效沟通方式的主要依据。如果部门领导仅仅认为自己是某方面的权力拥有者,自己能够在责任制度范畴内决定很多事情,他人需要求助于自己,在为他人提供方便的时候,自己可以也应该得到一定的好处,则这种沟通过程产生的效果就可能较差。如果因为自己是领导,就要求下属在一定程度上对自己恭敬,则可能造成单位内的紧张气氛等等。当然,部门责任者如果能够根据责任内容尽心地去为其他部门提供更好的服务,尽量完成分内的工作责任,以企业的经营目标和自己的岗位职责为思考问题的依据,则该部门与其他部门的沟通可能就会比较容易和有效。如果中层管理者能够将自己的职务权力当做为本部门员工提供帮助的资源,能够在正常完成工作责任的基础上,为本部门员工提供更多的工作与发展机会,则这种态度与意识将成为部门内部有效沟通的积极影响因素。

在日常生活中,经常可以看到一些部门的领导,在与上级沟通的时候,既有恭敬与从命的形象,也有唯唯诺诺的态度。他们不仅不主动给上级领导提供一些有效的工作建议,也从不反驳上级的哪怕是错误的指挥,而且在工作中还可能会因为上级的随机性指挥破坏企业有关管理制度的严肃性。在处理与其他部门的关系时,也不是主动工作,而是围绕自己或者本部门的利益得失,以僵硬的岗位责任和制度为依据,设置障碍或者刁难对方,拒绝提供具有操作性的相关帮助。这种情况下的所谓沟通过程,显然也不会有很好的结果。多数中层管理者不仅能够承担制度责任,而且能在模糊地带承担责任与义务。这些责任者不仅能较好地与其他部门进行沟通,而且沟通的效果可能会比较好。

依据企业的实际工作要求,企业中层管理者的主要责任是理解企业的管理决策,并能够依据企业的实际情况,合理安排相关工作,有效落实企业的工作设想。因此,中层管理者不仅需要很强的领悟能力,更需要稳重自信、敏锐发现问题的能力,干练的工作作风,以及真诚坦率的合作精神。

3.4.3　基层管理者

在一些企业组织架构中的基层管理者,是职能科室的科长、生产车间的工段长、班组长等一类职位的责任者。这些岗位基本责任是组织基层员工完成自己的岗位工作任务。这些责任者的工作范围主要涉及的是企业生产经营现场,他们是企业工作现场管理的主要管理责任者。他们的工作一般具有明确和具体的内容,责任界限清晰,工作中交流与沟通的主要对象同样也是上级和工作单位的基本员工。由于这些基本员工在工作中接触的是具体工作,所以基层管理者需要交流和沟通的工作内容相对而言是比较确切的。在企业中,基层员工需求更多的是被尊重与关心,以及得到公正的对待。所以,能够让基层员工愿意为实现工作目标尽心尽力,将是衡量和评价基层管理者工作效果的最重要指标。

基层管理者的工作态度、工作方式与岗位责任存在关联性。在实际工作过程中,如果基层管理者能够合理、公正地分配工作任务,并且能够尽力去解决基层员工碰到的工作上的有关问题,则该基层管理者就会受到欢迎与尊重。如果基层管理者利用自己掌握的权力,并通过运用该权力去指责和控制基层员工,则就很难得到下属对自己的尊重与服从。所以说,基层管理者做好工作的性格特征中至少要具备真诚、坦率、公正与协调能力。从前面的分析可以看出,这些性格特征是其与企业基层员工正常沟通所必需的基本要素。

3.4.4 基层员工

企业的业务人员、生产工人、职能部门的职员等都是特定组织中最基本的工作人员。这些基层员工的工作既具体又繁杂，而且收入低、劳动强度大。很多不同类型岗位的员工重复地做着某项工作，会感觉单调和乏味，会产生烦躁和无聊。因此，这类员工在工作中需要得到安慰和鼓励，需要倾诉和发泄。这类员工的沟通对象一般是同事，他们对上级管理者的抱怨可能会给自己带来麻烦，而且很难给自己带来实质上的帮助。因此，这类员工需要能够找到交流的对象，并且能够诉说自己的心声。但是需要注意的是，基层员工也要充分认识到自己在企业的可替代性特点，如果不能够很好完成组织确定的岗位责任，则很可能会被企业解雇。为了能够改善自己的工作环境，这些员工必须在现有岗位上表现自己的工作能力，做出应有的成绩，促使企业将自己选派到自己认为更能发挥自己特长的岗位上。在此过程中，基层员工与上级管理者的沟通是很有意义的，因为除非这个人的能力超强，否则任何企业都不会选择不能胜任工作的人占据重要的工作岗位。

企业中基层员工的岗位责任是明确的。如果这个人不能明白自己的工作责任，不能在特定岗位上很好地履行工作责任，则可能会被清理和弃用。与上级管理者进行有效沟通，让管理者了解自己，关注自己，找到更有效发挥自己能力的岗位；通过与同事的沟通提升工作效率；以及营造一个快乐的工作氛围等，都与有效沟通存在关联性。

善良、主动、踏实、爱岗等，是一个基层员工开展有效工作沟通的重要基础，也是基层员工能够快乐工作的重要条件。

3.5 员工性格特征与管理沟通效果

从处理事情的一般性目的的考虑，人们与他人交往或者进行合作的动机可以粗略划分为下述几种类型：①在不减少对方利益的基础上，谋求自身利益的增长；②在自己利益不减少的基础上，为交往对方谋求利益增长；③为交往双方谋求共同的利益增长；④谋求自己利益增长而使对方利益减少；⑤对方的利益增长而不惜自身的利益减少；⑥交往双方利益的同时减少。

尽管多数人都不会选择上述第六种类型的沟通，但这种情况在现实生活中也是可能存在的。当一个人在生活与工作过程中遇到某些特定的问题时，完全有可能选择这种损人害己的非理性的行为。现实生活中，这种与他人的交往模式是存在的，这种行为就是一种特定的沟通行为模式。比如，两个人之间，两个组织之间，甚至是两个国家之间，都经常会出现没有结果的争吵式沟通，而这种行为所带来的结果就是彼此双方利益的同时减少。尽管理性的人们认为这种情况不应该出现，但这些人在实际生活中还是会选择这种非理性沟通行为。

在不损害彼此利益情况下,选择提升自己或者他人利益的行为才是理性的选择。人们通常愿意选择的沟通过程多数属于这种行为。为了消除彼此之间的某些误会,达成双方之间的进一步理解,理性的人都会在特定情况下,在理解的基础上,在对方不忌讳的条件下,选择能够达成某种期待的工作结果的沟通方式。为了彼此双方的利益增长,尽量为对方提供力所能及的帮助行为等,就是这种现象的具体反映。

达成彼此双赢,将是萌生沟通动机的最高境界。现实生活中的各种问题,如果能够在这个基础上进行讨论、分析,并理性进行选择,似乎大家都会认为这是最合适的选择。为了能够达成这种结果,需要沟通的当事人能够学会理性地看待生活和工作中的问题,这种看待问题的思维方式与受教育的程度和当事人的悟性之间也是存在一定的关系的。

3.5.1　利人利己

在企业工作中,不论哪一个层次的员工都需要依据岗位责任展开自己的工作。即使是高层管理者,也需要在工作中与别人产生一定的联系。比如,企业经理需要得到副职的支持,副职也需要得到经理的信任;经理还需要得到中层管理者的理解与支持等。即使是企业的基层操作工,也需要得到其他辅助责任者的协助等。如果一个员工不能明确自己在企业工作中所处的位置,不能够在理解他人的基础上与别人相处,则必然会在工作中遇到无端的麻烦。

比如一个机器操作工人,如果不能与设备维修人员形成工作默契,不能够与其达成有效的沟通,在设备遇到故障时不能清晰地说明故障的状况,设备维修工就很难快速高效地修复机器,操作工的工作任务也不能及时完成,在设备维修人员不能完成自己的岗位职责的同时,也势必会造成操作工自己的经济损失。显然,如果员工彼此之间的沟通不顺畅,就可能导致合作双方的利益损失。反之,如果操作工能够注意设备的运行状况,也知道设备非正常运行的基本原因,并且能够将事情的实际情况清晰地告知设备维修者并进行有效沟通,则双方的利益都能够保障。

企业中这种现象实际上并非偶然,因为一些设备操作工与维修工之间经常会存在一些矛盾。由于他们之间不能进行有效沟通,导致了生产任务不能很好完成,最终的结果是双方都会受到企业某种形式的惩罚。因此,为了自身的利益与对方的利益,企业的员工需要彼此之间进行有效沟通。这种沟通是利人利己的行为,也是企业员工的重要工作与生活技能。

3.5.2　损人利己

这种沟通动机一般会出现在那些自认为很聪明的员工身上。在工作过程中,这些员工出于喜欢占便宜的动机,常常采用自以为是的愿望与别人交往,并选择一种貌似利人的行为与对方进行沟通,骗取他人的信任,以便让他人按照自己的意图做某件事情,从而达成自己的愿望。哪怕事情的结果是明显损害他人利益,也在所不惜。

在企业的改革过程中,一些人可能对某些改革措施不满意。这种情况下,多数人会选择私下议论的方式表示不满。但也有人不仅不表达自己的不满,还会在特定场合暧昧地进行恭维。而在私下里,则通过与一些性格比较激进、容易激动的同事进行沟通,运用多种方式鼓动这些同事向企业的上级单位反映大家的不满情绪,试图通过这种形式调整那些对自己利益可能造成损失的具体改革措施。最终的结果可能是反映问题或者上访的人受到企业领导的不满,而这些私下与人沟通并鼓动他人上访的人却安然无事。

显然,这种以军师和聪明人自居、鼓动他人代表自己做那些可能产生不良后果的事情的人,在沟通的过程中利用了他人对自己的轻信,利用了他人非理智的行为特点为自己谋求了利益。或者说,这种人在沟通过程中为了自己的利益,把风险推给了别人。在实际工作过程中,这种现象是常见的。尽管是一种沟通形式,但久而久之,这种可能损人利己的沟通方式总会被别人感觉到或者发现的。即使他人可能会因为某些特殊的原因接受了你的迷惑或者鼓动,或者因为爱面子不愿拆穿你的损人利己的沟通动机与方式,但在以后的交往过程中,别人会考虑你的自私行为的。因此,在多种具体的沟通动机中,这种类型的动机是不容易被人接受的。

因为一个人的性格特征并非一朝一夕形成的,而且也很难在生活中自我调整,所以在生活中具备比较自私行为动机的人,很容易在行为中选择损人利己的方式与人交往。但从生活中人的状况看,这类人达成生活目标的可能性似乎并不是很大。如果具备这些性格特征的人能够意识到这个问题,并且在生活和工作中能够真正调整自己的行为,则将是一件令人欣喜的事情。

3.5.3 利人损己

按照前面表述的内容,损人利己的行为在现实生活中比较常见,但利人损己的沟通动机在现实生活中却是较少存在的。可有时人们确实会遇到这样的状况。

这种沟通动机可能出于下述原因:①为了沟通对象有更好的生活状况,愿意付出自己的努力,包括自己拥有的财富等。某些员工为了达成此目的而主动与对方进行坦诚的沟通。②在无意识的情况下,善意地建议对方选择某种行为,但对方的这种行为可能会导致自己的利益受到损失。

第一种情况的沟通背景可能是沟通对象与沟通者很熟悉,沟通者是想让被沟通者更幸福的人。或者说,沟通者为了长远的利益,有意或愿意在短期内为沟通对象付出牺牲。在企业的工作中,也有一些人是为了能将企业工作做得更好,愿意选择更有能力的人担任某项重要职务,而宁愿自己退居二线。在第二种情况下,人们出于善意的愿望,为别人做事出主意、想办法。可能别人期待的事情解决了,而自己的事情却没有机会了。尤其是两个人面临一个机会的时候,这种情况就可能会发生。有时候,人们似乎不愿意相信这种事情的出现。但现实生活中,这种事情确实是会发生的。

上面两种情况的出现,完全可能是主动沟通的结果。尽管这些沟通的结果在常人看来似乎是不可思议的,但确实是一种正常的现象。

3.5.4　损人损己

损人损己,也即损人不利己。这种沟通行为可能是一种理性人不能理解的行为模式。比如,在工作过程中的两个主体,可能会对某件工作内容的处理方式产生一些不同的看法,在争吵之后,两个人可能没有得到共同的认识。为了证明自己的观点和行为是正确的,其中一个人可能就会将此事拿到一个所谓有能力或者感觉更为公正的人那里,并要求人家能给予一个所谓公允的判断。这样的沟通过程最后是很难达成共识的,因为那个所谓的公允人士很难判断事务的正确与否,因为既然自己都不能够说清楚这件事情,就一定存在复杂的背景问题。最终的可能结果是,公允人士可能非但没有解决你希望解决的问题,反而可能会对沟通双方产生不好的印象。显然,这种本着良好愿望的沟通过程造成了双方的形象损失,结果就是损人不利己。

同样的例子是,一些人喜欢在别人面前议论单位的是非,议论单位同事的对错。这些事情的最终结果可能会造成被议论对象的形象损失,但伴随的结果是信息接受者也会对沟通者的人格形象产生看法:你可以说别人的是非,你同样也可以在背后说我的坏话。因此,一个人的行为后果不仅仅是一时一事,而且其影响可能是长远的。

在生活中曾经遇到过这样的事情,一个人在工作过程中冷遇过一个同事。大约 20 多年后,这个被冷遇者成了这名工作人员的现任领导。在企业实施聘任制的时候,在现任领导的极力反对下,致使该人最后未能被聘用。这件事情说明,一个人在无意识做一些事情的时候,可能会使一些人感到受屈,而若此人一旦具备机会,他就有可能会借故报复。如果是因为一些很小的事情,导致这种结果出现,则是很不值得的。这件事情也说明,在工作和生活中,人们需要更多地为他人谋取利益,没有必要给自己现在和将来的生活与工作设置一些无谓的障碍。

3.6　沟通主体性格特征的不确定性

沟通主体的人格特征,是一个比较难以准确描述的概念。人格特征亦可称为个性心理特征,指在个人身上表现出来的本质的、经常的、稳定的心理特征①。为了自身的物质与精神利益,为了现行与未来的所谓利益,沟通主体会选择多种不同的行为模式与人进行交往。其行为的本质性可能会从根本上决定行为特点。人们在日常生活中具体表现出来的这些经常性、稳定性的行为特征,就是人们在沟通过程中需要认真面对的问题。

在实际的管理工作中,不同性格特征的人,选择的沟通方式与行为特征之间存在一定的关系。为了能够更好地有效沟通,就需要认真理解和把握不同性格特征员工的特点,以便能够在特定的工作环境中,选择一些效果更好的方式和思维模式进行沟通。而事实上,在一个人与他人的基本沟通中,可能并不需要掌握太多的理论知识与技巧。因为如果每个人都要这么做,那么管理沟通的成本就可能太大了。

本章小结

本章主要介绍了沟通者的性格特征与沟通效果之间的关系。如果被沟通者不认可沟通者的品行与行事风格,则沟通过程就可能出现障碍。管理过程中的沟通者可以具备积极的沟通愿望,也可以是消极被动地进行交流与沟通。主动工作的员工,会积极认真地找到需要沟通的事情,而被动工作的人就可能在沟通方面表现出消极被动的特点。

睿智大气和开朗乐观的个性特征能对沟通过程产生积极的影响。如果沟通者在日常工作中总能够思考他人的困难与需求,总能够认真做事并做好工作,则沟通过程完全可能是高效的。作为一个被众人认可的员工,就可能具备较好的人际关系,具备与对方高效率协调工作的实际能力。

阅读材料

管理沟通这门课我非常喜欢,我始终认为管理与沟通是每位领导者必备的素质。在此,我想与大家分享的主要是我个人在十多年工作中的一点感悟,随心所想,望见谅。

1996年毕业后,我先在农业银行××市分行工作,时隔半年,调至新成立的农业发展银行××市分行工作。因当时行里年轻人少,懂计算机的人不多,于是领导把我安排到分行办公室从事打字员的工作。当初我对这一工作安排是心存不满的,还是希望能够多学习业务。但是随着工作的开展,我发现打字员的工作其实并不仅仅是打字那么简单。在完成打字工作之余,我还向行长秘书学习写作,可能是家庭的影响吧,发现自己在写东西方面还是有点小天赋。一年多的时间,已陆续在

① 姚如真.人格特征与心身疾病[J].临床心身疾病杂志,2006,12(2).

报纸杂志上发表十多篇通讯、信息，调研文章还在市人行组织的评比中获得优秀奖，个人文字水平迅速提高，为今后开展业务工作奠定了良好的文字功底。同时，打字员工作接触行领导和各部室的人员较多，通过工作关系与领导和同事加强了联系与沟通（当时还不懂这叫沟通），对各专业的工作也有了更加深刻的认识。或许是工作成绩还不错，或许是运气，从事打字工作一年半后，我调到了市分行下属营业部从事信贷员工作，这是一个在银行中非常重要的业务岗位。

在信贷员的岗位上，我一干就是七年，从一名新手逐渐成长为营业部的业务骨干。在这七年间，前几年我工作十分努力，虚心请教，注重为客户提供优质服务，有活抢着干，业务水平提升很快，不过头发也白了一圈。回想那段时光，我现在仍认为是参加工作以来最美好的时光，工作的成就感非常强烈。但由于个人不善于在领导面前表现自己，也没有任何背景，自己希望到市分行业务部门工作的愿望一直没有达成，加之由于不满行领导不思进取的工作态度，我一度产生了跳槽的想法。本着自己的兴趣，我准备参加国家司法考试，并顺利通过了考试，取得了律师资格。正要跃跃欲试转行的时候，行领导的变更和市分行部门的合并，我"一不小心"调进了我最想去的市分行业务管理部门，成了一名业务经理。我暂时搁置了跳槽的想法，又全身心地投入到了新的工作中去。

后续的几年，我一直在努力，回报也很给力，得了两次总行的"青年岗位能手"，并于 2010 年得到了升职加薪，成了所在部门的副处长。担任领导职务一年来，始终没找到正确的位置，以前一直有具体工作可干，现在工作有人给分担了，更多的是对上对下沟通协调的工作，我还真是没有完全适应，并且有点闲下来的感觉，工作成就感反而没有了。管理沟通课程教会了我许多理论知识，但是实践起来还是需要一个过程。我喜欢有挑战性的工作，但是还没发现现在的岗位有太多的挑战，于是我就又报了 MBA，并顺利通过考试，借此来充实自己的生活。在这一年中，和这么多优秀的同学相处，感觉获益良多，也想和同学们有更深层次的思想交流，也就是沟通。希望和大家一起畅谈一下个人的经历和生活，并建立持久的朋友关系。

人生路漫漫，我也走了差不多一半儿了！但是我仍将继续努力，通过 MBA 的学习，进一步提高管理水平和沟通能力（这真的很重要）。最后说一下我的理想，我希望能够创办一家属于自己的企业，无论多大，能够持续经营一百年就好。

（MBA 0089　孙晓东）

思考与讨论

1. 在实际管理工作中，总能遇到一些患得患失的合作者。这些员工总是以自身利益最大化为出发点选择自己的工作方式，并争取得到环境的认可。这些员工选择行为的基本原则是不让自己的利益受损。虽然这种想法不应该被排斥，但如果这类员工经常性表现出患得患失的处理问题特点,就很可能让他人觉得难以接受。请您谈谈对具备这种类型特点的同事的看法,您认为这种类型的同事容易沟通吗?

2. 在企业的工作中,还会遇到一些遇事犹豫、没有主见并不果断的人。这些人遇到事情可能会不知所措,不具备在纷杂的工作中果断选择处理问题的能力,或者无法整理出处理问题的具体思路,总是在询问他人如何处理事情的办法。这种情况显示出的似乎是一种谦逊,但也会让人感觉是一种优柔寡断的处事风格。有人说,与这种员工或者领导交往会很累,因为总是很难从他们那里得到明确的倾向。您认为这种员工的性格特征对管理工作的影响是怎样的?您愿意在工作中遇到这种合作伙伴吗?

3. 工作中也会遇到一种工作能力极强,但固执己见,在与人相处过程中极为强势,不愿听取他人建议的员工。这类员工认为只有自己的观点才可能是正确的选择与决策。为了证明自己的正确性,可以强词夺理、胡搅蛮缠。但似乎总能找到借口与人狡辩和争执。请问你见过这种类型的员工吗?你是如何与这种类型的人交流和沟通的?你认为这种类型的人能够成为有效的沟通对象吗?你认为应该如何处理与这种类型的同事之间的工作关系?

4. 企业的领导如果能够主动赏识与信任员工,就会激励员工主动认真工作的积极性和创造性。反之,如果一个员工在工作中经常被批评和抱怨,或者自己也经常抱怨上级的不公正政策,抱怨上级不了解下属的工作成绩的现象,也会影响自己消极对待企业的实际工作。因此,下属员工更愿意与能够激励和信任员工的领导者进行沟通。您认为这种观点是否符合企业的实际管理工作状况?

5. 您认为上述阅读材料的作者所表述的内容是否真实?如果您是当事人,您会如何处理工作中面对的问题?你会如何理解主动工作或被动工作与工作结果之间的关系?您是否会认为该阅读材料的作者是个很幸运的人?

第 4 章

管理沟通的心态准备

🐰 本章学习要点

1.客观认知自己是开展有效沟通的重要前提。知道自己是谁,知道自己在沟通过程中的角色定位,这能够帮助沟通者选择更为客观的沟通心态。一个不知道自己在沟通过程中的角色的沟通者,很难开展有效沟通。

2.具备自信的心态,能够理性地看待工作中遇到的具体问题,能够理解自己对企业的价值所在,是沟通者安排和选择自己的工作方式与形式的基础。

3.主动的工作,为企业工作的有效性付出自己的努力,并且能够在面对沟通需要的时候选择乐观和主动的方式与被沟通者进行沟通。具备良好心态的人才可能具备客观与主动的工作沟通方式。

4.从容地看待工作中面对的各种事物,能够综合考虑具体工作短期与长期的趋势,对沟通者认识和理解事物的发展有所帮助。客观理性地看待问题与工作,能够更好地为企业做出有实质意义的工作。

5.摈弃贪、嗔、痴的工作行为,是促进沟通者选择积极工作行为的保证,是沟通者具备良好沟通心态的客观表现。

在沟通过程之前,还需要考虑沟通者的心态问题。沟通者能够选择一种良好的心理状态与被沟通者进行沟通,是开展有效沟通的很重要的前提条件。

如果沟通者是在一种不正常的心态下与对方沟通,很可能会产生一些与预期不同的沟通结果。比如,沟通者在急躁的心情下与人沟通,在暴躁的情形下与人沟通,在自卑的心理下与人交流,在没有考虑对方实际情况下与人交流等。

贪图利益的时候,总是期待被沟通者理解和听从自己的时候,自我为主总是以自己的价值标准衡量事物对错的时候,都可能造成沟通过程出现障碍。因此,在需要进行沟通的时候,需要沟通者能够具备良好的沟通心态准备。

4.1 理性客观

能正确理解事物的发展规律是理性沟通的基础。顺境与逆境对人的心理状况产生的影响是不同的。把握与人相处的基本准则,正确对待沟通过程中可能遇到的随机事件,也是沟通过程中需要注意的问题之一。理解多数人遵守的基本的生活常识与待人之道,可能更容易得到沟通对象的认可。正确地看待生活中遇到的非常规问题,准确把握工作以及人生的本质内容,对于一个沟通者开展有效沟通也是重要的内容之一。如果一个沟通者能够注重事物的本质特点,强调解决问题的症结所在,就能够更容易将遇到的问题简单化,这对于自己与他人而言都应该是有益的。

以理性客观的心态面对工作中的问题,能够围绕自己的工作目的,去寻找和把握事物的本质,积极乐观地看待生活与工作的现状与未来,选择智慧而不仅仅是聪明的方式去处理工作中的人际交流与工作中的合作事宜,对一个员工以及企业而言,都是产生积极作用的基本条件。

4.1.1 明确自己的工作目的

多数人自从参加工作伊始,就会在心里确定自己的发展目标。这个目标包含的内容应该是比较多的,甚至可能是比较复杂的。其中可能包含有职务升迁方面的目标、经济收入方面的目标、工作成绩方面的指标甚至家庭生活方面的目标等。对不同的人,目标中主要指标的重要性可能是存在很大偏差的。

有的员工会认为职务升迁是衡量自己的工作能力与成绩的重要指标。如果在特定时间点没有得到企业的重用,某些员工就可能会认为上级领导是有眼无珠、看不到自己的工作努力与工作成绩,甚至可能是在嫉妒自己的能力等。由于领导不了解自己的潜质和工作成绩,自己在单位中的状况属于怀才不遇。因此,就可能在此后的工作中,消极面对工作中的责任,并且在工作中不愿意继续积极发挥自己的能力,甚至放弃能展示自己潜力的工作机会等。也有的员工在工作中做出了成绩,也得到了同事与上级领导的认可并得到了提拔和重用。但这部分员工却可能看不上那些没有得到提拔的员工,看不上那些对待工作不认真、不能履行岗位职责的员工,并对那些员工的行为产生不满。显然,这两种情况都可能导致员工与他人交流过程中出现心理障碍。

也有不少员工做好工作的目的,是为了得到更多的经济收益。但由于能力有限,工作积极性较差,工作态度是得过且过,并不能为自己所在单位作出应有的贡献。其结果是显然的,即这部分员工很难得到自己期待的经济报酬。因此,他们可能会怨事忧天,常常在心里对工作、同事、上级,甚至对工作本身产生不满。当然,也有一些员工能够安于本分,对工作认真负责,在尽力做好哪怕是最简单的事情,并且不会因为没有得到期待的经济收入而心生抱怨。这两种不同类型的员工,对实际得到的经济收入状况存在不同的感受。第一种是处处不满,对待任何其他人比自己多得到收入的现象都不满意,甚至仇视等。而另一种则是客观接受现状,能够怀着感恩的心态继续努力工作,甚至希望进一步努力做好工作,并尽量作出更大贡献。

还有一些员工会把生活中的事情带到工作中。因为生活中某些事情不顺利,会在工作中任性妄为,因为与同事之间存在别扭,而故意与人不友好合作,并且无视这些行为可能对自己的工作目的所产生的消极后果。诸如此类事情,都是企业员工在工作中可能表现的具体心理状况。作为企业的员工,都是在立足于自己的实际状况,依据自身的需求、自己对现状感受情况下选择自己的行为的。员工是否能够客观认识自己行为的特点与价值,能否选择理性的工作方式,与其实际的心态之间存在着很大的关联性。

上述的情况显示,工作中的员工很可能是站在自身利益的角度理解工作中的一些现象的。这些员工站在自己的立场上看待工作中的事情,或者满意或者抱怨。员工需要能客观理性地认识到自己只是企业工作人员的一个分子。

员工需要认识到只有当自己的工作目的与企业发展轨迹同步时,才能更好发挥自己的潜力,表现自己的工作能力。除非自己的行为与企业在历史发展过程中的动态愿望之间存在一致性,自己对工作状况的赞同、批评等行为都很难改变企业的实际运行轨迹。所以,能够客观认识企业的发展方向,使自己的行为与工作目的与企业的发展方向保持一致,并保持良好的客观理性的心理状态,能够理解自己与企业的工作关系本质,才是在企业经营过程中能够具备良好沟通心态的重要基础。

管理工作沟通的目的是做好工作。做好本职工作,甚至希望别人也能做好工作,是一个对企业发展有信心的员工的基本心态。但做好企业的各项工作,不是通过一两个人的努力即可完成的任务。做好企业的各项工作需要企业的各类员工共同努力,需要有好的产品、好的市场环境、好的内部工作环境、员工的齐心协力等各种因素的有效配合才行。因此,当看到一些不能令人满意的现象与结果的时候,沟通者需要客观理解存在的问题与不足的客观属性。沟通者只需要认识到做好工作的必要性与方法途径等内容就是很好的事情了。不能为某些事情的不顺利而急火攻心,也不能为某些员工的不作为而气急败坏。

为了改善工作质量,沟通者可以积极努力地为企业出谋划策,可以为企业的工作身先士卒,可以为改善企业的工作效果而不辞劳苦,但必须认识到,做好这件事情是一项长期的工程。必须在做好工作的同时,保持客观理性的心态,即使与不负责任者争吵也能不生气、不着急,能够清楚地知道,争执的目的不是为了生气,而是为了能更好地使企业管理活动更有效。这种督促他人努力工作的行为是为了企业的更快发展，而不是为了使沟通双方之间出现矛盾，或者为了表达自己的愿望。

4.1.2　理解能够被认可的本质内涵

能够为企业的工作目标作出有目共睹的贡献，才能得到企业的认同；能够在需要的时候帮助自己的同事，并且能为他们排忧解难，才能得到工作同事的认可；能够在工作中很好完成上级领导交代的工作任务，甚至将工作做得更好，超出领导的预期结果，才能得到上级领导的青睐和重用。外界主体是自己得到额外的收益的来源，所以在实际生活与工作中，重视自身之外主体的需要，才是自己能够"成功"的根本。

员工是企业发展的重要资源，企业关心和尊重员工是重要的管理内容之一。企业是为了更好实现企业目标而关心员工的。但很少有企业是为了给员工提供就业机会而注册成立的。因此，企业的员工应该明白自己仅仅是企业的一个分子，是企业在存续期间的一个特定角色而已。不能要求企业为了自己的愿望而改变其经营目标与经营特点，除非自己能够为企业达成目标提供一个被众人认可的经营体系与思路，或者说自己在企业实现经营目标中具有不可替代的重要资源。

为了实现企业的经营目标而贡献自己的力量，并且成功地为企业的发展作出贡献，才是一个员工被企业和社会认可的重要条件。因此，能够认识到企业的需要，能够理解企业发展过程中所需要的东西，是自己被企业重视和重用的理由和基础。具备这样的工作心态，并能事事处处替企业的发展着想，而不是只能看到企业工作中存在的不尽如人意的事情或者只是看到同事的不足，这才是一个员工为企业作出贡献的实质表现。

另外，企业不是靠某一个人的努力就能够成功的。即使企业拥有一个高瞻远瞩的领头人，拥有一套适合市场与社会发展要求的管理理念与经营方法，也需要广大员工的共同努力才能实现其经营目标。所以，在一个企业中，员工不仅要了解企业的需要，还要能够理解其他员工的心理状况、能力特点以及这些同事在工作中的实际想法与做法的理由。只有这样，才能更好地与其他员工合作，共同为企业的发展贡献力量。只有能够善意、客观地理解企业与同事的愿望与实际情况，才能得到为企业出谋划策、鞍前马后积极工作的机会。

当然，一些员工可能并不愿意为企业作出"超额"贡献，会因为企业的管理政策、管理方式，以及企业工作中有关用人、分配、奖惩等方面的工作而产生不满情绪。也有一些人会因为自身对生活的消极态度而不思进取，并且很享受所处的现实状况等。尽管这些都是正常的实际情况，但对于一个处于具体工作状况的员工而言，就应该以自己的愿望与特点为基础去面对实际工作的要求，而不能心口不一，抱怨多多。对一个希望作出更多贡献的员工，就要知道成功途径的基础是什么;对一个安于现状的员工,则要明白抱怨对自己的意义与价值是什么。所以,理性地理解自己的追求与实现追求的途径,客观地看待自己在企业经营过程中的位置与角色,拥有一种理性的判断与选择,是能够具备良好沟通心态的重要条件。

再者,在工作过程中,能够正确认识自我,理解作为一个员工的责任与义务,也是做好本职工作的重要条件。一些员工不能正确认识自己,总是对别人要求过多,但在面临问题时,却能够理解自己的不足与错误。或者认为自己做事情都是有道理的,而别人应该像一个完人那样处理事情。甚至说自己可以随性而为,而别人则需要严格按照一些制度的要求去行事等。这种状况导致的结果可能就是自己在工作中被别人拒绝或者躲避,并最终使自己成为精神上的孤家寡人。

只有能够理解别人、包容别人的员工,才能与别人很好地合作,在工作中合作时才能得到多赢的结果。

4.1.3　运用统筹的思路进行沟通

按照上述讨论的内容可以知道,理性与客观的沟通心态是基础。理性心态是沟通者能够正确面对事物本身的复杂性特点,依据事物与问题的本质内涵,结合自己的实际情况,通过选择适合自己追求的方式进行理性与客观的思考,最终能够找到符合实际的方式,去处理相关事务。

在沟通活动开展之前,沟通者需要具备良好的心理准备。对于重要的沟通内容,沟通者需要结合沟通目的,认真思考达成沟通目的的沟通方式,关注沟通过程可能遇到的相关问题,并设想出解决问题的思路与基本方案。

实际上,人们平时说的谈判过程也算一种特殊的沟通过程。只是说谈判过程是涉及利益均衡的过程,对沟通双方的要求可能更高一些而已。根据常识可知,在谈判开始之前,谈判双方都有自己的既定目的,而且双方的要求还可能差距很大。因此,谈判之前的方案确定,谈判的导向、策略、方式、心理较量的过程都是比较复杂的。同时,谈判过程中利益博弈的方式也具有随机与灵活掌握的要求。在一般的管理工作中,沟通过程可以是很随意的,也可以是目的性很强的一种特殊谈判。如果假设沟通过程是目的性比较强的一项工作,沟通者就必须对沟通过程中涉及的问题有一个基本的判断,制订出遇到不同情况时,需要选择的特定策略。

也就是说,在沟通之初能够具备胸有成竹的心态,是后续沟通工作顺利开展的重要基础。对于生活与工作中的一些常态沟通,则不需沟通者提前设计沟通过程中的具体方式与策略。不论沟通的内容如何,在沟通之前能够很好地预想可能遇到的一些问题,做到未雨绸缪,应该算是一种有益的选择。比如与下属沟通工作时,就要考虑下属的实际状况。如果下属具备崇上的心理,则沟通者就要考虑如何缓和沟通气氛,选择更加平和的态度与之交流;如果下属属于桀骜不驯类型的员工,则需要考虑使用恩威并施的方式与之讨论具体问题;同样,如果下属属于理性客观的员工,沟通者就需要选择直接、客观、坦率的方式与之真诚地讨论有关内容。

如果沟通者是主动与上级管理者进行沟通,就要明确沟通的内容与期望的结果。不能在没有任何准备的情况下贸然找上级管理者讨论问题。显然,良好的心理状况、明确的沟通目的与理性的策略准备,对实现沟通目的具有很强的支撑作用。

4.2　自信乐观

企业员工的行为符合企业管理制度的约束,并能满足企业经营目标的要求,是企业正常经营过程的基本需要。在实际工作中,企业员工能够确信自己的行为对企业有益,而且还能够处理好自己面对的工作问题,是企业员工认真做好本职工作的基本条件。企业不仅希望员工都愿意很好地履行自己的职责,也希望企业员工具备履行职责的能力。

4.2.1　自我肯定

自信心是员工做好本职工作的重要条件。企业员工真正了解并理解自己的基本工作责任,是做好本职工作的客观基础。在企业实际工作中,人们看到的事实是,几乎很少有员工不胜任自己的本职工作,但进一步做好工作的愿望却并不强烈。这些员工认为做好自己现有工作不存在压力,甚至还会感到游刃有余。但由于安于现状,一些员工不愿意承担更多和更重要的工作。

从心理方面或者潜意识方面讲,不少员工都存在获取更好的工作岗位的愿望。但不少企业现行的人力资源管理制度却不能很好支持基层员工的这种愿望。在生产一线的员工,多数是学历不高的技能型人员。按照企业人力管资源管理的基本要求,学历不高的员工是很难走上管理岗位的。从操作工人成长为班组长存在可能性,但如果从班组长成长为车间主任就是比较困难的了。所以,一些员工实际上是被动地放弃了在职务上成长的愿望。这种实际工作对员工造成的心理变化,可能实质性地导致了一些员工不愿意在工作中进一步表现自己能力的现象。这种情况造成的结果就是员工对做好现行工作比较自负,而对做好可能出现的新工作却不够自信。

还有一种情况是,一些高校毕业生在工作中不能正确认识自己的情况,也会产生某种工作上的自卑情绪。他们不能正确面对激烈的岗位竞争,经常用自己的不足与别人的长处进行比较,产生得过且过的情绪,导致自己的工作潜力不能很好发挥。当然,也存在一些员工不能正确认识自己的实际情况,比如不注意客观认识工作现状、不主动开展工作、不能客观认识企业对自己的期待等。这些员工常常只是看到企业实际工作中存在的某些问题与不足,在抱怨企业管理工作的同时并不能提出改进工作的合理建议,导致一些员工期待改善自己工作环境的空间被固化,并最终影响了自己成长的可能性。

按照企业的需要进行分析,企业需要的是一些自信、肯干而且能够做出实际工作成绩的员工。如果企业对有能力的员工弃之不用,必然造成企业人力资源的潜在损失。一个正常的企业不会做出这种选择。所以,不能依据企业的实际情况考虑问题,在认识方面对自己妄自菲薄,片面理解企业的管理行为,否定自己的能力与潜在机会,这些都会导致员工自己的工作主动性受损。因此,员工能够肯定自己的能力,选择积极主动的心态面对企业的实际工作,对企业的发展与自己的成长都是很重要的事情。

员工在工作中与他人或者某级组织进行沟通时,拥有客观的自信,具有正确的自我认知能力,相信企业对工作能力的期待,相信自己具备潜力,相信自己能够做好更多工作,这也是完成有效沟通的重要心理基础。

进一步讲,一个员工正确认识自己形成的自信态度,也会影响其他员工,并对自信与积极上进的工作氛围产生积极影响。当然,如果企业能够正确认识到这些现象,在实际管理过程中注重影响员工的心理,能够在政策制订过程中充分考虑员工自信心态与企业发展之间的积极关系,对提升员工自我认可的状况,必然会产生一定的积极作用。

4.2.2　客观认知企业

企业员工能够正确客观地理解企业的价值观、使命、愿景,能够用自己的行为为企业的发展规划贡献自己的力量,是多数企业所期盼的。

员工对企业的经营过程、经营方式、经营思路等方面的认知,可以划分为以下三种基本类型。

其一,对企业的行为持有积极的态度。员工高度认可企业的经营活动,认为企业所做的一切都是积极有效的。即使看到一些与企业战略存在偏差的经营行为,也会从积极的方面思考问题,会从改善企业经营效果的角度,结合企业面临的实际情况,分析产生不足的原因,并提出自己认为更为正确的改进建议。这类员工在与同事、上级领导进行沟通的过程中,态度是客观与积极的。但在实际工作中,这种现象相对还是不多。显然,若这种状况不能成为多数员工的行为特点,将是一种遗憾。

其二,多数员工对企业的状况可能采取事不关己、高高挂起、明知不对、少说为佳的消极态度。按照对企业实际情况的分析可以看到,这种情形可以在更多的员工个人行为中得到印证。这些员工能够在实际中看到企业的不足,也有改进企业工作的愿望,但他们可能认为自己位卑言轻,自己的建议不会受到企业管理者的重视;或者认为自己的建议未必能为自己带来什么好处;或者认为企业的价值观与自己的建议不相融;甚至会对企业的做法感觉麻木,根本不愿意考虑企业的管理现状,只要是与自己关系不大的事情,这些员工都不愿意过分关心。他们只愿意在企业做好自己的工作。这种状况也是在企业中员工之间的沟通内容可能与企业经营关联性不强的原因之一。

第三,一些员工关心企业的经营过程与经营特点,但他们更多地表达了对企业行为的不满情绪。这类员工还可以分为两种类型:一种是恨其不争。认为企业可以做得更好,但现实中存在一些基本的、简单的消极问题。尽管如此,企业却还不认为是经营问题。这些员工在为企业的未来担忧,希望企业的未来更好。所以,他们会在彼此的沟通过程中,过度关注企业的不足,希望企业能够接受失误的教训,能够更好地发展。另外一种员工则是对企业存在偏见,具备仇视心理。这些员工可能像苍蝇叮臭鸡蛋一样,专门寻找企业的不足,夸大并宣扬企业的不足。不愿意客观认识任何企业在发展过程中都会出现不足之处的客观性。

为了能使企业的工作做得更好,企业管理者需要审时度势,深入了解员工对企业管理工作的认识状况,通过制订适宜的政策,灵活改变管理方式,积极影响员工的工作心态,使得企业能够建立有效沟通渠道,改善员工对企业的认识,使得员工对企业的认知更为客观,并使企业工作中存在的不足之处进一步减少。建立积极与客观的工作氛围,对企业进一步发展提供坚实的支撑条件。

企业员工能够客观认识自己的工作环境,不过分要求自己所处的工作环境,不过多抱怨现状,这是做好工作的重要前提。如果一味抱怨沟通对象的合作性差,态度存在不足,管理思路存在问题,或者认为合作者不按规则处理具体事务,就可能导致彼此之间的矛盾升级,导致自己更加不愿意与他人友好合作等。这种状况的存在,对企业的长期发展必然存在消极影响。尤其当企业的重要管理者存在这种心态与行为选择时,对企业的实际工作便可能产生消极的影响。

4.2.3 谨行致远

企业的发展是长远的,不少企业的经营目标是为了成为一家百年老店,也就是成为一家长寿企业。因此,企业的管理工作是一项需要逐步完善的活动,不可能一蹴而就。为了更好地使企业健康成长并发展,需要站在时间的维度上看待企业的经营行为。

为了企业的发展,沟通者需要从企业长远发展的需要出发,兼顾企业现行工作的特点与需求,结合企业战略发展的特征,选择企业管理中的有关问题与相关人员进行讨论和研究。在实际沟通过程中,沟通者要从企业发展思路与战略、企业自行完善的功能建设方面着手,从消除企业经营过程中可能存在的隐患方面选择切入点,从改善和动态调整企业发展中存在的现实问题出发,与相关员工共同交流与沟通,寻找解决问题的思路与办法。

沟通者从长远发展的角度看待并讨论企业的有关工作,根据企业发展史、企业发展过程中积累的经验与教训去观察企业、诊断企业现行工作中的异常现象,而不是选择就事论事,头痛治头、脚疼医脚的方式研究改进策略。沟通者还要本着持久、耐心,能正确对待问题的心态面对可能随机并反复出现的一些问题。

从点滴做起,从长远着想,为企业的长期发展选择与企业高层管理者之间的管理思路沟通,与中层管理者的策略沟通,与企业基层员工之间的作业方式沟通等。能够理解管理中多重目标之间的一致性特点与差异性,能够理解不同员工在工作中表现出来的工作态度差异,能够接受企业存在各种管理思想与意识的客观性,能够在复杂的工作环境中游刃有余地开展各种改良性活动等,都是需要认真思考和积极实践的。

谨行致远的心态,对企业成为长寿组织是必需和必备的支撑要素之一,是企业管理者需要潜心修炼的品行之一,也是企业顺潮流而动的必然结果。因此,企业骨干员工需要具备这种基本心态,也是对企业的岗位责任者的基本要求。

遇到事情总是在利益得失的基础上进行平衡与计较,总是力求选择适合自己利益增长的方式,也是可以理解的。但如果一个员工处处这么选择有利于自己的短期行为,而不考虑他人或者企业的利益,则很可能给别人一种消极印象:这个员工是一个斤斤计较的人,是个善于算计利益得失的人。

在企业中,一些具有一官半职的员工可能会认为自己可以凌驾于某些制度之上,自己违反制度的成本可以忽略不计。因此,这些员工就可能不尊重制度的要求,甚至还会影响其他员工也不遵守制度的要求。有些员工也可能认为制度是存在的,但偶尔不遵守制度要求,也可能不会受到制度的惩罚,此时,该员工就可能在实际工作中选择忽略制度的行为。再者,一些员工会在忽略制度的收益与遵守制度的收益之间进行比较,选择利益大者为选择倾向等。企业发展中的很多实例可以说明,凌驾于企业制度之上的行为成本在未来的工作中会逐渐显示出来。

从谨行长远的角度看待事物、面对问题,思考信誉的重构成本,就会珍惜自己每次行为对自己信誉的实际影响,也就会在日常管理中注意自己与他人的沟通与合作方式。

4.3　积极主动

为了员工自己,为了其他员工,为了企业与社会的价值增长,沟通者需要对企业抱有信心与期盼。企业员工还要认识和理解企业的发展远景,赞赏并适应被多数员工所认可的企业的价值观。积极地看待企业经营过程中存在的一切客观现象,选择一种积极的心态去面对和理解企业发展所需要的态度,去分享企业的成功与成果。企业的员工要认识到,不仅企业的未来是美好的,企业的今天也是美好的。

4.3.1 主动履行社会责任

企业的发展需要多数员工的共同努力。企业每个员工能够严格按照规章制度，认真履行自己的岗位责任，是企业成功和持续发展的重要基础条件。

员工首先需要认识到，企业是社会的重要组成部分。企业能够成为社会进步的一种积极力量，就必须履行对社会发展作积极贡献的庄重承诺。人们都知道，任何一个企业在工商注册的时候，在企业章程中是必须对企业行为作出承诺的。政府与社会赋予了企业销售产品并赚取利润的权利，企业也向社会承诺，其行为不会破坏社会发展的进程。所以，在企业的经营过程中，企业的行为是不能率性而为的。针对企业在经营过程中出现的某些非伦理行为，企业员工有义务予以揭发和抵制。当然，有些员工由于各种不同的原因，也可能参与其中，甚至故意为之。所以，与企业相关人员一起讨论涉及企业某些特定行为的相关话题也是正常的沟通内容。

企业为了生存和发展，就需要具备支撑企业正常经营的物质基础。为此，企业需要开展各种类型的活动。为了自身利益的最大化，企业可能在这些活动中选择一些对社会与消费者利益发生冲突的行为。企业这么做，就很可能导致经营环境恶化等结果。因此，企业员工需要评估企业各种经营行为的短期与长期价值，企业的相关人员就需要理性地讨论相关问题。

在沟通有关企业履行社会责任或者说是企业责任的问题时，需要认识到这是受到多种复杂因素影响的事情。企业决策者能够认识到这个问题的重要性，就需要真正理解和意识到企业长短期利益之间的平衡关系，意识到企业伦理价值对企业发展的重要作用。从经营心态的视角，理解企业履行社会责任与发展之间的关系，有准备地选择涉及伦理属性的经营行为，这对企业处理面临的潜在经营障碍是有积极作用的。

对于企业的所有员工而言，能够按照企业的要求与制度约束，正确履行自己的工作责任与义务，也是其必需的心理准备。能够理解和按照企业的需要，完成企业期待并要求的具体工作内容，是从成为企业员工之日起，每个企业员工都必须明确的观念。

一个员工在工作中如果只是考虑自己的想法，固执己见，不愿意听取别人的建设性意见，不愿意主动考虑他人的利益增长情况，作为正常人，可能很多现存的或者潜在的合作伙伴甚至亲朋都会"敬而远之"，而不会心甘情愿地与之深入交往。

还存在一种情况，一些员工可能包容心较强，会在多数情况下原谅或者理解某些人选择的那些不符合大众价值观的事情，但当事者可能不仅意识不到自己的不妥，甚至还会把别人的包容与宽容态度当做是应该的，或者丝毫不会感受到别人的不满。这种状况,最终就很可能导致彼此之间更为严重的人际隔阂,日积月累地,彼此之间将产生一些很难解决的矛盾与问题。

4.3.2　忠于责任与使命

企业员工一项很重要的使命,就是为企业成为一个长寿企业而奉献自己的力量。这种奉献可以明确地表现在两个方面:其一是员工自己的工作能够使得企业的各种工作效率更高;其二是自己的工作不会使其他员工或者企业的正确选择受到消极影响。

作为市场经济条件下的一个"人",只能假设这个"人"是一个"经济人"。他的行为选择是以自己效用最大为基础的。他为了自己的效用最大化到企业工作,在做事情过程中尽量选择增长自己效用的途径与策略,这些都是无可厚非的选择。但是,选择一种能使自己的效用与他人、企业包括社会效用能够同步增长的策略,可能会使自己的选择与对方的选择之间减少差异与矛盾,可能就会降低自己的选择成本,就会在满足自己效用增加的过程中,利益增长的方式更为符合他人的利益要求。这种能够考虑他人需求的方式与社会特征是相符合的,也是作为市场经济一员必须考虑的问题。如若一个员工能够具备这样的合作心态与工作选择基础,就会在一定程度上大大降低自己的行为与企业或者社会需求之间的矛盾。

考虑企业的利益,考虑其他同事的利益,选择多赢的思路处理事情,采取主动的行为为企业的利益着想,而不是选择消极被动的态度开展工作,不是一件很容易的事情。在实际工作中,员工面临的问题可能不仅涉及自己与其他主体的利益关系,更麻烦的是可能面临多个利益相关者之间的利益矛盾,比如自己的行为可能涉及另外两员工的利益,可能涉及企业与某个员工的利益等,此时自己的选择就是矛盾的。当然,尽管存在利益矛盾,也同样存在公正原则的判断,涉及对公正原则的认识等不同的问题。

显然,在涉及利益关系的时候,是否愿意舍弃自我利益,在涉及自身利益与其他主体的利益平衡之间进行选择等,这都是需要经过斟酌并认真选择的事情。尤其是面对一些并不考虑他人利益的一些利益主体时,自己可能认为公正的态度,却会引致一些主体的不满。在此情况下,综合考虑并考量利益关系处理过程中的理性与客观属性,以企业利益最大化为前提而选择合适的行为,确实是一个比较麻烦并需要一定智慧的事情。

能够将复杂的利益关系简单化,能够在错综复杂的纠结中围绕企业的利益最大化,或者众人之间的利益平衡过程处理面临的问题,是需要非常娴熟的沟通能力的。

使命感涉及的第二个问题是如何在工作中选择特定的方式,为提高企业的工作效率贡献自己的聪明才智。作为一名员工,愿意为企业工作,而且也会努力为企业工作,同时还具备能力为企业工作,这些都应该算是一个员工的工作素质。如果员工具备努力工作的能力,但不愿意为企业努力工作,则工作结果也显然是不够令人满意的。

在工作中,一个积极主动负责任的员工会发挥自己的能力,钻研做好工作的技术与所需的知识,主动选择能够提升企业工作水平的方式,充分发挥自己的特长,并能够与同事开展良好的合作,竭力作出自己的贡献。这不仅是一种态度,也是一种行为,是一种任何企业都需要的工作状态。显然,如果一个企业的文化能够促使其多数员工都具备这种工作状态,则该企业必然能够成为充分运用人力资源的楷模。

4.3.3 工作主动且富有成效

主动工作是一种口号,也是一种行为。在日常工作中,多数员工是在被动完成着自己的工作责任。在工作现实中可以发现,多数员工是按照自己的岗位责任被动工作,他们想着怎样才能不让领导批评,怎样才能不被组织的考核指标困扰,怎样才能顺利完成自己的工作任务。在调查中发现,只有极少数的员工可能在考虑着如何把职责范围内的工作做得更为出色一些。

比如,只有很少一部分员工希望在自己的岗位责任范围内,如何进一步主动做好本职工作并发挥自己的特长,而仅有个别员工提出以积极主动的态度与行为去完成自己的岗位责任。显然,在责任范围内主动工作与主动完成自己的工作之间存在着很大的差异。

当一个员工首先考虑岗位责任的时候,他的思维就可能被限制在自己的分内工作范围之内。在这种工作环境中,这部分人是完全按照要求开展工作,甚至将就着工作。即使是主动工作,也仅仅是考虑领导或者责任书所界定的工作内容。但当一个员工从热爱工作的出发点去面对自己的工作时,他的视野可能更宽,他甚至可能只是把责任范围当做自己的部分工作内容去看待。因此,具备这种工作态度的员工,可能在重点做好本职工作的前提下,主动思考并做出更多的工作成绩,而且,这种工作过程还可能属于一种享受型的体验,甚至感觉是一种富有成效的开创性行为。

在谈到自己的工作价值时,有的员工会说:自己主动地工作不仅很好履行了责任,而且让自己在工作中得到了锻炼,学到了知识,提升了能力等。但几乎没有人说:通过自己主动努力的工作过程,自己为组织工作目标的完成贡献了什么;为组织的价值提升贡献自己的力量是一种享受,是把握了一次体现自我价值的机会,是自己实现阶段生命价值的一次实践等等。

主动为自己所在组织付出努力,并富有成效地开展工作,以一种积极的心态对待自己的工作,以享受和实现价值的过程理解主动工作的态度与行为,并能从内心感谢企业提供了一个让自己实现自身价值的平台,这种语言看起来似乎有一种虚假的成分,但如果认真思考企业与自己的关系,就会体会到这种情感并非是不真实的。

如果一个员工能够以感恩的心态理解主动且富有成效地工作,则该员工的行为与沟通过程,对该员工与他人的合作倾向都会产生积极的影响。

4.4　坚韧灵活

工作过程中可能会面对不少不尽如人意的事情甚至工作环境。有些人会因此而消沉,也有人会正确对待,并理性地理解这种状况。工作实践中的沟通过程可能会产生一些不能令人满意的现象,但只要能够客观理解面对沟通过程中出现的问题,并且选择符合客观要求的方式和形式,都可能最终导致的积极结果。

4.4.1　平静淡定

不刻意地期待某种结果的出现,不对随机性比较强的事情抱过分确定的期望。能够平淡面对与他人相比所表现出来的所谓不足,这些看似简单,但却并不是每一个人都能轻易做得到的。

在工作中,一些员工看到与自己一起工作的同事成为自己的领导,看到一些同事收入大幅度超过自己、技术职称高于自己、工作成绩斐然等等一些事情的时候,往往会在心里产生一种莫名的失落。某些人甚至还会产生一种奋起直追的愿望,但由于能力有限而不及,进而还可能导致自己的心情抑郁与苦闷等情绪的出现。

羡慕、嫉妒他人的成绩与成就,并以此为据抱怨自己或者环境的现象,都可能在现实中出现。人们可能从小接受的英雄主义教育,导致很多人都希望自己比别人更强大,希望自己的生活比别人更优越。

实际上,这种羡慕与嫉妒他人的心态,还可能来自以自我为中心的心理过程。人们的自我意识导致了人们为自己谋利益的初衷,或者说,市场经济环境要求人们能够成为“经济人”,竞争的氛围导致人们更愿意从自己的利益出发,思考和谋求自身价值的最大化,而不是主动考虑自己可能对社会作出什么贡献。

由于受到多种不确定因素的影响,一个人的价值高低、大小都是不确定的。自身状况与社会环境和企业环境达成一致,则价值的体现就可能更为明显一些,否则,就可能相对降低或者缩小。纯粹为了自身价值最大化的过程,不仅会在为自己争取利益的过程中可能出现利益选择的困惑,还可能迫使自己为达成生活目标而困惑与痛苦。反之,如果一个人能够用积极主动的心态面对工作,在潜意识里考虑自己如何能够为社会或者企业做出更多的工作业绩等,则这个人就可能会使自己的心理状态趋于平和,会更理性认识自己的客观能力,会依据自己的实际情况而更好地安排自己的工作与生活。

显然,如果一个人(员工)能够理性客观地认识自己的综合状况,认识自己为企业做工作的能力,则这个人就能以平和的心情面对工作与生活中的实际状况。就可能不会出现对别人的羡慕与嫉妒心情,也就更容易以平静和淡泊的态度积极地工作与生活。

4.4.2 矢志不移

做一件事情很不容易,一生能做一件事情,或者只做一件事情更不容易。在现实生活中,人们面对很多诱惑,人们很难抗拒一些事情的诱惑,会在混沌状态下,利用效用最大化的思路动态选择很多事情。

事实上,一个人一生的精力是有限的,能够真正做好一件事情都是很难的,但人追求效用最大化的欲望可能导致很多人不能专心做好一件具体的事情,导致的结果是看起来人很忙,但却不知道最终忙出了什么结果。

所谓矢志不移,其实就是能坚守一种信念,并认真对待信念。不论是坚守信念的环境优越,还是面临很多的诱惑,都能做到信守自己年轻时设定的承诺;不论是条件足够,还是环境恶劣,都能不折不饶地往前看,做着自己喜欢的事情。

一个员工在进入企业的时候,常常为自己设定一种预期的目标,并在日后的工作中为了自己的工作目标而不懈努力。但在实际工作过程中,很多人会因为一些困难、因为某种看似更好的选择而放弃曾经的追求。这种放弃过程,常常是因为自己无法战胜自己的信念。所以,沟通过程不仅发生在一个员工与其他主体之间,也可能是自我沟通。

在实际工作过程中,任何员工都可能遇到一些影响心理状况的困难和矛盾,如何面对可能的困难,是员工做好工作所必然解决的实际问题。当员工遇到困难时,与该员工开展积极的沟通,从客观与理性的角度看待、分析问题,并从积极的角度,讨论解决问题的思路与策略,是一个员工完成工作任务所必须具备的品质。

从做好工作的愿望出发,从满足工作的需要考虑事情,是最终解决遇到问题的有效途径。相信自己具备解决问题的能力,相信面临的困难最终一定能够克服,也是一个员工坚守信念的重要心理基础。所以,在员工遇到困难时,企业能够积极帮助员工,能够用乐观的方式鼓励员工的工作态度,对于企业员工坚守信念、认真工作、正视所遇到的一些随机性的工作困难是有意义的事情。

4.4.3 与时俱进

社会在发展,技术在进步,员工对生活与工作的态度也在发生变化。当员工的思维方式、生活态度产生一些变化的时候,主动理解员工心理变化的原因,有针对性地进行积极沟通,是帮助员工理性面对工作中问题的正常工作方式。

能够运用新的工作思路、方式、价值观与员工进行积极认真和有成效的沟通，帮助员工理性认识事物的发展规律，并从事物变化的本质上与员工进行沟通，也是动态和有效沟通的需求。

在时代变化过程中，能够理解人们对一些事物的看法，选择更适应时代需求特点的方式，积极面对员工产生新观念的社会与生活原因，并运用恰当的形式与员工进行交流，也是形成被对方认可的沟通过程的条件之一。

如果不能真实理解员工思想与工作方式发生变化的原因，不能客观理解员工人事方面发生变化的动因，固守曾经成功的沟通方式，就很可能无法理解沟通出现障碍的原因，也就不能达到某些事情上与员工进行有效沟通的目的。因此，了解企业的动态发展状况，理解管理过程中的新情况与思路，接触新的观念与交流规则，对做好企业的实际工作具有很直接的积极意义。

4.5　淡定从容

即使期待的最终结果不能如愿，也是正常的，因为自己无法控制一些事情的发展。沟通者不会因为不成功而感觉失望和丧气，或者产生并感觉自己的尊严受到伤害等消极心理状态。在企业的实际工作中做好一项具体工作常常面临多重不确定因素的影响，而这些因素中有不少内容是难以控制的，因此一些当事者会感受到事不如意。极端的情况下，可能会抱怨自己、抱怨环境，甚至抱怨命运等。不论顺利与否，不论公正与否，如果企业的员工能够面对生活与工作中遇到的各种事情，从事物的本质上看待这些事情，从容不迫、稳重淡定地面对和处理各种情况，对员工稳定的沟通心态将是很有意义的事情。

4.5.1　淡泊名利

淡泊名利是很多人挂在嘴上的一个口号。尽管如此，名利也是很多人一生中追求的生活或者工作目标。面对这些针对人性需求的内容，不少人都无法抵挡诱惑。

企业员工追求自我的工作成绩，而企业衡量并认可员工的工作成绩标准，则主要体现在两个方面：其一是认为该员工的工作绩效显示其具备更强的工作能力，应该为该员工提供更大的发挥能力的空间，可以委以重任，企业则会选择晋升其工作职务的方式予以肯定。其二是认可该员工是承担某项工作的典范。企业应该在物质与精神两个方面奖励该员工，使其不仅得到企业或者其他员工的认可，也能得到应有的价值增长。

显然，得到别人的认可，得到企业的肯定，得到自己期望的物质收获与荣誉，甚至得到掌握和控制资源的管理职务，对一个有能力且具备工作成绩的员工都是值得期盼的事情。但是在一些特定的情形下,有成绩而且拥有工作能力的员工可能未必能得到理应得到的认可和奖励。这种情况下,一个员工能够做到淡泊名利,用平常心态面对,能够理解企业或他人的态度与观点,就显得很不容易了。

如果一个员工是为了做好岗位工作而进行工作的,不是为了得到企业或者他人的认可而工作;如果该员工认为得到职务提升,是能够为企业做更多的工作,是企业为了能使自己发挥更有好的潜力而对自己的信任,则该员工就能淡然面对所谓不公正的环境或者待遇。企业没有提拔自己,就是因为自己可能还不具备承担更大责任的能力,或者其他同事被提拔,是因为他人更适合企业的发展需要。所以,即使没有被提拔,该员工也不会产生抱怨或者不满的情绪,就能够仍然以平和的心态继续努力认真工作。甚至还会认识到,即使自己更为合适担任管理职务,但企业工作也可能并非做到完全理性,经历时间的检验后,自己还是有机会为企业作出更大贡献的。此时,员工也会以平和心态面对客观事实的。

如果该员工在成长过程中,处于一个充满竞争并且斤斤计较的环境,争强好胜,追求事物的绝对公正,则该员工可能会为不公正的事物发展结果而耿耿于怀。这种情况不仅可能导致员工与企业之间的矛盾,也会导致员工之间的不满与冲突。不论对企业发展还是员工的工作态度,或者工作积极性都会产生消极影响。

4.5.2 情绪稳定

当一个员工理解企业的运作机制,明白企业的很多工作状态并非完美,企业自身的经营环境也可能不稳定的实际情况之后,才能够真正理解企业管理过程中存在的不足之处也是一种正常的现象,才能够认识到复杂的环境因素必然导致一些工作实际与计划或预算之间产生差异的必然性,才能理解企业某些管理者不能尽义务、负责任的行为。

按照正常的理解,企业的管理制度包括运作规范都是经过精心规划、认真研究后才形成正式文稿的。但实际情况往往不是这样的,制订管理制度的一些管理者并非管理神圣,他们制订的一些制度中可能存在着一些无法解释,甚至是彼此矛盾的条款。在面临管理制度约束的时候,涉及切身利益的员工会发现这些制度或者管理规范与实现企业经营目标之间存在很大差异,制度与规范中体现的管理理念甚至与企业宣扬的精神大相径庭。面对这种情况,一些员工就可能会产生遗憾或者不满,也可能会对企业的工作质量或者工作规范等内容产生质疑。显然,这种质疑与不满的情绪,会导致员工与企业管理者沟通过程中产生急躁、反感甚至是嫉妒不信任的沟通态度,导致员工对工作内容的冷漠、对管理制度的抵制等行为。

另外,企业的经营行为是依据企业的理念与制度而展开的。但经营环境的变化,多种不确定因素(包括政策因素、人为因素等)的出现,就可能导致企业的行为选择与既定目标之间出现差异,导致企业的行为与意向之间出现矛盾等现象的发生。这种情况下,企业员工能够理性、客观并且坦然面对矛盾与差异,能从积极的心态出发,选择客观的态度去理解现状,以积极的行为面对问题并力求解决问题,才能以更好的方式选择与企业相关人员之间的沟通活动,并处理和解决与彼此之间的矛盾。选择提供积极建议、有效措施思路,可能是改善员工工作状况的建设性途径。

沟通过程中,可能会遇到各种不同的沟通对象。这些人在实际沟通过程中可能会选择各种不同的沟通态度。比如和气、客气、从容不迫、理性坦率、暴躁不安、情绪化、胡搅蛮缠、不说正理、得理不让人、死缠烂打等等。面对这些具备不同特点的沟通对象,能够不以情绪化的方式与之沟通,是很不容易的事情。只有那些具备特定心态的人,才能面对各种复杂的情景,以理智的态度处理与各色人等之间的关系。

比如,当员工与上级沟通时,上级的态度甚至可以是不屑的,面对这样一个特定的沟通对象,沟通者是表现出沮丧、失落的情绪还是仍然心情平和,并能以客观的观点看待这种常见状况,就在一定程度上反映了员工在沟通心态方面的实际状况。

4.5.3　从容不迫

工作中出现问题是正常的,甚至出现一些处理起来比较麻烦的问题也是正常的。沟通的动因之一就是通过彼此之间的交流,化解两个主体之间的误解,对事物认识方面存在的偏差。因此,能够认识到问题的客观性与必然性,能够以平和的心态,客观地看待出现问题的自然属性,不为某些问题的存在而焦躁和郁闷,不认为某些事情的复杂而产生畏惧和颓废的心理状况,则企业或者企业员工就会更好处理工作中的不足之处。

任何事物的发展过程,都有其必然属性,也都有发展的基本规律。在企业的发展过程中,应该遇到过很多的矛盾与麻烦,但所有这些问题与麻烦都通过各种不同的方式得到了解决。即使在某个时间点没有完美解决,但时间都在延续,企业仍然在生存。过去看着很难解决的问题,在今天可能就不是很严重的问题了。在这个意义上看待企业在工作中遇到和面临的一些问题,认识员工之间、工作之中存在的不尽如人意的事情,则人们就不会出现惊慌失措的心理状况。

在处理企业经营中存在的问题时,不论是改善工作的情形、解决矛盾的情形、提高效率的情形,只要人们彼此之间能够推心置腹,具备积极的愿望,最终都能找到解决问题的合适的途径。

当然,在实际生活中也可能会面对一些不愿意解决问题的人。这些人可能就是为了使得事情进一步复杂化,为了让别人更进一步感受生活的艰辛与麻烦,没有丝毫解决问题的诚意与愿望等。但只要沟通者心态平和,能够具备从容不迫的心境,就不会因为解决问题的不顺利而感觉失落,不会因为对方的不合作而感觉烦恼。

在从容不迫的心境下,企业或者企业员工就可能会对未来抱有积极的预期,就可能会对生活的本质内涵产生积极的态度,产生与对方主体进行有效沟通的乐观态度。

本章小结

管理背景下的沟通过程中,沟通者会面对各种各样的影响因素。这些影响因素可以积极的,也可以是消极的。从积极的态度去理解管理工作中的具体问题的时候,沟通者应该具备一种自信的工作信念:所有问题最终都会解决,即使当下解决起来不是很容易,随着时间的推移,所有问题终究都能够解决的。也就是说,即使当时不能得到处理问题的满意结果,但最终事情也都会得到某种程度的解决的。

正确认识自己在企业工作中的角色,端正处理问题的态度,理解制度与工作环境对沟通方式选择所产生的作用,沟通者就能选择更为客观的沟通办法,选择出适合解决问题的沟通形式。

积极地面对管理工作中的问题与困难,选择从容不迫的形式,客观积极面对在管理工作中遇到的需要沟通的事物,以积极的心态、乐观的态度、主动的方式选择必要的形式开展解决问题的沟通,是沟通者做好本职工作、创造超越自我的工作结果的条件之一。形成乐观与淡定的工作心态,可以对良好的结果产生帮助作用。

总之,具备理性、积极、坚韧、从容的心态是沟通者处理管理工作中的矛盾的重要心理基础。

阅读材料

几年的工作看明白的自己

因为毕业年限短的缘故,我的工作经历也相对简单。大学毕业后进入浦发银行××分行工作,从最简单的现金柜员做起。

我进入的时候,分行处于一个特殊的时期,结构调整,网点扩张,随之而来的就是柜台人员紧缺。师傅带了我大约一个星期的时间就调离了,当客户排队很多的时候我也就硬着头皮上柜台干活了。我一直觉得我在银行的业务是摸索着逆序学习的,都是在逼不得已的情况下被按在了岗位上,先执行业务步骤,完成业务,等看多了会计科目,记多了业务流程,自己摸索求证出了业务的来龙去脉,又慢慢地将点穿成线、穿成面,然后再填补一下少发生的业务空白。从现金柜台转会计柜台也是因为这个原因,其实在浦发,柜员名义上是不分现金和会计的,尤其是在支行,人员少,如有病假事假,往往就需要有人能够随时顶岗。

　　我就是这个时候被抓到会计岗位的,支行里我的主管一直固执地认为我是那种很好学的员工,即使是在现金岗,偶尔涉及的会计业务都是很主动地去弄清楚来龙去脉而不单单是被指挥着记个账而已。那时候支行的两个会计一个被借调分行,一个突然要去参加总行的技能比赛,没做过一天会计业务的我就这样被大胆地放到了会计岗位。依然记得那时候心虚的自己跟主管说的话:"×哥,你可看着我点啊,别捅出什么大娄子来!"想想那时候的自己还真是挺胆大的,被简单地调教了一两下就那么两眼一抹黑地上任了。好在对客户还都挺熟悉,脸皮厚厚地犯个小错,打个电话问问怎么处理,主管给打个圆场云云,两个星期的代岗也就磕磕绊绊度过了。

　　在我看来错误其实还是犯了不少的,给错单子、打错单子,此类事件在开始的几天没少发生,以至于后来几天我一直处于给前几天的业务"擦屁股"的境况中。可是主管居然挺满意,于他而言支行无人可以给他代岗,他能在极短时间内自力更生地找到能应付业务且没出大的纰漏的人安全顶岗就算不失职了。同时他也坚定了他的理念,我这种人不被逼到份上永远不知道自己的能耐有多大,他就这样在我身上一次次地"做验证"。但凡行里有运营人员可以参加的考试他都要我报名,会的、不会的、接触过的、完全没概念的……他几乎强迫我参加并且"主动"替我顶班,现在想来应该要对他说谢谢的,只是当时对他真是说不出来地恨得牙痒。

　　可能是骨子里传统好学生的理念持续作祟,总是认为考试就要努力,即使完全看不懂的东西愣是硬着头皮研究。他大概就是看中我这点,看中我觉得考试不过会有点小小脸红的自尊心。就这样,在柜台工作的几年里我几乎考到了所有运营人员涉及的行内证书。也正是因为即使是死记硬背看过的业务边边角角的多了,我业务体系逐渐地丰满起来,逐渐串成了串。在支行经常充当块革命的小砖头,经常一天里现金、会计甚至外汇业务掺和着一起干,似乎应该得意吧? 其实心里却更加哀怨。原因很简单,我不甘心被放在柜台上。

　　之前听老师讲课的时候说过,现如今××大学经济学的研究生毕业也不过被安排在储蓄所的现金柜台,一样珍爱岗位。我不是不珍惜,只是几年前的银行与现在自然不同。我之前几批的本科生都是在几个部门轮岗然后分配到部室,到我这里却一直被放在柜台上,跟职校毕业的中专生做着相同的工作。不是自己有学历歧视或是什么,只是不免对自己、对走过的人生路产生了疑问,既然如此,为什么要多读几年的书? 我用这几年读的书、学的知识换来了什么更有优势的东西? 我茫然地想不出答案。

　　人就是这样,如果没有比较,如果是现如今就这么被放在柜台上几年就觉得理所应当,但是退回几年前心里的落差形成了,不能说却很较劲的哀怨,也就是那时候产生了现在想来极其幼稚的继续读书的念头。"如果本科文凭已不再是优势,只能让我待在柜台上,那么硕士文凭呢?行里还会把一个硕士生放在柜台上么?"当时在我看来,如果努力的成绩都被视作理所当然而没有优势去改变现状,那也许进修是条更光明的路。而且我也是一直喜欢待在学校里的,这也就堂而皇之地成了我读 MBA 的初衷,偏执且带着不成熟的赌气。

这份偏执和不成熟还是被毫不留情地纠正了。在准备考试的时候我接到了分行的调令,调我到现在的管理部门。我也终于知道,其实我一直以为地被遗忘被忽略只是自己给自己的定义,你做了多少事是有人看得到的,也许一件被遗忘过,但是日积月累的东西是不会被忽略掉的。都有点庆幸在迷茫的时候没有那样放弃、停滞、仅满足于日复一日的重复了,不知道那是不是更应该叫做进取心,因为那时候于我而言就是不甘和不平衡。

工作寥寥几年的经历和阅历都相对简单,从自己走过的路看过去最大的心得莫过于一是要把自己逼到一定的份上,给自己点压力,这个可能跟自己的性格有关,不太主动;二是努力做好分内的事,当量的积累达到一定的程度时才会发生质的变化,不能总是看着自己比别人的优势而好高骛远。自己看自己往往看到的是优势和片面,而别人看到的往往是劣势和整体,所以应保持着进取心,积极地面对所处的境况。如果自己目前没有更进一步的发展,很大程度上可能是自己的水平还没有达到那个高度,而不是被遗忘。

(MBA 0089　李翚)

思考与讨论

1. 员工的工作责任会随着企业的需要而调整。企业给员工分配工作责任的依据可以是员工的特点也可以是工作的需要。但员工却需要依据企业的要求去工作,而不是依据自己的偏好选择工作。依据上述阅读材料的内容,您认为员工应该以什么样的心态面对领导安排的工作?

2. 经过多年兢兢业业的努力,认真的工作,仍然不能到自己满意的岗位工作,您会如何面对?当您认为自己被单位大材小用的时候,您还会以积极客观的心态看待自己所处的工作状态吗?您是否会感到失落并抱怨单位不能知人善用?

3. 作为单位一个部门的领导,面对一位认真主动工作的员工,您如何看待他在工作中可能出现的不足?您是在肯定成绩的基础上帮助他调整工作方法与方式,还是每次都以认真严肃的态度指出他的失误,并且严厉批评他的工作瑕疵?您是否会认为他已经在为自己的失误而内疚或者自责?

第5章

管理沟通内容的精心选择

本章学习要点

1. 管理中的沟通内容主要涉及工作关系与业务关系两种类型。处理不同工作关系并产生期待的效果,进行有效合作构建高效的业务协作,都是管理沟通的重要目的。

2. 企业组织架构中存在上下级与部门间的横向合作需求。处理不同主体之间的合作关系时,要根据合作与改善工作的需求,选择对工作结果产生效果的沟通内容。

3. 完善制度与贯彻制度都是管理工作中的重要内容。理解制度与企业经营有效性之间的关系,能帮助沟通者理性选择关键性的沟通话题。

4. 价值观取向与行为惯性会影响沟通者的问题导向。沟通过程中要尽量避免讨论产生消极影响的有关内容与话题。

本章的主要目的是通过分析企业经营活动中的管理内容,说明在不同的管理目的下,如何通过选择有一定价值的沟通内容,提升沟通对方(利益相关者)与己方的价值。如果不能选择有效和有价值的内容,就没有必要去进行可能的沟通。当然,有时候为了某些无价值的目的,也可能需要进行一些沟通,只是需要达到彼此之间某些特定方面的双赢结果而已。比如在日常生活中经常看到的彼此之间寒暄的情景等,就是这样一种沟通。

假设企业的员工在工作过程中讨论的内容是与企业的工作相关的,则正常情况下,主体沟通过程中更多涉及的内容应该是提升企业绩效的内容。所以,沟通者提出的沟通内容应该是有关工作条件、工作过程、工作方法、工作建议,以及其他利己、利人、利于企业,甚至是利于企业外部利益相关者的具体信息。

在选择沟通内容的时候,需要注意的是要尽量避免导致彼此之间出现矛盾。在实际工作中,一些员工因为自己的感受,常常提出一些在观念、方法、思路等方面导致彼此之间产生矛盾的话题进行沟通,而这些沟通内容属于破坏性的沟通主题。

比如主动冒犯他人尊严的话题，侵害他人利益的话题，使他人生活便利性受到限制的话题等。因此，在正常的管理沟通过程中要尽量避免这类情况出现。

5.1　管理沟通内容的选择

这里涉及的有关管理沟通内容的选择，应该与企业的管理过程密切相关。当然，在实际生活中也有一些沟通内容是与生活中的一般化内容相关的。从企业经营的角度看，管理沟通的主要内容与企业的所有管理工作之间都存在相关性。包括企业的发展战略规划制定，战略方案的选择，各种管理制度的制定过程，不同领域的管理活动组织以及企业与外界主体的各种关系处理过程等。或者说，管理沟通不仅涉及企业的经营管理工作，而且与企业的所有利益相关者之间都存在着关联性。因此，沟通内容的选择，应该与这些管理活动以及利益相关主体的需求有关。要根据企业经营过程中的有关工作内容与要求，讨论沟通内容选择的有关问题才有意义。

管理过程中的沟通目的，决定了沟通内容选择必须考虑沟通的必要性。首先需要讨论沟通对象的需求与特点，其次需要考虑内容选择与沟通对象的关系，最终还需要考虑沟通活动与提高管理活动的有效性之间的关系。

在选择沟通内容的过程中，可以考虑使用约哈里之窗所提出的信息选择途径，即选择沟通者与被沟通者彼此均熟悉的内容、自己熟悉对方不熟悉的内容、自己不熟悉而对方熟悉的内容以及沟通双方都不熟悉的内容进行沟通。显然，第一种沟通内容的讨论可以使彼此之间的沟通过程更为深入，第二种内容属于沟通者告知对方知识或者信息的性质，而第三种则是请教对方的类型，第四种内容的沟通过程是双方探讨性质的沟通。不论具体的沟通目的存在什么差异，沟通过程对企业的管理都应该具备积极作用，这也是进行有效沟通的重要原则之一。

5.1.1　工作关系涉及的沟通内容

从人际沟通的角度看，在沟通中要看沟通者的沟通愿望能否让同事真正感觉到增加了哪些方面的价值提升。比如能否让沟通者的同事的工作效率得到提高，工作强度得以降低，心情更加愉快，晋升的机会更大，得到的经济收入更高等。

沟通过程中，沟通者的角色定位对沟通效果能产生很明显的作用。一个员工首先应明确自己的岗位工作责任，并从履行责任的角度与其他员工进行沟通，尽量不在责任范围之外选择与对方的沟通内容。否则，就可能产生一些不必要的矛盾与彼此之间的消极影响。这里所说的工作关系主要指由于组织架构导致的权责益之间的隶属关系。

1. 领导与下属的沟通内容

作为一个单位（企业或者部门）的领导，在工作中除了考虑如何履行单位设定的工作岗位责任之外,还要充分考虑下属的利益得失。在与外部主体和员工的沟通过程中要经常性地考虑能让下属的价值得到有效提升的问题。当然,除了工作内容以外,领导对下属生活方面的真诚关心也可以是沟通的内容之一。领导与下属相比,考虑问题会更加全面,工作能力会相对更强。如果在工作内容安排上更加有效,使下属工作心情更加愉悦,就能使所在单位的工作效率更高、工作思路更加清晰、工作效果更好。对下属的一句问候,对下属工作成绩的及时肯定,对下属能力的客观积极的评价,对下属生活的一点关心,对下属自尊心的一点关注等,都能给下属一定的精神鼓励,都能对下属工作产生一定的促进。但如果随时或者信口说出对下属的消极看法,总是从消极角度批评下属员工的工作结果,就可能导致下属产生不必要的心理障碍,甚至消极影响下属的实际工作信心与工作主动性等。

　　某单位有这样一个事例:该单位的一些领导,在制定其单位的很多管理政策的时候,基本不去倾听员工的意见。尽管员工对这些政策策略意见很大,但单位领导选择的态度与对策是对员工建议视而不见,或者采用一些员工认为不是理由的依据强调自己决策的正确性。单位的副职也不去解释这些策略的依据与合理性。使得员工对这些领导极为不信任,并且对副职也不抱任何积极期望。员工们认为领导不能关心和理解群众的心愿与实际情况,而且副职除了听取正职领导的安排之外,根本没有尽到应该履行的工作责任。所以,到了领导换届的时候,大多数员工对主要领导投了不信任票,对副职照样投了不信任票。其实,据了解大家对个别副职的人品还是比较肯定的,但是因为副职不能在工作中与大家进行有效沟通,不能在政策制定过程中反映大家的建议和心声,所以失去了员工的支持。

　　在处理领导与下属的利益关系时,领导要更多地从组织稳定发展的角度,选择与下属之间的沟通内容。上级领导能否选择员工关心的内容与员工交流,与彼此之间的有效沟通存在客观的相关性。

2. 下属与领导的沟通内容

　　作为企业或者部门的一名基层员工,你是否考虑过,通过你的努力工作,能让你的领导得到哪些方面的价值提升?怎么做才能在生活和工作中考虑问题更加理性和客观,自己的形象才能更加阳光可人,自己的行为才能更加讨人喜爱,最终使领导的工作更加有效、领导的心情更愉悦?为了达成上述目的,你需要怎样与领导交往?你需要选择什么样的接触点与领导接触,选择哪些话题与领导沟通?你还要考虑怎样做才能让领导感觉你不是奉承、不是在谄媚对方,而且让对方感受到你的诚意、你的能力、你的关心、你的努力。是仅仅考虑工作中的话题,还是工作与生活的内容都予以考虑?等等。反之,除了工作之外,在领导面前表现出道德高尚的特点,并用仁义礼智信的标准指责领导的行为,在领导面前表现自己的所谓聪明,暗喻自己超长的智慧,用完美的标准,批评领导的工作方式与特点等,这些都可能造成彼此之间的或明显或潜在的工作障碍。

很显然，与领导的顺畅与有效沟通，不仅能够更多地反映出你对企业或一个部门发展的关心，还能得到你所需要的各种肯定、利益和荣誉，这些也是企业中不少人愿意选择与领导交往的原因。实际工作与生活中，有效的沟通过程能够有益于达成这些目的。

在与上级领导的沟通中，选择的沟通内容要与领导的关切对象密切相关。在开展沟通之前，首先要假设上级领导关注的是组织成长、组织工作的业绩增长等。如果这个假设不成立，则与领导的沟通过程就可以不属于管理沟通内容的范畴了。如果假设成立，则要注意领导关注的组织工作内容，从自身的工作责任角度观察组织需要进一步改善的工作内容等，并且从建设性角度提出具备一定依据性、可操作性并且与领导管理风格比较一致的工作改善建议。比如工作内容选择的问题、工作程序改进问题、发挥员工特长问题、组织长远发展与短期成绩问题等。

与领导沟通过程中需要忌讳的沟通内容是，让领导感觉很难做成的那些让其为难的事情，让领导感觉可能没有尊严的事情，让领导感觉你比他强的事情等。这些内容不论是否存在客观性，从心理体验的角度，如果与领导沟通这些内容将无助于本单位进一步搞好工作，而且会导致上级领导对自己产生不满与被动情绪。

3. 同事之间的沟通内容

同事之间的交流过程，也需要注意考虑与领导交流时需要注意的问题。如果你不能像对领导那样善意地对待同事，则人们也会对你的沟通倾向产生看法。在与同事的工作交流过程中，能够更多地关心同事的工作与生活，就可能会强化你与他人的沟通基础。在现实生活与工作中，如果你仅仅愿意与领导或者与那些能够给你带来利益的人或者组织交往，而不愿意与同事或者下属进行交往，可以预见的事实是，你可能会失去一些需要大家支持的、对你而言也很重要的工作机会。

选择沟通内容时，可以考虑的第一类内容是自己熟悉但他人不是很清楚的。比如，自己工作中面临的那些可能由于其他单位的工作状况造成的问题，但造成该问题的单位并不知道他们的行为会导致这些问题的出现。在这种情况下沟通者就需要将此问题客观、诚恳地告诉对方，争取得到对方的帮助，认真和有效地解决该问题。如果企业已经制订了解决这类问题的处理程序，沟通者还需要面临通过程序进行工作沟通或者进行私下沟通的选择问题。沟通者可以先进行非正式沟通（私下沟通），待具备解决实际问题的基础与条件之后，再另行通过管理程序进行正式的工作沟通。这样做的结果，不仅可以保证工作的正常开展，还可以加深自己与被沟通者之间的良好工作与人际关系。

如果员工知道导致某项工作矛盾的原因是由于对方工作不细心或工作方式不符合企业制度，且该员工不是主动与对方诚恳交流，而是直接报告了有关领导或者相关管理部门,则尽管该事情同样能够顺利解决,但当事者就可能会因为此事而遭受批评。这种结果可能对同事彼此之间关系造成消极的影响。一位负责企业固定资产管理的学员曾经说过这样一件事情:有一次该企业购买了大量的电脑并配置到基层单位。但购买电脑的员工却没有给企业的固定资产管理者提供不同电脑用户的相关资料。这样的结果就造成了资产管理者的实际工作困难。因为登记会计账目要求账实相符,而仅仅知道电脑配置在哪个单位,但没有该电脑的出厂号,会计是无法记账的。由于具体负责配置电脑的员工并不了解企业财务管理的要求,所以,该员工给企业财务部门的清单缺少部分信息,就导致了财务部门具体工作的实际困难。

有时候,还有可能出现别人清楚事情存在问题的原因但自己却不知道。这种工作情况下,员工就需要认真了解问题的现状与产生的原因,认真理解工作对方的管理要求,在诚恳沟通的基础上,说明自己所选择行为的理由,争取能在得到对方理解的基础上,达成彼此之间的有效合作。比如负责产品检验工作的员工,需要向统计部门提供相关的统计数据,但统计部门按照自己的需要,只使用部分数据,并且可能要求检验部门不要呈报某些可能异常的检验数据。但作为检验部门的员工,却认为只要是原始数据,都必须使用,统计工作不能漏掉相关的数据,即使不使用,也要说明具体的理由。在这种情况下,两个部门之间也需要进行工作沟通,解释彼此之间在此问题上的理解偏差,以及自己对数据使用方面的理由,达成双方的理解与默契,并为后续的工作打下良好的基础。

还有一种情况是彼此都对某一种情况产生兴趣,但事务涉及的两个单位或者多个方面都不能很好理解该事务,这时就需要彼此之间进行共同探讨。此时,这种沟通过程可能需要更多的资料准备以及沟通次数,才能达到彼此对需要沟通内容的共同理解,以及需要解决的问题的最终解决。所以,同事之间常规工作内容的沟通,是员工必须面对的沟通过程,处理好与同事之间的工作关系,并理解实际工作中随机遇到的沟通内容,对进一步做好员工的本职工作,具有积极的作用。

4. 与企业外部主体之间的沟通内容

在与企业外部主体的沟通过程中,主要考虑的是那些能让客户、消费者、合作伙伴、供应商等利益相关者得到价值提升的相关内容。外部主体是与那些工作关系相对较为松散的利益相关者,与外部主体沟通的目的主要是为了能够在更为长远的合作过程中获取收益,彼此之间能够在交往中感受到精神愉快轻松,感受到被重视和尊重的满足。

在与客户的沟通过程中,沟通者需要让客户、供应商等都能在与你的交易过程中,得到合适与合理的基本经营收益。如果在交易的中间遇到彼此之间的利益矛盾,要本着尊重、理解的心理和原则进行沟通。这种沟通过程需要能够切实站在对方的立场上考虑问题才行。在一个买方市场中,企业可能在与供应商的关系中占据强势地位,如果此时企业不考虑供应商的利益,对供应商的产品在价格、质量、付款条件等方面提出过分要求,则供应商选择的余地相对就比较小,供应商为了生存的需要甚至会满足企业的很多要求。但如果该市场变为卖方市场,则情况就会出现逆转的结果。因此,与供应商的关系不论在什么情况下,都应该从双赢的角度进行处理。当供应商提供的零部件产品出现质量瑕疵时,不是简单要求退货,而是要与供应商一起分析出现质量问题的原因,通过帮助供应商改进工艺与工作质量,尽量减少供应商的损失,满足自身对零部件的质量要求,达成企业与供应商之间的双赢结果,则企业与供应商之间的长期合作与双赢局面就会出现。

当然,在交易过程中,也可能会碰到一些极端自私的人与主体,但即使面对这样的交往对象,沟通者也需要本着宽容和理解的心态与对方进行交流和沟通。

在与产品消费者之间的沟通中,需要充分考虑到自己提供产品的性能与质量。在现实生活中,因为某些产品信息可能会损害消费者的利益,所以一些产品的生产商就不给消费者提供完全的产品信息,反而是利用不完整的信息内容发布产品广告,即运用报喜不报忧的方式宣传自己的产品,这种现象公众司空见惯,导致了广大消费者对很多企业广告的不信任。

企业经营过程还涉及与政府等行政管理主体之间的业务交往。如何对沟通信息的真伪、内容进行处理,也是企业面临的重要问题之一。企业与政府部门的关系也可以分为多种,比如不仅企业需要政府行政部门的支持,政府也需要企业的工作支持等。企业与政府的沟通内容可以是制度范围的内容、对制度客观解释的内容,以及诚恳交流的内容等。在实际交往与沟通过程时需要注意的是:政府是规范企业行为的管理部门,而且多数的交往情况是企业需要得到政府行政主管部门的支持。所以,企业需要与政府建立良好的交往关系,要尽企业最大的努力,满足政府对企业的要求,并理解政府制度规范的正确性与合理性。

5. 提升自身价值的沟通内容

为了自身的利益增长,也需要选择一些能够增加员工自身价值的问题与他人沟通。比如对那些伤害自身利益的事情要倾诉,对那些可能被误解的问题进行解释和说明,要尽量让利益相关者能够看到自己所做的积极性工作以及取得的成绩。这些沟通内容的选择依据可以是公正与正当的,当然也可以是由其他的依据所决定的。

需要注意的是,与利益相关者的沟通过程中,要避免出现过分自夸的情况。不能不顾事实地夸大自己的能力与成绩。沟通者不能只是看到自己的过人之处,而忽略自己不被人认可的那些不足之处。在企业里也会遇到一些员工自以为是地夸奖自己的情况:某企业的一位副总在做企业销售工作的过程中,曾经为企业的市场开拓做出了突出贡献,而且在行业内也具备很高的知名度,当企业原来的总经理被提升上调后,他很希望被扶正。为此目的,该副总请企业很多部门正职一起吃饭聊天,其间涉及了很多对潜在竞争对象的消极言论,并且认为自己为该企业取得的成绩与贡献极大。显然,在大家一起聊天的过程中,那些被邀请的人是不会对他的说法与观点提出异议的,但过后却有不少人将他的说法告诉了潜在的竞争对象。而且更为遗憾的是,这些消极语言与观点还被某些人传达到了考察候选人的有关部门那里,最终潜在的竞争对象成为了企业的正职。可以想象的是,如果企业后来的正职心胸狭隘的话,该副总的工作就会遇到难以想象的困难。所以说,某些不合时宜的沟通,不仅不能给自己的工作带来益处,甚至可能会降低自己的价值。

还有一个问题是,沟通者要根据选择的沟通内容,确认能解决问题的沟通对象。如果不能准确地确认需要沟通的对象,则沟通过程将无法展开,就不能产生期望的积极后果。还有,如果沟通内容是沟通对象无法或者没有能力解决的问题,则沟通过程与结果也不可能是积极有效的。或者即使沟通对象能够理解自己,该沟通过程也不能解决预期的实际问题。这种沟通过程将是无效的工作过程。

5.1.2　工作业务涉及的沟通内容

企业的实际经营过程与企业所有业务内容之间都存在着联系。不论是企业与外部的利益相关者之间的业务联系,还是企业内部不同部门的实际工作,都是经营过程的组成部分。企业的营销、生产以及供应工作,包括行政管理部门、后勤服务部门等,都与经营过程直接相关。因此,沟通是在所有工作中都要出现的现象与实质内容。为了能够说明沟通与企业经营工作之间的具体关系,下面选择一些基本内容,分析并讨论开展具体管理工作时,选择沟通内容或者沟通信息的相关问题。

1. 企业发展战略制定过程涉及的沟通

企业战略管理工作,主要涉及企业发展战略的制定、实施以及其他相关问题。涉及企业高层管理者之间或者高层与员工之间的沟通过程,但更主要的是企业高层之间的相互沟通以及高层与企业业务部门中层管理者之间的沟通。企业高层需要根据社会环境的状况、经济环境的变化等要素的实际情况,认真分析企业的实际经营状况,并且运用各种战略发展的管理工具,依据自己对企业的运行方向的基本判断,提出企业在产品、技术、市场、规模等方面的设想,并形成企业发展的长远设想。这些设想能否变为现实,就需要管理者依据具体的实际数据进行验算与落实。为此,高层管理者需要与计划管理部门进行具体相关内容方面的沟通,要求他们运用相关知识与工具,通过各种调查、考察、分析等工作,最终制定出企业的发展战略,提出实现战略目标的途径。而计划管理部门的管理者则需要根据编制发展战略的要求,与该部门的具体工作人员、相关部门的业务管理者进行交流,通过收集数据、选择方法,进一步确定企业发展战略方案的制订过程,并最终完成此项工作。

当然,在此过程中还要充分考虑到企业利益相关者的需求以及面临不确定因素时,可能对企业发展产生的相关影响等。

显然,制定战略发展规划的过程中,企业高层与中层管理者之间要进行沟通,还需要与企业广义上的利益关联者进行充分的沟通。比如共同分析企业面临的市场机会与威胁,企业各种内部资源具备的优势与劣势,企业选择确定某种战略发展战略的理由与依据,企业发展目标与实施策略之间的逻辑关系等。而且更重要的是,企业要能够在深入理解企业实际经营情况与变化趋势的条件下,制定具体的经营策略以保证发展战略的实施。

由于涉及这方面问题的沟通内容是广泛和具体的,所以,企业各个层次的相关管理者与部门之间的沟通应该是密切和频繁的。如果没有富有成效的沟通过程,企业制定的发展战略就可能得不到有效落实。沟通的具体内容包括:确定市场机会的依据、企业面临威胁的真实数据、确定企业资源优势的理由等,以及实现战略目标的措施与方案的可行性等。显然,这种沟通应该是细致入微的,同样是理性客观的。

2. 企业管理效果评价方面的沟通

管理活动的主要工作,是按照企业的发展战略与年度经营计划,通过统筹安排企业的各种经济资源,按照经济规律组织企业的经营活动,并理顺企业的经营秩序的过程。在实施经营过程中,企业需要安排和协调不同职能部门的工作内容,协调解决管理实施过程中可能突然出现的一些涉及利益关系、责任范畴、能力分配等不同方面的问题。

企业经营过程中的有关沟通,是围绕如何使管理工作更加有效、管理结果更加良好这个主题开展工作的。因此,选择评价管理效果的评价工具与方法,也是企业日常管理的重要工作内容。

管理活动中需要进行沟通的内容,一般可以划分为两种类型:一是常规性工作,二是例外性工作。对于第一种工作内容,管理者只要按照计划开展工作即可,这些工作属于按部就班的性质。在完成计划性工作任务的过程中,需要的沟通过程不会涉及过多的不确定性问题,主要沟通内容是依据工作规范,要求相关工作人员按照计划、按部就班地处理工作中遇到的相关问题即可。而在第二类工作中,管理活动主要处理的工作是经营计划实施过程中遇到的一些例外性业务问题。这些内容在计划制订过程中是不能提前预计的,或者是无法准确预测的。这些问题并没有出现在企业的工作计划或者预算中,也没有出现在企业的制度管辖范围内。因此,如果这种预测不充分的业务不能顺利开展,就必须在有关责任者之间进行相应的沟通和协调。因为如果这些工作不能按照预期完成,就可能会导致企业的某个责任者或者外部利益相关者的利益受损。所以此时的沟通过程是必须的,只有在有效沟通的基础上,增加彼此之间的理解和支持,才能更好地协调利益相关者之间的利益格局。

在员工平级之间的交往与沟通中,也常会碰到一些难以协商解决的情况,比如涉及一些岗位责任不是很明确的工作内容等。此时就可能需要彼此的上级参与协调解决问题,这些问题同样会涉及员工彼此的责任划分、资源分配与共享关系、业务内容的协作等多方面的相关工作内容。

涉及企业管理效果的沟通内容与关系,可以综合考虑企业组织结构所反映关系中的联系渠道,比如生产与销售、质量检验、设备管理、材料供应、财务核算、人事管理等不同部门之间的关系。在一个企业的实际管理工作中,一个部门的工作与企业其他部门的工作之间存在着必然的联系,但企业管理现实中的情况是,多数企业并没有真正将部门之间的工作关系整理清楚并且具体化。这种情况,常导致企业不同部门之间的利益冲突与日常矛盾。

在评价企业管理效果的指标中,工作计划的完成情况是最为重要的衡量指标。而企业以及各个部门能否按质按量完成企业的经营计划,与企业不同部门之间的配合、不同员工之间的合作过程关系密切。通过协调沟通工作,可以在一定程度上缓解计划完成工作中面临的消极影响因素。因此,能够及时发现工作中存在的常规性与例外性问题,找到沟通所需要的关键话题,对员工之间更好地相互工作配合结果,具有积极的影响与作用。

3. 管理制度制定过程中的沟通

在管理活动中,各种工作岗位的责任都是由企业的各种管理制度所决定的。工作岗位责任是企业各类工作人员开展实际工作的基本依据。如何在制度里给员工制订清晰、明确的工作责任,对员工工作的行为便利性,对实现企业的经营目标都具备极为重要的指导意义与价值。因此,在制定管理制度的时候,需要考虑各种管理制度本身的客观性和有效性。根据管理的基本与客观要求,设计各种管理制度的具体内容。

企业管理制度的内容包括:岗位程序与责任、工作态度与规则、经营资料与统计、各种工作岗位的定额标准、岗位绩效评价等。现在的管理制度还包括薪酬分配、生产安全管理条例、制度完善与规定等。管理制度制定过程中的沟通活动包括:制度制定者与制度遵守者之间的知会性沟通,制度制定者相互之间的协调性沟通,制度执行与遵守过程中制度内容与实际工作之间的差异原因沟通,以及责任划分的理由与原则等方面的沟通等。

在制订企业的工作岗位职责时,要考虑企业战略与资源综合运用过程中,不同岗位对企业经营目标的贡献点问题。具体工作岗位与企业经营目标以及战略目标之间,应该存在直接或者间接的逻辑关系。一个责任岗位的工作人员应该清楚地知道,自己所做工作与企业经营目标之间的关系是什么。也就是说,要明确某个岗位的确切工作责任,而不能是含混其词、似是而非地界定一个岗位的责任。如果某项工作的岗位责任不清晰,则不论管理过程还是履行岗位职责的过程都可能出现不清晰的地方,造成不同岗位之间的彼此矛盾。

企业经营过程中各种资料的准确与及时统计,是反映企业经营状况的需要。这些具体经营资料的收集与整理,对分析企业的经营状况,支持企业的管理决策,决定企业未来的经营策略,规划企业的发展规划等,都具有很重要的意义。因此,在制定企业的统计制度,设计企业的统计程序,制订统计内容、统计程序、统计规则、统计形式等工作的时候,都需要与相关专业人员进行沟通,以便这些工作的结果能够成为企业进一步发展的重要依据。

在各种工作定额的制订过程中,同样需要与利益相关者进行必要沟通。否则,该定额的执行过程就可能出现不必要的麻烦。比如,如果工作定额过高,员工在极为努力的情况下也不能完成工作任务,就会导致员工的利益受到损害,进而损害员工的工作积极性,并最终对企业的经营造成消极影响。而如果企业的工作定额过低,则企业的利益就会受到损失,因此,需要考虑员工能力状况、企业需要等不同因素,确定合适的工作定额的基本标准。再者,如果同一个企业中,不能对不同岗位之间的工作强度、危险性、复杂性、责任大小等因素进行综合的科学考量,而只是简单地制订工作定额时,还会造成不同岗位责任者的不满与认识上的混乱,伤害企业的经营活动秩序。

在企业管理实践中,公司员工的工作也常常会碰到一些涉及管理制度问题的烦扰。比如按照管理程序开展工作的时候,有些不够负责任的员工会利用管理制度的不完备性,对工作进行推诿,造成其他相关岗位员工的工作困惑。有些岗位的工作内容可能涉及两个或者多个单位的责任,但没有既定的制度对这些工作进行细致划分,导致多个相关单位之间的配合与协调出现障碍等。这种情况下,工作效率就可能降低。因此,在制定企业的工作制度的时候,制度订定者要深入了解基层的工作内容,利用各种工作与方法确定具体工作的影响因素,使得制定的工作制度具备更强的适应性。在实际工作中,由于员工不愿意更多地对已有制度提出异议,可能导致似乎合理的管理制度不能有效指导工作,而且该制度也不能得到及时更新,这些都是造成某些管理制度的效果存在缺憾的具体原因。

再者,如果某项管理制度不能涵盖某些特殊的工作内容,则实际工作过程中就可能会存在一些不确定性状况,导致主体之间出现更多的沟通工作与内容。尽管沟通可能会产生一定的积极作用,但过多的沟通过程也可能会造成工作效率的降低,并且影响到实际工作的顺利进行。比如,某企业的调度人员曾经说,他们部门在一天的时间里,曾经接过600多个需要协调工作衔接关系的电话,而这些电话的内容实际上有很大比例是无关紧要的。但因为没有相应的制度能够明确解决问题的规定,所以,人们需要通过对调度的咨询,去确认这些事情的解决办法。显然,这种现象导致了企业调度部门工作效率的下降和企业管理资源的浪费。再者,企业主管部门故意对某些政策不做明确说明,导致员工与部门之间的询问电话增加,造成管理资源浪费,并造成了工作进行过程中的许多不必要的误解出现。

4. 工作中的日常沟通

企业发展战略制定之后,企业各个部门按照企业的工作计划或者全面预算内容开展各自的工作。在实际工作中,尽管不同部门的工作责任是相对明确的,但不同部门之间仍然存在一定的协作需求。例如,生产部门就要求供应部门能够按照约定时间、数量、规格与质量要求,提供符合满足要求的原材料与零部件。如果供应部门在工作中遇到一些不可预见的问题,就有可能无法及时提供这些材料。同样,供应部门提供的材料等也可能因为不能满足实际生产需要,而导致生产过程不能顺利进行。此时生产部门就需要与供应部门进行必要的沟通,了解供应部门在供应过程中存在的困难。因为任何严密的计划都可能存在疏漏的地方,所以这种沟通在实际中将是必需的工作。还有,生产部门与企业的销售部门、技术部门、设备管理部门、安全管理部门以及企业管理部门都存在彼此之间沟通的必要性。

另外,企业的一些制度在实施过程中,也存在着不适用的地方。比如,某企业在制订对销售部门的考核指标过程中,以"以销定产"的思路为基本原则,规定生产部门的生产过程必须依据销售部门的订单安排生产。当产品完成后进入企业的成品库之后,这些产品即归属于销售部门所有,产品占用的成品资金所产生的资金费用随即开始由销售部门承担。选择这种做法的初衷,可以有效抑制销售部门不按照市场需求、随意要求生产产品并形成企业财务费用偏高的现象,不能说不是一项有效的措施。但由于该企业的产品属于季节性消费类型,其销售旺期在每年的 6月以后,在产品的销售旺期,企业的生产能力不能满足销售需求,销售部门为了企业的市场份额与企业的发展,需要在销售淡季储存一定的成品待销,所以就需要在淡季生产产品。但是矛盾也会伴随着成品储备出现。因为储备产成品,要占用企业的流动资金,销售部门必须付出高额的资金占用费。尽管旺季销售可能会给销售部门带来一定的奖励,但该奖励数额却远远低于企业给予的资金占用费。在这种情况下,销售部门为了企业发展而在淡季储备产成品的做法,实际上伤害了销售部门自身的经济利益。因此,执行该制度的直接后果就是导致销售部门的不满情绪。

显然,企业这种管理产成品的方法是存在问题的。面对这种境况,企业的销售部门就需要与企业的制度制定者或者考核部门进行沟通,结合企业的政策与企业的管理效果,建议企业调整相关的考核办法。

工作过程中,两个部门之间的利益冲突,也需要彼此之间进行工作沟通,通过协商的方式解决两个部门之间的利益关系。有个企业的员工曾经叙述过这样一件事情:甲部门希望乙部门能够按照甲部门的工作要求开展工作,这样甲部门的工作方便性就可以得到很大提高,还可以提高工作的稳定性以及安全性。但乙部门认为这样做,就会影响该部门的生产成本并浪费人力,并且认为甲部门的要求并没有考虑到乙部门的实际情况和实际要求。因此,两个部门之间产生了实际上的工作矛盾。但该矛盾的解决却没有企业管理制度的支持,从而导致了彼此的误解。显然,如果两个部门之间能够从彼此的利益增长角度讨论问题的解决办法,能从企业发展的共同出发点考虑问题,则问题的解决并非很困难。

在经营过程中,部门之间、部门与企业之间、部门内部员工之间经常会出现这些方面的利益矛盾,也就是说,日常工作中存在大量事由,需要通过沟通过程予以解决。在实际工作中,利益关系无处不在。企业需要通过沟通活动解决这些类型的问题,并促进彼此之间的利益平衡。实际上,还有一种为解决企业利益增长问题而进行合作和沟通的工作,比如讨论产品的改进、加工方法的调整、营销策略的完善等事宜引起的沟通工作等。因此,选择一种积极主动的方式与心态进行沟通也是必要的。

5.2　工作关系中的沟通内容选择

在实际工作中,多数是企业依据直线职能组织结构,设立了层级分明的管理关系。在组织架构中形成了企业高层、中层、基层等多个层级的工作隶属关系。企业为了工作顺利而开展管理工作,企业不同层级管理人员之间存在并形成了清晰的工作关联性。不同岗位之间的协作与管理关系,要求彼此之间进行必需的工作沟通过程。显然,能够准确选择彼此之间的沟通信息,是完成协作关系的重要基础工作。

5.2.1　企业高层之间

企业高层之间的关系,是指企业经理与副经理,以及副经理之间的工作关系。他们之间的沟通内容,主要涉及企业经营战略制定、企业与外界的关系处理、企业大政方针涉及的财务管理、人力资源管理等方面的内容。

高层之间的沟通信息选择,主要涉及企业对外部环境的判断、对企业内部资源的分析以及用人政策、奖惩制度、绩效考核原则等问题。企业高层管理者需要共同讨论社会环境对企业产品市场的影响、企业发展与社会政治经济环境的关系、企业与这些重要影响因素相关的一些内部资料、企业所在行业有关的相关信息、企业主要工作人员对这些资料的基本看法等问题。在实际管理过程中,企业副经理是经理管理责任的代理者,他们负责代替经理履行某些业务领域的管理职责。因此,经理主要提出自己对某项工作的建议与要求,而副经理则主要是向经理汇报自己对完成某项工作的观点与管理倾向,提出需要企业经理协作的事项等。

企业经理与副经理之间沟通的信息,是共同分析这些资料对企业发展的影响程度的判断与各自的观点,以及在实际工作中运用这些资料的指导意见等。通过对企业的一些具体经营资料的分析与商讨结果,确定出企业进一步发展的倾向性工作方案。而企业副经理之间的沟通内容,主要是讨论各自所负责部门之间的协调工作,是共同协商彼此所负责部门之间的工作,进一步提高部门协作水平的各种测试与方案。副经理之间无法达成一致的工作,将需要经理进行协调。

在企业高层管理者之间的沟通过程中,体现的是一种理智与客观的态度,沟通过程需要的是理性与坦诚的态度,反映的是客观性与眼光、远见等特征。至少可以说,沟通过程的有关资料,必须是真实、客观以及涉及企业重要经营工作的内容。再者,企业高层的分工协作,也可能会造成彼此对某些工作的观点不一致,比如某个副经理的业务内容,就可能是另外一个副经理不清楚的领域。对某些工作的判断与决断,有时还需要进一步深入了解自己不熟悉的工作内容等。在这种情况下,就可能需要高层管理者彼此之间的客观与理性沟通。如果高层管理者之间对问题的看法不一致,或者彼此之间不能同心同德地工作,则最后解决矛盾时就会出现一些不必要的麻烦。当然,如果副经理不能把工作中真实存在的不足,甚至包括员工的不满意等内容客观地告知企业经理,也会对企业经理的决策与管理思路造成不应有的缺憾。在企业实际工作中,当企业经理各个方面的表现比较强势的时候,副经理不愿意汇报消极工作内容的现象还是比较常见的。在这个意义上讲,不仅高层管理者之间沟通所涉及的内容很重要,彼此对沟通观点与倾向的充分理解也很重要。

5.2.2　企业高层与中层之间

为了能够使企业的经营过程顺畅有效,企业高层管理者需要与中层管理者进行必要的管理沟通。高层管理者需要向中层管理者详细了解企业的一些具体工作现状,了解企业的资源运用状况,以及企业在实际管理工作中面临的实际具体问题,还需要与企业的中层管理者一起讨论管理对策等相关内容。高层与中层管理者的这些探讨,是企业高层管理者管理设想的具体化过程,也是对职能部门的具体工作人员的尊重。显然,中层与高层管理者之间的沟通基础,是高层管理者对企业发展方向的选择,以及中层管理人员对企业的具体工作细节的准确把握。

企业中层管理者需要给高层提供的资料包括:财务、供应、生产、销售、技术、市场、设计、设备、能源、后勤、人事、企管、安全等多个方面的工作现状与可能的趋势。但具体资料的详细程度,是与企业管理工作的要求、侧重点等具体内容存在关系的。因此,企业高层与管理层之间的沟通信息选择,与高层管理者的大局观、中层管理者贯彻企业整体管理意图的能力之间存在密切关系。再者,中层管理者甚至部门副经理对基层员工的工作能力与工作状态,包括对企业管理制度的认识与看法等,也是中层管理者向上级管理者沟通的内容之一。在实际管理工作中这部分工作经常处于半失控状态。经常可以看到的事实是,中层管理者常常不愿意或者不能针对企业的管理现状,向上级管理者提供真实的信息情况。

在现实生活中,经常可以看到企业高层管理者临时把某一位中层管理者叫到自己的办公室,或是询问某项工作的进展情况,或者谈论自己对某件事情的看法并征求对方的观点,或者指示该中层管理者如何处理某件事情等。而中层管理者寻找高层管理者时,则多是汇报某件事情的情况,叙述遇到的一些问题,或者是请示对某件事情的处理意见。

企业高层与中层管理者之间沟通的内容,绝大多数是与工作内容相关的事项。而且处理工作问题的思路、方法、形式也是以高层管理者的意见为主的。由于企业工作涉及的内容繁多,工作方式多样,所以很难对他们之间的沟通内容做出具体界定。

5.2.3　管理者与基层员工之间

现场管理是企业工作的主要内容。现场管理涉及企业几乎所有的业务内容。在现场管理工作中,员工之间,中层管理者与员工之间存在大量的沟通关系。按照等级管理的要求,企业的基层员工与高层管理者之间不应该存在直接工作关系,但实际工作过程中,跨级管理的现象是随处存在的。

管理者面对基层员工的工作现状,以及表现出来的工作态度、方式、效果等内容,对员工的工作进行评价和指导,同样,员工根据实际工作中出现的问题,选择向管理者提出建议与意见等行为,也是常规性的工作内容。

在实际工作中,管理者指点员工行为的事情不是很多,更多的是给员工分配工作,告诉员工具体的工作要求。企业基层员工究竟如何进行工作,在多数情况下是员工自己可以决定的。员工主动与上级领导交流的内容,也同样是询问自己不是很清楚的那些工作内容,或者是反映自己对管理政策与方式的不同意见等。在一些技术含量比较高的工作中,如果管理者不属于技术能力比较强的人,则他们与具体员工的沟通内容涉及工作方式、工作质量包括工作效率方面的内容就可能相对较多。

按照这样的说法,中层管理者或者部门管理者与下属员工交流的内容应该是比较简单的,基本上也都是属于工作与业务范围之内的事情。在与员工交往的过程中,选择那些能够帮助员工的内容与之交流,采用让员工感觉温馨的方式与之交流,减少批评、增加关心的交流方式可能会对沟通过程的效果产生更好的积极影响。

5.3　工作业务沟通与内容选择

企业业务繁杂,涉及面宽。要根据改善不同业务工作质量的要求,对沟通内容进行筛选与确定,才能对保证企业经营目标产生积极影响。

5.3.1　改善现有工作状况的沟通内容

日常工作中,不同职能部门都有自身的特殊工作责任。企业的供应部门需要按照经营内容,在适当的时间,使用适量的资金,为需要物资的部门提供特定数量、质量与价格要求的物资保障,从而为实现企业的经营目标做出自身的努力。所以,供应部门的沟通者要了解企业需要材料的部门对各种物资的实际需求信息,需要进一步掌握对方所需求信息的准确内容,数量、质量、规格、时间点,还需要知道财务部门的资金限制等。如果材料需求部门不能准确提供需求的信息,或者企业对供应部门的约束要求不明确,就很难保证该部门的工作质量。而对于财务管理部门,它需要了解企业各种活动资金的动态需求情况,需要知道各种资源的实际状况,从而能够在准确及时反映企业实际经营状态的基础上,与资金需求者进行沟通,以便为业务部门提供更有效的决策信息。企业行政管理部门要具备良好的服务意识,提升自身的管理水平。

了解不同工作内容的特点,理解提升工作质量的要点,明确需要沟通的内容,是选择沟通点的重要基础工作。各个部门之间的信息交流是企业正常经营活动的需要,企业各个部门要能够明确本部门的信息需求重点,能够准确地给其他部门提供本部门的信息需求,以便于其他部门能根据本部门的需求情况进行工作准备。通过这种协调,就可以在一定程度上提升不同部门之间的配合水平。需要注意的是,要以尽量规范的方式组织这些用于工作沟通的信息,以保证使用这些信息的便利性和规范性,减少因为信息内容不清而造成的工作障碍。

5.3.2　支持管理工作过程的沟通内容

企业工作过程中,员工需要使用多种数据表格规划、计划企业的管理工作,或者记录企业的工作结果。这些数据表格中包含的内容可以是工作预算、工作记录,可以是汇总的各种数据,也可以是反映分析过程与分析结果的数据。这些数据可以是原始状态的,也可以是处理之后的;可以是反映工作现状的初步信息,也可以结构化或信息化后的结果。通过对管理数据进行程序化和结构优化处理,使处理后的信息结果满足实际工作的特定要求,是一个比较复杂的工作过程。

在企业工作的管理人员都会面对一些数据表格,但这些表格中的许多数据却可能与自己希望改善实际工作效果的愿望存在不一致的地方,表格中的许多数据与信息内容并不能为改善或改进工作的初衷产生积极作用。管理者都知道,自己面对的很多数据或者信息是没有管理价值的。因此,能够对现有的信息处理系统进行改进研究,是很重要的事情。比如,管理者应该知道企业不同职能部门究竟需要什么数据?具体岗位应该处理的数据是什么?哪些数据可以帮助部门领导或者企业领导用于改进企业的管理效果等。在某次设计企业信息系统工作中,就曾遇到过这个方面的具体问题。即:当时的课题组很难确定企业不同岗位管理人员的准确信息需求。为了做好此项信息选择与优化工作,课题组成员曾经与企业实际管理人员、高层管理者做过实际交流与沟通,但不同的沟通对象都无法给出肯定性的答复。人们已经习惯于面对日常工作中所看到的数据表格里中的各种管理信息,但还真没有思考过究竟哪些信息对改善工作效果的作用更大。为此,笔者曾经咨询过其他企业的管理者,也没有得到准确的答复,多数人认为生产、销售、资金、机会方面的数据与信息对管理者最为重要。但即使是这样的,这几个词汇并非能够同时出现在一张表格中,管理者只能在众多数据表格,根据自己的感觉与要求筛选满足实际需要的管理信息内容。

为了能够更好地满足管理过程的实际需要,使得管理过程中的沟通更为有效,开展有效信息的选择过程是很必要的。做好此项工作,就需要岗位责任人能够真实、深入了解企业管理过程的运作原理,以及数据与信息产生作用的机理。可以设想在企业中设置一个专职管理岗位,专门研究企业的信息工作。

实际上,企业中的现有的信息管理部门所做的工作仅仅是将人工的信息处理为电算化的部门。它们并没有很好地分析那些反映企业实际状况的信息内容与信息流程,在信息优化方面的工作可以说还是比较简单的。因此,深入分析管理信息之间的关系,分析不同信息的作用与价值可能是搞好企业信息管理工作的一个很重要的切入点,也是改善管理工作中的沟通效果的基础内容之一。

5.3.3　改进管理制度建设的沟通内容

尽量避免在工作中处理那些没有价值的沟通内容,避免不同部门之间的垃圾信息传递与处理过程,避免人们在工作中的无谓信息处理工作,避免人们在交流中涉及与工作责任无关的信息处理活动。这对管理工作信息的过滤、重新选择,包括重新设计有效管理信息的结构模式,以及对支持沟通有效性工作都具有直接作用。

在企业管理工作中,存在许多没有实际经济与管理价值的活动。对其他部门工作的抱怨,对其他员工工作内容以及工作方式的不满等,不同组织下达的一些例行性文件,召开一些内容不多或者不明确的例会等,都可能成为企业沟通活动的主题。显然,这些价值不大的活动的出现,与管理者对自身工作内容的理解不深入是存在关系的。比如,有些工作人员不清楚自己所从事工作与他人工作之间的关系,也不清楚自己的工作责任究竟与哪些部门、哪些员工的工作内容之间存在联系,不明白做好自己的工作究竟需要如何与他人进行配合,自己的哪些责任内容能够为企业正常经营产生作用,是如何产生作用的等。这些情况的存在,对企业管理效率提高、管理效果改善必然产生消极影响。因此,强化和细化实际管理过程,对改进沟通效果也具备重要的支撑意义。

能够重新认识企业工作中的现存问题,进一步分析现存工作体系的责任划分,明确不同岗位的责任内容,明确不同工作岗位与企业经营目标之间的关联性,对岗位责任人与他人的沟通而言是重要的,而且是很难的。进一步讲,岗位责任人还要知道自己对他人的要求是否有价值,知道自己能够为别人改善工作质量提供哪些帮助,这可能是更重要的。比如,企业管理部门的员工不仅制定企业的发展规划和管理策略,确定企业对业务部门的绩效考核程序与标准,该部门还应该明白企业不同部门做好自身工作的切入点在哪里,明确这些部门与其他部门之间的关联性,愿意并实际帮助这些部门的工作,使得他们的工作更为有效。

通过改善本单位工作的有效性,选择一些能够帮助其他部门的沟通内容或信息,而不是随意地要求别人提供信息,或者为其他部门提供一些不必要或者没有价值的信息,也是评价沟通工作有效性的指标之一。在实际管理工作中,能够避免那些给别人的工作带来麻烦而不产生积极影响的沟通内容,是沟通者在沟通准备阶段需要注意的重要问题。信息交流与沟通过程的价值特点,不仅体现在沟通过程对自己的价值方面,还可以体现在该过程对改善其他岗位工作效果与效率的贡献方面。

5.3.4　拒绝不产生效果的沟通内容

在分析企业信息管理的实际工作中,可以很清楚地看到一些现象。有些企业的制度制订者不能很好地理解企业不同部门的业务关系与信息关系。只是从表面现象,或者从基本理论概念上了解粗略知道不同部门之间的可能关系,故他们制定出的管理制度就可能导致部门之间责任关系的不协调,以及产生不必要的利益矛盾。如果从利益关系出发,不能较为充分地考虑到不同部门的责任与业务特点,很可能导致制度在执行过程中出现不必要的矛盾。比如,有些企业的制度在执行过程中无法解决不同部门之间的利益关系,就导致该企业在管理中不得不经常出台一些补充规定,用以完善制度有效性。当然,在制度制定过程中,由于责任者不能正确对待,也导致一些部门不重视这个过程的严肃性,而是在执行过程中发现问题才提出来,从而使得制度的管理工作在一定程度上出现了不能有效进行的后果。

再者,信息处理过程与制度实施过程可能会受到一些无法预测的事件的干扰。这些干扰因素应该属于不确定因素。提前预计这些不确定因素在制度执行过程中出现的位置和条件,也是保证制度与管理活动有效性的重要内容。这项工作的开展,似乎还没有得到必要的重视。干扰事件与信息衰减,结果的不确定性与环境变化等,都可能造成问题的出现。这些问题最终都成了无效沟通的诱因。

5.3.5 避免导致矛盾的沟通内容

避免沟通过程的消极影响,也是开展沟通活动需要注意的一个很重要的问题。在实际管理过程中,进行彼此沟通的两个责任主体,有可能会因为选择沟通内容不当而产生不必要的矛盾。理解这个问题的出发点,也是要看人们喜欢听到什么事情、什么话语,习惯什么样的沟通方式等。首先,人们期望自身利益得到增长,收入增加;希望沟通过程能增加自己生活的便利性,比如工作和行为更加自由和随意;希望得到别人的认可和尊重,不愿意受到别人的批评和否定。在这些要素中,沟通内容应该是导致后续结果的主要因素,因为如果一件事情对对方是有益的,被沟通者多数不会感觉到不爽的。

在沟通过程中,对于彼此不能够很快达成共识的事情,可以考虑换个角度,用一种新思维重新进行思考。许多事情的结果不是一成不变的,随着时间的延续,很多当时是比较棘手的问题,对未来可能就不是问题。因此,如何淡化迫在眉睫的工作矛盾是需要智慧的。对于工作中的某些问题或者困难,在暂时找不到明确有效的具体解决办法之前,都可以滞后再寻找解决问题的办法,而不需要一定即时解决。也就是说,在解决问题的过程中,需要选择那些有益于解决问题的沟通切入点、信息表述方式,至少不能因为选择的沟通信息不妥当而导致不仅问题未解决反而加剧了矛盾的结果。

沟通者的语气、表达方式等也属于沟通信息的组成部分。沟通过程中不能让对方体会到被轻视的感受。现实生活中,不论是企业的领导还是普通员工,或者同级别同事之间,都存在工作与理解能力方面的实际差异。在彼此之间的交流与沟通过程中,训斥和轻蔑的语言或者行为、暗示都能导致对方的不满与抵制。尊重对方的行为,是双方达成彼此理解并能解决实际问题的很重要因素。对于那些要求对方必须无条件接受的要求,也要有理有据地耐心解释与说明,比如要求对方按照某项制度的要求开展工作,就需要用制度中的具体条款支撑。即使这样,沟通过程也要能够选择尊重的语气或者词汇。

某些员工可能不具备很强的工作能力,但他们的工作态度与结果却是能够满足基本要求的。对这些在工作中无创新思维、无超群能力的员工,可以对他们提出更高的要求,或者经常在某些方面鼓励他们。而对那些喜欢投机取巧、应付责任、被动工作的员工,则要选择他们能够接受的方式进行劝导,而不能采取生硬的态度或者行为。因为选择批评的方式不仅不能改善这些员工的工作效果,反而可能使事情的发展结果更加不尽如人意。或者说,批评、否定、轻视等沟通更可能导致产生一些不尽如人意的工作结果。

5.4　管理制度沟通与内容选择

企业管理过程中,重要的管理工具就是企业的各项管理制度。企业的管理制度确定了各类员工需要遵守的工作规则。在制度制定、执行、完善等环节中,管理者与被管理者之间的沟通依据就是尽量使制度能产生更有效的结果。

5.4.1　制度制定过程中的沟通内容

制度制定是企业管理工作的基础。在一定程度上讲,制度是企业绝大多数管理工作的依据,制度就是规范员工行为的根本。因此,为企业制定合适的管理制度,在一定程度上可以解决企业各种工作行为的规范性问题,可以为员工的工作过程提供重要的参考标准。

在实际的管理工作中,不少企业还不能够制定出完全符合企业管理要求的管理制度。或者说企业的不同制度之间也可能出现一些意想不到的矛盾,或者说现有制度可能会使得企业利益与员工个人利益之间出现矛盾,甚至使不同部门之间的利益关系产生矛盾。这些因为管理制度而导致的问题,不仅会造成员工行为选择依据性不强,还会导致不能很好协调员工彼此之间工作的消极结果;另外,由于一些员工不理解制度的制定原则与过程,也会消极地影响管理制度的完善过程。企业大量工作实践说明,企业中存在着不少不全面、不理性的管理制度,常常会导致不同责任或者利益主体之间的矛盾。

为了解决此类问题,企业需要选择一些具备管理基础知识、深入理解管理内涵、熟悉企业管理要求,并且具备积极进取、锐意创新的管理人员,尽量制定出便于运用、可以有效规范员工行为的管理制度与操作策略。

一般而言,管理制度的制定过程需要诸多利益相关方进行充分的协商和研究,力求使管理制度能够在其工作中起到实际指导作用。但制定制度的指导思想被理解的深度,制度制定者的理论水平与实践能力、制度制定过程的被重视程度等,都可能造成制度执行过程中的相关问题。因此,在制度制定过程中,制度的制定者要与利益相关方进行充分的沟通,要对制度涉及的工作要点进行充分的分析与研究,充分听取利益相关者的意见与建议。企业制定出的管理制度不仅要满足企业的管理需求,还要尽量满足操作需要,成文的制度还不能与现有制度之间产生不必要的冲突与矛盾。制定的管理制度要尽量满足短期与长期管理需要,使得管理制度能真正成为各项工作的依据与标准。

5.4.2　制度执行中偏差纠正的沟通内容

随着环境的变化,一些信息在运用过程中的条件因素可能发生变化,从而导致信息产生作用的条件发生变化。即使是企业中已经制定完成的一些管理制度,如果不能随着环境条件的变化而进行调整,则制度的持续运用就会出现不适应实际需要的情况。因此,一些企业在工作过程中,会经常性地调整一些制度的原有内容,制订临时性的补充规定。其中包括资金使用、产品的生产计划、销售奖励政策等。

这些情况的实际存在,说明计划执行过程中必然存在着一些不确定因素,这些因素对于计划执行过程而言,部分内容是可以控制的,也有一部分内容是无法预测和控制的。管理者很难预测这些不可控因素所产生的影响。因此,能够解决问题的思路,可能是调整计划中的一些内容。也就是调整相应的信息的内容,最终使得计划具备适应性。同样道理,企业的预算管理也具备相同的属性特征。

在管理过程中,还有一些制度规定的内容是不能明确的。这些内容只有在遇到实际问题时才能明确其中的内涵。比如,企业不同职能部门之间存在必然的联系。但不同部门之间究竟存在哪些必需的沟通内容,制度中如何规定不同部门之间的业务关系,这实际上是很难确定的。笔者在企业制度中几乎没有看到过企业所设定的这种部门关系。经常面临的现状是当出现需要不同部门共同解决问题的时候,才需要临时构建不同部门之间的关系,需要临时明确彼此的责任。这种情况下责任部门之间的沟通内容将是随机的。在日常工作中,经常看到的所谓采用现场会的方式解决某个问题的过程,就是这种状况的实际反映。

管理制度的执行过程中,可能会出现各种不协调与偏差。这种状况可以造成工作效率下降。比如,全面预算执行过程中,因为制定预算的程序差异、选择预算编制方法等原因,就可能导致预算结果无法得到有效执行,并在预算与实际结果之间产生差异;在产品制造成本的控制过程中,由于标准成本或计划成本确定过程的不科学,也可能导致许多实际偏差的出现;尽管管理制度应该是有效的或者科学的,但偏差的出现却是必然的。因为标准的制定过程不可能是确定的,计划涉及的内容是在未来出现的,所以导致偏差产生的原因,可能存在很多解释:标准制定者会认为是执行者工作不够规范造成了差异产生,而实际工作者可能会认为是标准制定的不科学而造成了差异的出现。所处的位置不同,考虑问题的角度不同,就会导致不同部门的员工对问题的认识偏差。针对此问题的解释或者责任划分,彼此之间的负责任的沟通过程就显得很有必要了。

涉及制度执行结果的沟通,很可能会牵扯到企业不少部门的具体工作。假设是因为产品制造成本问题而产生看法不一致,此事情就可能涉及供应部门提供的材料质量、材料规格、材料价格,涉及生产部门员工的操作方式、操作者的技术水平、设备精度的问题,涉及工艺部门的工艺方案的科学与否,涉及技术部门的产品设计等因素。这些部门的工作质量与产品成本之间都存在关联性,而任何部门的工作出现偏差,也都可能影响其他相关部门的工作效果。如果不同部门都希望推卸自己的责任,则要能够真正找出导致产品制造成本产生偏差的真正原因,必然是很困难的事情。

只有在沟通双方都认可的情况下,所沟通的内容才可能是明确的。在动态管理中,可能需要改变或者调整不同部门之间的经验性关系,才能具备对后续工作关系的参考价值。或者说,部门之间的沟通内容根据工作内容的变化,需要逐步积累和总结,并不存在固定不变的沟通关系。也就是说,在部门之间的关联方面,需要运用特定的方法,单纯地规定彼此之间的关系来确定内容几乎是不可能的。

在制度管理中还要认真考虑岗位责任的可控性问题。一些企业用财务费用率考核财务部门的工作质量。这种考核方式看起来是有理由的。但这种考核办法却是存在明显缺陷的。因为被考核对象很难通过自己的努力影响这些比率所涉及数据的形成过程。比如,财务费用主要是企业的利息支出,但财务部门并不能控制企业资金的使用领域、规模等;也就是说,管理制度本身,就是存在缺陷的。针对此类问题的沟通过程,需要多个部门之间的真诚交流,而不仅仅是如何划分责任的事情。在控制工作偏差的过程中,各个部门都需要选择一种积极进取的精神与真诚的合作态度,共同商讨解决问题的思路。如果仅仅是强调惩罚过程,将会对真正解决问题产生消极影响。

综上所述,管理过程中的沟通依据是需要调整的。对沟通内容的组织需要依据实际需求进行动态调整和改进。沟通信息的内容不应该也不能固定不变。

5.4.3　解决例外性问题的沟通内容

在企业经营过程中,多数业务工作是按部就班开展的。员工依循明确的规则和准则安排和实施自己的工作过程。但制度只能涵盖企业工作中的一些常规性的工作内容。对于实际工作中遇到的很多不确定因素,管理制度不能全面地覆盖。这种状况势必导致许多问题无法用制度进行管理。有些企业领导认为,他们在工作中可能在用更多的时间处理一些"例外性"问题,而不是制度涉及的常规性管理问题。由于这些"例外性"问题在以前工作中没有或者很少遇到过,所以如何处理这些问题,需要与多方面的利益相关者进行交流和沟通。而这些沟通在一定程度上属于有创新意义的工作内容,需要在处理问题中解决矛盾,并可能需要重新安排以前形成的某些利益格局。比如处理"例外性"问题可能导致有些主体的利益会受到消极影响,而另外一些利益主体的利益可能得到增长的机会等。

解决"例外性"问题的过程可能需要用到很多管理知识与理念,需要结合企业的实际管理需要,以企业的短期和长期利益的均衡等为基础,选择具备可行性效果的办法与策略。任何简单化的处理方式,都可能为企业未来的管理工作留下隐患,造成消极影响。

"例外性"问题可以在企业内部管理工作中遇到,也可以在处理企业与外部的关系中遇到。比如企业管理中会涉及组织变革、构建新型管理关系等事项。也会涉及开展某些新型工作业务等。但总体上讲，企业内部管理工作中出现的"例外性"问题相对还是相对比较少的。一般而言，只要是企业内部管理中出现的问题，总归都有较为容易的办法去处理。曾经有一个企业领导说过他处理此类问题的思路与方式，他认为企业领导的主要精力都是用于处理"例外性"问题的。

实例：在企业的一次经理办公会上，企业的人力资源部提出讨论对某位员工除名的议题。该领导没有同意在会上就事论事地讨论此问题，而是询问人力资源部主管，针对该员工的违纪情况，企业是否存在相应的管理制度。如果企业管理制度中没有针对此情况的处理办法，则可以专门讨论制定管理制度的议题；如果现有制度的实施过程中存在不足之处，也可以讨论修订现有制度的问题；如果企业已经拥有成熟完善的管理制度，则人力资源部门秩序按照制度处理此事即可。

企业中层管理者寻求高层管理者的帮助时，我们可以尝试遵循以下原则：一个部门在工作中遇到困难时，首先要分析问题的本质然后想办法解决此问题，在本部门能力范围内无解决和处理问题时，才能寻找上级领导的帮助；如果解决问题过程涉及与其他部门的工作关系，且管理制度中也没有明确处理彼此关系的办法，该部门主管要先与对方部门的领导进行联系和沟通。如果还找不到解决问题的办法，才能寻求上级的帮助。不论哪种情况，只要是寻求上级领导的帮助，都要提前明确寻找企业高层管理者帮助的目的以及需要领导帮助解决问题的要点。只有这样，沟通过程才能简捷有效。

在与外界的联系中，涉及的事情随机性比较大，面临的不确定因素也更多。企业的各个部门都会遇到与外界沟通的问题。

5.5　价值观念沟通与内容选择

在企业经营过程中，因为出发点不同，企业的经营理念与员工的工作理念之间必然存在差异。实际上，企业高层的经营理念在很大程度上反映了企业的经营理念与方式选择。在这种情况下，员工在保持自己的工作理念与价值观的基础上，必须以企业的经营理念为行为准则。当然，当企业理念与员工的理念之间存在差异时，员工也会对企业的行为理念发表自己的观点。员工对企业的价值观的讨论，可以是同事之间的，也可以是员工与组织之间的共同讨论。比如有的员工认为自己是德才兼备的，但自己的价值观念却与企业领导的价值观念存在不一致的地方。这个时候，存在两种情况，其一是员工的理念存在问题，其二是企业的价值观存在问题，当然也可能仅仅是彼此理念大同小异，但因为沟通不畅，导致认识上的差异，最终造成理念的矛盾。

比如，员工对"德"的观念与企业对"德"的认识可能是不一样的，企业宣扬的"德"的概念与企业实际行为上表现的"德"的概念也可能是不一样的。所以，如果员工不能真正理解企业对"德"的认知，就必然会出现观念上的混乱。实际上，在面对认知差异这个问题上，员工只有两种选择：要么接受并服从企业的价值观念，或者离开这个企业另外选择一家你认为与你的价值理念一致的企业。作为一个员工是很难改变企业的价值理念的。即使你不满意企业的理念，你也不可能改变它，所以员工没有任何必要去批评企业的理念，只能建设性地提出自己的看法，与企业进行彼此交流和沟通才是解决问题的较好办法。

另外，对"才"的认识方面，也可能存在不一致的地方。当一个员工自认为自己很有"才"并希望企业能够重视自己、使用自己，给自己发挥的空间的时候，该员工必须认识到的一个事实是：企业对"才"的认识与员工的观点可能是不一致的。因此，员工的"才能"可能不是企业认可的"才能"，或者员工的"才能"也可能并不是企业所需要的"才能"。当企业不需要并且不认可员工的"德"与"才"时，即使员工认为自己"德才兼备"，也只能"怀才不遇"了。所以，员工的价值理念与企业价值之间的融合，也是心理沟通的一个方面。

再者，企业员工彼此之间也需要进行价值理念上的沟通。比如对工作的态度，对工作中某些事情的看法等，这些内容都需要进行共同的探讨和沟通。在课堂教学过程中，笔者曾经分析过学员的价值理念的一致性问题。比如，当一个班级的学生来自不同的单位时，大家对生活与工作的态度存在较大偏差。而如果一个班级的学生来自一个行业或者一个具体的单位，则大家对有关价值观问题的回答就比较接近。这种现象实际上反映了一个事实：企业，尤其是一个大型的、具备一定文化基础的企业，其企业文化都会对员工产生潜移默化的影响，大家对某些特定观念上的认识就会接近一致。这也说明，企业对员工价值理念的教育在一定程度上是有效的。

基于前面的观点可以说，企业价值观的沟通、认识方面差异的沟通，也应该是很重要的沟通内容。选择这方面的内容进行交流，对企业统一认识，完善企业文化，构建有效的企业文化氛围等，都是具有积极作用的。

5.6　简化过度沟通的内容

在选择沟通内容时，要考虑到沟通内容的短小精悍。有些实际管理问题，是不需要过分沟通的。如果沟通内容与过程已经让别人感觉到了疲倦，让对方认为继续讨论与交流对改善工作效果是没有积极价值的无效过程，则该沟通内容与过程就是过度与无意义的。

选择过度沟通内容进行交流的情形，在企业管理过程中可能会经常出现。为了一己私利，有些员工会在特定场合恭维那些能给自己或者自己所属部门带来实际利益的人员。能够想出一些尽量让对方感觉愉悦的语言，搜肠刮肚地联想一些事情,去夸奖、恭维对方,而不考虑恭维的场合,不考虑恭维的效果。这种过度恭维的沟通过程,不仅可能不产生积极的作用,还可能会产生与愿望相反的沟通效果。其主要原因是,被沟通者不需要参与这种沟通,或者说这种沟通不能给对方带来可能的价值提升。

另外,某些员工会拿一些很小的事情作为由头,寻找单位领导说理说事,而这些事情又是单位领导无法解决的(假设单位领导是公平公正并愿意帮助员工解决问题的)。还有些员工喜欢与单位同事讨论一些事情的对错、善恶以及好坏,而不考虑别人是否对该话题存在兴趣;不厌其烦地多次反复沟通,最终可能导致他人感觉情绪别扭,感觉唠叨、无奈、烦躁,甚至感觉精神崩毁。还有些人会对一件事情反复沟通,说些别人已经很清楚的事情或者观点,使得被沟通者感觉无聊,但又不能明显拒绝,导致被人选择回避沟通的情形。

再者,某些沟通过程过分细致,使得被沟通者感觉啰唆,无意义等,也可能会导致沟通效果大打折扣。比如,在会议形式的沟通过程中,不少与会者最终不仅没有感受到接受了积极有意义的东西,反而觉得自己的时间被耽误了等。

总之,企业管理工作中的所谓过度沟通,是指被沟通者对沟通观点不感兴趣,甚至存在排斥倾向的沟通过程。在实际沟通中,沟通者应尽量避免这种现象的出现。

本章小结

企业的管理过程中面临的工作可以分为工作关系与业务关系两种类型。在各种工作关系中,不同员工依据企业的组织关系形成了一种具体的隶属关系与合作关系。其中包括上下级关系与不同部门的合作配合关系。业务关系则是不同主体为了做好具体的工作而形成的合作关系。在实际工作中,为了做好企业的管理与经营工作,各个主体需要在制度环境下,开展实际性的合作与配合。因此,根据自己的角色特点,处于特定层级的沟通者需要选择特定的沟通内容与被沟通者进行必要的交流和沟通。

依据制度并在制度的基础上开展工作沟通活动,选择对方感兴趣并能在一定程度上满足对方需求的话题进行沟通,是与沟通者的价值观有关的问题。沟通者从提高企业管理效率的动机出发,以改善企业经营环境的目的选择沟通的内容,并且能够运用合适的形式与对方进行交流,就更容易得到被沟通者的共鸣,并产生期待的沟通效果。

阅读材料

关于改进信息设施基建程序的建议书

尊敬的领导：

我在××公司从事信息通讯维护工作已经两年有余。对这两年来的信息通讯维护工作比较清楚。在维护工作中，由于一期信息设施的基建工作的问题，使得后期的很多维护工作十分困难和被动，而且为了解决这些问题耗费了公司大量的财力和人力。我个人认为这里面的很多问题是可以在后面的二期、三期基建过程中避免的。下面我想谈一下个人的看法和见解。

1.公司现有信息通讯设施维护状况分析

(1)公司信息通讯布线图纸、数据缺失严重。绝大部分信息通讯的施工线路没有详细的图纸，或者是有图纸但是没有较为精确的数据。导致在后期施工过程中经常性地把原线路挖断，导致信息中断，或者使排查线路问题无法有效进行。

(2)一期厂区施工线路的施工状况很多没有达到技术标准。如：地埋光纤的深度不够，不能经受车辆过往的震动；架空线路的高度不够；较长的地下线路没有任何地上标记。这些均导致了后期线路故障频繁，故障恢复困难增加，材料和人工成本提升。

(3)一期竣工验收后的信息通讯资料缺失。很多工作因资料缺失无法正常开展，为了得到资料需要再次进行购买，造成不必要的浪费。

(4)任务竣工后，没有能够考虑到让施工方组织有效、全面的技术培训，同时没有将培训的信息及时地加以巩固，最终导致使用人员的技术能力较低，不能够高效完成操作和维护任务。

(5)由于信息通讯的基建施工滞后于其他工程施工，从而导致了后期施工的开展困难。生产车间建设过程中没有考虑设计信息、通讯的线路，厂房成型后该部分线路施工大大增加了施工所需的材料和难度。

由于以上问题，导致了公司在后期信息维护方面的成本大大增加。根据××年信息维护的情况，部分统计如下：

(1)××年，因施工导致较大信息通讯线路故障11次，检修恢复费用约50000元人民币。

(2)由于技术资料缺失，重新购买信息资料2次，共计花费约4000元人民币。

(3)由于信息通讯设施的基建施工滞后，没有进行规范设计，××年进行全面整改，花费约合5000元人民币。

以上三项费用合计约59000元，2008年全年的信息通讯检修费用约90000元，占检修费用比例的66%。

2. 关于信息通讯设施建设程序的整改建议

由以上出现的问题分析，结合公司二期正在上马的项目来看，信息通讯方面建设的管理仍然处在自由阶段，缺乏系统有效的管理程序，从而导致后期检修费用巨大。要改变这种状况，为公司二、三期建设项目的后期信息通讯维护工作缩减成本、提供便捷，就应该理出一套系统有效的管理程序，并不断完善。

为了能够有效加强系统管理，我个人的整改思路是这样的：基建过程仍然采取"方案设计—组织比价采购—组织施工—工程监督—竣工验收"的方式，但是其中每个环节的内容要加以修改。

（1）方案设计：要和主体工程实现同步设计，在厂房、车间设计的同时要考虑信息通讯施工的内容。

（2）组织比价采购：应该在主体工程开展前进行，以保证部分信息通讯的工作能够在主体工程的前期进行。

（3）组织施工：在主体工程进行的同时尽可能地兼顾到信息通讯工程的进行。如：厂房车间施工的过程应该考虑网络、通讯、监控线路的入户；桥架、电缆沟布线的过程中应该统一协调，使必要的信息通讯线路接入。

（4）工程监督：组织相关人员对信息通讯工程进行监督施工。监督人员应该包括：信息通讯专业人员（维护人员）、工程管理人员、监理单位人员。应分别从技术、维护、工程等多个方面进行监督。施工过程应该严格按照原有设计方案进行，如确有工程改动需要，应该及时沟通各方，更改设计方案并备档。

（5）竣工验收：首先应该更改现有的竣工资料验收程序。重新考虑参与验收的部门与人员。我个人认为我公司信息通讯工程的验收应有以下单位参与：施工单位、施工监督人员、使用单位、检修维护单位、监理单位。

具体的职能分工如下：

①施工单位：负责对工程方面的情况进行全面的介绍和说明。

②施工监督人员：对工程的施工过程、质量进行负责。

③使用单位：着眼于从工程设施使用的角度进行验收和相关使用材料的检查和接收。如：设施基本操作步骤。

④检修维护单位：着眼于对工程设施的技术和使用进行验收，注重竣工资料的全面接收。在竣工接收过程中，尤其应该增加检修维护单位的验收管理职权，使更多的技术、工程信息得以全面的接收。

另外，公司应该加强验收过程中，由工程方带来的培训的考核与要求，使相关方面的人员都能够得到培训知识。如：使用人员应该切实掌握设备的操作方法。检修人员在掌握操作方法的同时还应该掌握系统、设备更多的技术方面的知识。

通过以上流程的改进和控制，我认为不仅可以为后期的检修工作降低成本，同时还可以在施工的过程中降低成本。通过加强竣工的验收可以使后期的维护工作量大大下降,从而使检修人员能够更多去做其他的检修工作。

以上是我个人对信息通讯检修维护工作成本降低的一些建议,其根本原则是:功夫下在前期。只有前期的工作做得扎实、系统,后期的工作才好开展,成本的控制才能见效。

(MBA 803 班 贾传明)

思考与讨论

1. 在考虑增长经济利益的时候,降低经营成本也是企业管理工作的重要方面。围绕开源节流,选择管理过程的沟通活动就成了企业管理工作的重要内容。您如何理解该阅读材料所选择的沟通内容与企业经营业绩之间的关系?

2. 企业工作中的内容多数都会涉及多部门之间的配合。该阅读材料中建议的内容不仅涉及施工单位与监理单位,还涉及企业的使用单位与检修单位等部门。您认为应该如何安排各个部门之间的沟通,才能更好达成"建议书"所设想的目的?

3. 在企业的实际工作中,职能管理应该能够妥善处理好它们所负责的专项工作,不应该出现本"建议书"所描述的实际问题。请问,您如何理解产生这些问题的原因?您是否会认为这个"建议书"能产生预想的效果?

第6章

管理沟通内容的组织

本章学习要点

1. 沟通内容的组织形式,对提高沟通过程的有效性具有积极作用。沟通内容组织的清晰性、简洁性、易懂性、依据性,以及新颖与启发性是有效沟通的保证条件。

2. 在沟通过程中,表述沟通意向与倾向时,应尽量避免使用模糊、虚假、恶意的表述方式,尊重被沟通者,是进行成功沟通的重要前提。

3. 不同的沟通方式下,对沟通内容的组织要求不同。沟通内容的组织特点要与沟通形式相互匹配,书面沟通、口头语言沟通,会议沟通的内容组织有各自不同特殊要求。对不同的具体沟通对象,也有不同的信息组织要求。

4. 管理过程中的沟通形式可以选择数据、文件、通知等不同的形式。要求沟通者依据沟通方式选择合适的内容组织形式。

5. 客观,诚恳是组织沟通内容时需要认真考虑的重点要素。言之有据,客观理性是组织沟通内容应遵循的基本原则。

沟通者在与其他主体的沟通过程中,沟通者不仅要根据沟通目的选择沟通内容,还要认真考虑如何更好地组织这些需要沟通的内容,以便达到沟通过程顺畅、有效的目的,并满足对实现企业经营目的产生促进作用的要求。

在沟通过程中,针对一个特定的主题,可以选择不同的表述方式。对沟通内容进行组织的目的,就是希望选择一种更好的方式,更清晰地表述需要沟通的具体内容。实际上,不同的表述方式,所产生的效果差异是很大的。使用精心组织后的内容进行沟通,能使沟通过程更加有效,使被沟通者能更容易感受到沟通过程带来的价值提升,使得理解沟通的过程能给对方带来更多的愉悦及收益。所以,在特定情境下,选择合适的信息组织方式,有可能对沟通效果产生积极的促进作用。

在企业管理的背景下,需要根据企业中沟通主体的工作与业务特点,分析沟通内容的具体内涵、类型,沟通过程与组织形式,以及沟通内容的表述要求与特点,从而使沟通的内容更容易被对方理解,并产生沟通过程期望达成的目的。显然,沟通者能够充分考虑被沟通者的工作需要,对沟通内容进行有效的组织与安排,是保证沟通过程效果好,效率高的重要条件之一。信息组织是选择和确定沟通内容之后的基本环节。

6.1 沟通内容组织的基本原则

沟通过程中,沟通者需要给被沟通者传递有价值的管理信息。这种信息的组织应该能够满足被沟通者的需求。事实上,在明确特定沟通目的的前提下,能够清楚表达沟通的内容,是一件很不容易的事情。对沟通信息的组织,首先考虑的内容组织标准,是被沟通者能够很容易理解你的意思和目的,而且能够根据你的目的产生具体的实际反馈。假如你的信息传递过程不能使对方产生反馈的愿望与实际行为,则可以判断你的沟通努力与行为就是无效的。

在实际管理工作中,一些领导者反复将自己的观点、愿望与行为要求告诉部下,而不考虑这么做对部下能够产生哪些影响;或者仅仅考虑到自己的沟通愿望与目的,不去认真考虑被沟通对象是否愿意接受沟通的内容,显然,这种强求对方按照自己的想法去做工作的沟通过程是很难产生预想的结果的。

企业经营过程中涉及的信息,包括反映企业各种经营活动现状的资料,如企业的财会资料、营销资料、人力资源管理方面的资料以及其他各种涉及管理过程的报表数据等。这些资料还涉及组织部门之间的关联业务信息,比如企业的各种工作制度、工作标准等方面的信息,还包括为了决策需要参考的各种内外部信息等,也包含一些与社会政治环境、社会热点问题、企业发展战略、部门职能责任履行以及研究过程相关的其他信息。这些需要沟通的信息与企业经营过程中的所有工作内容之间都存在一定的联系。因此,依据企业经营工作的实际需要,对这些相关内容进行有效组织,能够使沟通过程更为有效。

6.1.1 沟通内容应观点清楚表达简洁

被沟通者接受沟通的情况各不相同。一些人需要得到准确、详尽的沟通信息,而更多的人则仅仅希望得到准确而简洁的信息以便高效开展工作。所以,对复杂的事情进行简单化处理,用简洁的语言或者方式表述不容易理解的事情,通过简洁明确的说明,使被沟通者更好地理解和接受所传递的管理信息,就可以提高沟通过程的效率。

企业的职业经理人是社会的精英阶层。这个阶层的人应该都清楚:企业的业绩是职业经理个人能力的体现;人格魅力是得到下属真实认可的基础;不能尊重下属的领导,即使能力很强,也很难得到别人的认可;如果仅仅使用权力的威慑力进行管理,并与他人相处,则彼此的关系很难长久。因为这些观点属于常识性的知识,所以不需要进一步解释这些观点。假如你不厌其烦地去解释这些观点,对方就可能选择那些你认为可能合适或不合适的方式拒绝与你沟通。再者,职业经理人需要的是对其工作的肯定和支持,或者希望接受的是对其改进工作的建设性意见,而不是那些不疼不痒、于事无补的絮叨。

在与一般管理者沟通时,也要注意这个类型的员工的需求特点。这类员工多数受过高等教育,拥有对事物的独立判断能力。这些人经常会因为自己对工作结果要求过高而对现行的工作过程等产生不满意情绪。但是,抱怨并不能有效解决工作中的很多问题。积极进取的态度和乐观精神却可以帮助人们理解和解决别人难以解决的问题。如果一个基层管理者与别人一样做事和处理问题,则该管理者的长处就体现不出来,他与别人的能力差异也就显示不出来了。所以,当一个员工认为自己的观点正确时,就需要通过简明扼要的方式劝说决策者选择和采纳自己的建议。在传达明确信息的时候,如果需要对方能够产生积极的反馈行为,沟通者还要考虑这些建议或者观点是否会伤害对方的利益,还要考虑这些观点与建议是否有可能对对方产生积极作用。

在与第一线员工的沟通过程中,首先要考虑他们对事物的理解与需求状况。沟通者要尽量理解这些员工的性格特征与情感需求。一线员工是企业的技能型人才。在产品制造型企业里,这些具备良好技术与操作技能的员工,在做着别人无法完成的工作,他们是企业价值的重要创造者,他们在企业的工作是不可或缺的,而且他们在做一些特定工作时具备绝对的优势。多数情况下,一线员工普遍学历不高但为人坦率,在沟通过程中他们在心理方面可能更需要得到别人的认可与坦诚相待。因此,与一线员工的沟通过程中,沟通内容的组织方式就需要具备坦率、平和、尊重以及简练等特征。

企业员工在与企业高层管理者沟通时,沟通所用词汇要言简意赅。认真组织需要沟通的内容,明确沟通目的,可以更好传递自己需要表达的观点。除非对方要求详细解释,沟通者要尽量简练地表达自己的沟通内容。

需要注意的是,即使传递的意思是明确和肯定的,而且沟通者也认为对方采纳自己的建议与观点是有益的,但对方未必能够接受你的观点。如果要让对方接受和采纳你的建议与观点。你就必须让对方感受到你的建议与观点对被沟通者或者企业发展及日常工作是有益的。

6.1.2　沟通内容具备启发思维的效果

组织沟通内容的依据是沟通目的与沟通要点。如果沟通过程能够帮助员工进一步认识企业管理与企业其他业务工作的本质,能够帮助员工提高工作意识,则沟通过程对企业发展将是有益的行为。

　　对沟通内容的组织要尽量与被沟通者的信息接受习惯相符合。通过沟通过程,被沟通者进一步理解那些尚未没有完全理解的内容。通过对沟通内容的消化与接收,被沟通者能够得到某个方面的启迪。选择不同的组织方式,同样内容其所产生的沟通结果也可能是不一样的。比如,一些员工认为企业选聘自己,是因为企业存在需要自己完成的工作。自己的工作内容和努力结果对企业的发展必然会产生积极作用。但实际上企业的招聘者也未必真正理解企业招聘的员工是否能真正为企业创造财富或者提供有效帮助。比如,企业招聘一个处理文字信息的员工究竟能为实现企业的目标产生多大贡献?人力资源主管如果按部就班地开展工作,就未必能思考这个员工能为企业进一步有效工作产生什么影响。事实上,企业的一个部门,一个岗位,究竟与企业的战略和战术目标之间存在什么关联性,很多人都是无法说清楚的,究竟是直接关系还是间接关系也是未必能说清楚。

　　在与企业的管理工作人员沟通时,也需要对沟通内容进行有效组织,并按照被沟通对象的特点以及沟通目的,确定沟通内容的要点。在说明员工与企业的关系时,就要明确说明员工贡献与企业发展的联系方式,说明员工生产一件产品对企业利润的贡献程度,员工工作质量与企业持续发展的作用,员工的工作主动性与工作效率及工作质量的关系,员工热爱工作或淡漠工作与工作效果的关系等。

　　在实际管理过程中,存在不少无法明确的问题,比如哪些员工在为企业创造价值,创造了多少价值,如何衡量员工创造的价值等内容都是不容易明确的事情。如果沟通过程能够让管理者和其他工作人员明白这些道理,明白和理解工作中的误区,将会对进一步做好工作产生积极作用。使企业员工在进一步努力工作的基础上,选择更好的工作方式,更有效的努力方向,则这种沟通过程不论对员工和企业发展都是有价值的。

6.1.3　用积极的语言展示美好

　　美好的东西能给人以快乐的动力。在沟通过程中,如果沟通者能够根据自己对事物的感受和理解,在与其它主体的交流与沟通过程中展现自己特有的文学修养、生活情趣、合作精神,以及自己对事物的深刻认识,对工作过程的积极态度,对工程技术的熟练掌握等,则沟通过程对提升沟通效果必然能产生有效的积极价值。

　　在现实生活中,人们阅读散文、诗歌、学术文章等,能感受很多美好的东西。通过对生活的理解,对热情工作的感受,人们也能体会到许多有价值的内容。一件事情由不同的人叙述出来,人们可以听出不同的感觉。使用不同的语句、词汇、描述方式,人们也能感觉到多种语境所产生的差异。因此,在与他人交流过程中,即使不能给人以特别的力量或者所谓美好的感受,至少也不应该使人感受到伤感和无奈。实际生活与管理过程中,不少人会感觉到很大的生活压力,也会体会到工作的负担与被动工作的烦躁,尤其是工作内容复杂、业务繁重时,常常会感受到许多的无奈。实际上,员工们经常需要得到精神上的鼓励,需要通过体会美好阳光的事物与轻松上进的精神鼓励及力量补充,需要感受生活中的美好与积极的信念。在一些特定的时候与环境中,能够让人感受到对未来美好生活的希冀,感觉到诱人远景临近带来的满足,就能使人们对生活抱有更大的希望与信心。

工作过程可以单调,工作内容可以枯燥,但生活内容需要丰富多彩。在与他人的交流过程中,通过语言、行为等方式,通过对沟通内容的刻意组织,能给人以美好的企盼,给人精神上和心灵上的安慰,语言中美好、轻松的信息内涵可以给人以积极的感受。尤其是通过总结生活中的各种现象,在文学、心理方面的潜心积累,更可以给人以更多向上的感受与体验。运用美好的工作与生活方面的词语,是多数人希望感受和体会的内容之一。生活与工作中的多数人都希望得到上级与同事、朋友与亲人的关心、理解;都希望在平淡的生活中体会到美好与令人开心的事物。在与员工交往与沟通过程中,沟通者要选择一些使人能体会到美好的语言,通过自己的行为表述自己的真诚愿望。

在实际工作过程中,用积极的词语描述企业充满希望的未来,用广阔的发展空间鼓励员工的努力进取精神,用充满人性化的语言温暖员工的内心世界,用热情的行为帮助员工解决工作中的困难,用组合型沟通方式形成沟通过程需要的复合信息,就能对沟通过程与效果产生更好的与更有效的实际帮助。

6.1.4　鼓励员工的主动行为

在企业的实际管理过程中,人们经常能看到的一种常见的现象是:一些领导在会议上的讲话能够给人力量和鼓动,也有一些领导的讲话却只能给人以啰唆和无聊的感觉,或者让人感觉不到令人鼓舞的精神和希望等内容。人在精神方面的需求是一种更高层次的东西,在生活中、在精神世界里,在人们实际感受的某些事情上,都能感受到精神力量的实际作用。

沟通过程具备被动与主动两种特征,管理者在工作中需要具备积极主动的工作特点,不仅能够运用制度去管理企业的经营过程与员工的工作行为,还要能够主动发现工作中存在的经验与值得推广的工作方式等积极的内容。在沟通过程中能够运用积极主动的态度与员工进行沟通,通过对员工工作业绩的肯定,寻找员工闪光的性格点,发现员工的工作热情,鼓励员工某个方面的长处,以及对在某项工作中表现出的忘我精神,选择鼓励和表扬的语言等方式,都能对改善工作效果产生很好的促进作用。企业可以针对工作特点与员工的细化需求,设置一些激励员工行为的奖励名目:环境卫生奖、沟通语言奖、产品超产奖、管理进言奖、技术能手奖等。通过运用这些奖励项目,可以肯定不同员工的工作特点与行为特长,增加具备不同特点的员工的自信心与工作主动性,提升工作效果,营造良好的工作氛围。

评奖的过程不仅能够激励员工的工作积极性,还可以增加员工彼此之间的了解。在一个气氛凝重的环境中,员工可能也是在认真勤奋地工作着,但大家的心情可能会比较压抑,这种情绪氛围有可能抑制员工的创造性。喜欢使用制度约束员工行为的工作方式与鼓励员工并发挥员工特长的管理行为,对企业的经营活动具有不同的影响结果。

比如,一些企业制订了较高的岗位薪酬,但同时依据岗位责任的特点,规定了许多可以扣发薪酬的条款,导致企业的大多数员工都可能因为无法满足岗位的严格要求而得不到全额岗位薪酬。企业选择这种薪酬方式,有可能激励员工努力工作,鼓励员工为得到较高的薪酬而努力,但多数人因为无法达到工作标准,难以满足企业要求的现实情况,不仅可能导致员工的工作积极性受到打击,还会导致员工之间因为责任划分产生矛盾。反之,也有一些企业是在基本保障的固定工资的基础上,根据员工的工作业绩核算员工的总体薪酬。这种薪酬制度下,员工可以根据自身的实际工作业绩获取应得的工作报酬。两种方式都是激励员工工作热情的方式,但第一种方式给员工了很多消极与无奈的感受,员工会因为存在于潜意识中的无奈,而对工作失去信心。但对第二种薪酬制度,员工在不担心基本生活水平的情况下,可以根据自身的情况,选择适应自己的工作方式与特点,并在工作中很少感受消极与无奈的心理体会。

欢畅与轻松的氛围更能激励人们的工作热情。在一个企业或者组织中营造一种"团结紧张、严肃活泼"的工作氛围,可能是提高其创造性的好办法。很多人都知道并且理解宣传的力量与鼓动的作用,但在对特定工作目标的直接追求过程,可能会使人们忽略这些间接的工作措施,并最终导致一些消极结果的出现。企业的管理方式、政策内容也是企业的沟通内容之一,对这些内容的协调组织与运用,需要使用很多沟通技能与技巧,是一件比较复杂的工作内容。

6.1.5　体现语言中的人文尊重

在管理过程中贯彻"以人为本"的理念,明确员工的利益所在,关心员工利益的实际增长,也是企业管理工作的重要内容,或者说可能是管理工作中的一个根本性问题。有些管理者在考虑达成企业直接性经营目标时,只是简单地就事论事,而不能认真地思考工作的终极目标,常常会导致出现一些事倍功半的工作结果。如果能够把员工的多种需求分门别类地划分,对员工的个体按照需求特点进行细致分类,按照员工的利益需求特点提出满足不同群体需要的管理策略,实施具备针对性的管理与沟通措施,就可能会在一定程度上改善企业与员工的利益关系,提高经营效率。

如果能够在实践中运用这种工作思路,则企业管理者选择与实施的沟通过程就会更加具体和灵活,所选择沟通方式的针对性也会更为明确。作为企业的各级管理者,其工作内容的计划性、对工作中存在问题的把握效果也会更有效。如果员工的需要能够比较明确,则企业为员工服务的工作内容、工作方式与工作环境就会进一步改善,员工的需求也会更有效。

多数企业在考虑经营工作安排的时候,可能更多考虑的是如何能更容易达成企业的经营目标,以及如何通过合理配置,使用已有的各种资源,得到更好的工作效率,使企业得到更高的社会认可度,得到更多的实际收益,甚至如何进一步提升企业领导的自身价值等问题。但在这种情况下,企业的发展、企业领导的价值与员工的需求之间可能会产生一定意义或者一定程度上的偏差,如何解决和平衡这种矛盾,必然涉及企业与员工之间的利益平衡。

由于企业里的利益主体众多且决策单元复杂,因此,顺利形成决策结果的过程必然是较为困难的。在这个意义上讲,减少决策群体的数目,在一致与统一的概念上进行管理,可能会产生更好的结果。但这种假设或者设想是不现实的。在形成决策的过程中,企业能够以人为本,能够综合平衡利益相关者的观念差异与利益矛盾,在制定决策的过程中推心置腹地进行沟通,使用经过推敲的友善、诚恳、积极、客观、理性的语言进行交流与沟通,对顺利形成决策结果应该具备积极影响。

在实际生活与工作中,人们会很容易地把"以人为本"与"重视尊重"放在口头或者书面文件中,但在沟通者的潜意识里,可能是不愿意这么做的。作为员工,在现实中是很难真实地感受到管理者的真诚与以人为本的工作风格的。曾经有一位在企业工作的朋友说,在他们企业里,员工的建议很难得到管理者的认同,他们企业的高层管理者有一句口头禅:不能把员工的毛病惯出来。在该企业中,不论员工的建议是否合理,只要是员工提出来的工作建议,基本上要被否决掉,至少不能顺利通过,企业担心员工认可员工的建议会使员工得寸进尺、得陇望蜀。显然,该企业的领导在工作中是不存在"以人为本"与"重视尊重"的理念与行为的。

6.2　沟通内容组织的基本要求

沟通内容的表述实际上是带有情绪性色彩的。这种情绪色彩可以是善意的也可以是恶意的,可以是清晰的也可以是隐涩的,可以是理性的也可以是感性的。沟通者的沟通倾向对沟通内容的组织过程、表述方式都会存在直接或者间接影响。

6.2.1　适当选择承载情绪色彩的表述方式

理性与客观的信息组织方式具有规范性强、结构化程度比较高的特点。在正式的沟通场合,信息接受者很容易理解和接受这种信息组织形式。但这种规范的信息组织方式显得比较刻板,不易让人对沟通的内容产生新鲜感。在科研论文中,其观点与内容是以平和的中性语句表述的,其以严谨的逻辑推理以及定量的事实为依据表述主题,以规范的格式表述一种观点或者论证内容,情绪色彩稍显淡化。

而在实际的管理制度中,人们也常常选择严谨与准确的语言表述具体的内容。所以,制度内容的表述过程中,语言的情绪色彩就比较淡薄。

比如,人力资源管理部门制订的绩效考核体系就包括有基本原则,绩效管理体系与企业战略的关系,该体系产生作用的机理,实施后的激励上限,具体制定的体系内容表述等。如果这些内容不能使用规范的语言表述清楚,则责任管理部门可能就无法据此开展管理工作。再比如,企业的全面预算编制过程,实际也需要由管理者向具体工作者交代工作中的注意事项,说清楚是使用固定预算还是弹性预算的方式,滚动预算还是零基预算的形式,在什么时间完成工作,确定各种业务指标上下限的思路等内容,都需要运用客观、理性的表述形式。

在人际交往过程中,用很啰唆的语言表述简单事情的现象,也是常见的情形。这种情况往往使得被沟通者无法在高效的条件下理解语言表述的内涵,这方面的例子可以参考侯宝林的相声的一些片段。很简单的事情,如果不能使用简洁准确的方式进行表达,必然会影响到工作的效率。

新鲜而具有动感的描述方式应该具备内容新颖、表述活泼的特点,具有很强的感染力和吸引人的特征。在说明一种观点、介绍一种理论、描述一种状态的时候,可以选择此类信息组织形式。但在选择使用这种信息组织形式的时候,需要认真考虑信息接受者的感觉以及接受信息的习惯等。

在传递信息本质内容的时候,也可能会用到夸张性的信息组织方式。这种信息组织能够给被沟通者以感染力,也容易激起信息接受者心理方面的共鸣。比如在表述企业员工的干劲、员工的精神、企业的发展前景的时候,可以选择一切使人感慨、使人激动、使人兴奋的词语,鼓动和激励人们的精神。这种信息组织方式,常常运用在激烈争吵的情景中、危险的工作环境里以及工作的关键时刻等。

显然,理性带有善意情绪的语言或者表述,是组织沟通内容过程中需要提倡的形式。

6.2.2　拒绝模糊不清的沟通形式

沟通实务中,经常会遇到一些不符合理性思维的沟通内容与沟通目的。比如,企业不依据管理的内在规律制定管理规则或者编制管理制度。尽管这些制度的行文方式可能是符合基本管理要求的,但制度的内容却不能保障企业更容易地开展管理工作。例如,在企业各类员工的工作岗位职责、企业的岗位责任的绩效考核标准、企业工作流程的具体设计等工作中都可能出现这种情况。

还有一种情况,为了不让对方准确理解沟通者传递的信息,沟通者故意并且处心积虑对沟通内容进行模糊化处理,希望通过传递一种模糊但又具有倾向性的信息,诱使对方按照自己的倾向去做某件或者某类事情。因为沟通者本来就没有想让信息接受者明确和理解自己的倾向,所以,在选择沟通内容以及具体表述方式的时候,沟通者实际上已经选择了让对方难以理解或者明确理解的语言组织方法。实际生活和工作过程中,某些高层管理者在给下属一些具体的工作指示的时候,也是仅仅说出事实与倾向的一个部分内容,而不是很明确地指出事物的本质和清晰的事实。或者是使用晦涩的语言和表述方式,说出自己的意思,希望对方最好尽量不要理解自己的意思。也就是说,一些沟通者本身就没有想把事情说清楚的愿望。这样做的结果是:即使领导的建议导致了最后的错误或者消极结果,领导也可以将责任推托给那些理解和执行指令的责任者。即信息的传递者就会以曾经沟通且并没有听到反对意见而推脱责任。

实际工作中,某些单位在制定和确定一些相关管理制度的时候,也常常会为此召开职工大会,使用似乎很诚恳的方式征求大家的意见与建议,但企业在大会上讲的内容却是很多人在短时间无法听懂的。尽管组织者也会要求大家提出自己的建议,但由于时间太紧,消化理解比较难,可能等不到员工提出具体建议,这些管理制度就已经开始贯彻执行。再者,有些企业在解释一些管理行为的依据时,往往只说一些积极的理由,对那些可能出现的消极影响因素,却可能选择故意回避的方式。最终当消极因素实际出现时,就会导致企业管理制度难以有效与顺利执行、管理目标难以达到等消极结果。

从企业发展的角度看,这种做法对推动或者改进企业的工作效果不具备建设意义。但现实中,这种现象确实司空见惯,是人们必须面对的事实。

6.2.3　避免表述中的虚假与恶意成分

在管理实践中,某些企业管理人员会选择一些特殊的方式与员工交流。为了达到管理目的,他们会依据自己的工作与管理习惯处理一些较为棘手的工作问题。

1. 设计满足特定需求的沟通语言

为了达到某种特定管理目的,沟通者很可能会根据实际需要,对需要沟通的内容进行精心准备与组织。甚至可能会用真诚的、坦率的语言表达方式,掩饰自己真实的沟通目的。

有人曾经说过一个例子:他们单位有一个员工,平时在与人交往中爱耍小聪明,不仅不能认真做事,还喜欢贪功、探求名利。总是认为自己聪明,但却多次耽误企业的实际工作。由于人际关系紧张且不能满足企业的工作要求,单位在迫不得已的情况下,要求其离岗。之后该员工到处上访,诉说自己被单位歧视,被剥夺工作权利等。该员工的这些行为搅得领导很无奈。后来,企业领导委托一位新上任的人力资源主管处理该员工的投诉。该主管在了解事情的经过后,通过与该员工原工作部门的同事交流,从侧面了解了该员工的性格特征、工作态度以及工作特点。之后,人力资源主管与该员工谈话时,首先肯定了该员工的聪明,并帮助他分析了他的特长,依据其善于语言表达的特点,建议并安排其到企业的销售部门承担呆坏账的催收工作。

尽管该工作强度不大,而且提成比例不低,却是有指标要求的,如果不能完成任务指标,可能只有极少的固定收入。由于企业需要能言善辩的员工承担此工作,而且该人力资源主管在沟通中一直强调该员工在语言表达以及处理问题方面的韧性与能力,该员工在被褒扬之后也很满意,很快乐地接受了企业的安排。但是,由于任务指标太高,最终该员工无法完成任务指标,只好自动提出提前下岗。

虚假的信息组织形式,是以信息接受者的弱点为前提的沟通内容组织。这种信息组织是以对方的自私、贪心、智障、情绪化等要素为依据,精心编制沟通信息内容的过程。沟通者提出一种似乎对被沟通方有益的工作建议,告诉对方如果这样做的话,就可能得到什么好处,而且工作并不是很困难,甚至还会告诉对方如何做就能达成目的,但这种建议的结果实际上是很难达成的。

上述事例说明,似乎真实而且善意的沟通信息中,很可能含有一些难以把握的不确定影响因素。如果信息接收者不能准确把握影响事物结果的内在因素,就有可能需要对自己的理解偏差承担实际责任。

2. 编制谎言组织沟通内容

组织虚假沟通内容可能产生两种结果:积极与消极。编制并组织虚假信息的初衷也不相同,一种是善意传递未经证实或不全面的信息,导致好心办了坏事。另一种情况则是沟通者故意编制虚假信息,造成被沟通者的利益受损。这里讨论的内容是那种具备恶意或者不负责任的虚假信息。这种信息的制作者为了满足被沟通者的某些需求,经过精心策划、组织虚假信息,希望达成某种自己满意并使对方能暂时接受的沟通结果。因为这类沟通内容本身具备不完整性或虚假成分,沟通过程很可能导致一些消极结果的出现。

比如,沟通者可能道听途说地知道了某件事情,但却并不知道事情的全部;或者沟通者编制了其中的某些内容。也就是说,沟通者告诉对方了一个不全面或者不准确的消息。虽然在这个过程中,沟通者没有得到任何实质性的益处,但对方的不满意可能会让信息传递者暗自窃喜,这个使被沟通者痛苦和不满,甚至极为不爽的结果,可能就是沟通者组织沟通内容的目的。尽管这种情况造成的结果具备损人不利己的类型,也还是有人乐此不疲。

另外,有些沟通者为了让别人信任自己,会吹嘘自己的能力,把几乎不可能做到的事情,也说得天花乱坠,甚至可以编造许多子虚乌有的事实证实自己说法的正确性等。在实际管理工作中,也会看到一些工作人员推卸责任的情况。一些管理者为了推脱责任,常常编造一些谎言糊弄其他员工。当一个员工为解决某个问题去找某责任部门的主管时,该主管就可能会寻找一些该员工并不清楚的理由,将解决问题的责任转移到该员工的身上。或者告诉该员工说这个问题是应该解决的,但需要等待时机，需要企业有关部门讨论之后才能答复。虽然已经答应解决，但该部门却总是不讨论，或者说是人不齐，或者说是需要向上级汇报，需要上一级领导批准，或者说是领导意见不一致，甚至可能还会为取悦你而说一些替你打抱不平的言语等，但就是拖着事情不办，不真正解决问题。

这种在沟通内容中掺假、不认真负责，甚至损人利己的信息组织过程，也是实际工作中常见的事实。

3. 强词夺理的信息组织

还有一种使用虚假信息的方式，是沟通者假设或者知道被沟通的对方不了解某种管理规则，或者利用自己在某种规则运用方面的强势地位，用虚假的或者含混不清的依据编制理由，要求别人接受自己观点的状况。即沟通者不仅提出一种使别人无法接受的要求，而且还会寻找各种没有依据的理由，以证实自己观点的所谓正确性；或者为了掩饰自己的自私与偏见，而选择一些所谓的理由或者片面依据与对方胡搅蛮缠，希望对方能够承认自身的正确性和公正性。

例如，某一单位派一名员工 A 到外地出差，在员工 A 出差之前，曾接受过单位安排的一项工作任务。为了不耽误该工作，A 在出差之前将该项工作托付给了同事员工 B，并且将该工作的完成日期告诉了员工 B，希望员工 B 到时能够帮自己完成该工作。

由于员工 B 工作也很忙，在需要完成嘱托的具体时间点，忘记了员工 A 的嘱咐，导致工作受到了消极影响。事情发生后，员工 B 明确承认接受了员工 A 的嘱托，愿意作为责任人接受单位的处罚，而员工 A 认为是托付别人帮助自己，既然事情未能做好，也愿意接受处罚。但是，该单位的领导却认为 A、B 两人均为单位员工，都没有尽到自己应尽的工作责任，要同时处罚两人。员工 A 和 B 两人都不认同单位的决定。他们认为，单位需要认定两人彼此之间的责任托付是否成立，如果成立，则只有员工 B 应该承担责任，如果责任托付过程不成立，则只能由员工 A 承担责任。单位同时处罚两人的理由忽略了工作责任的划分与确定原则。

最后的结果是显然的，该单位管理者要求员工接受自身观点的过程实际上就是一种强词夺理、利用职权侵害员工权益、不遵守基本管理原则的强权行为。

上述分析说明，社会大众公认的交往规范常常就是某些人选择恶意和自私的沟通过程的障碍，这些无形的人际与工作交往准则常常导致某些人尽量选择有利于自身的辩护观点与依据。在实际工作中，随心所欲地选择一些难以说服别人的依据证明自己的正确性，很可能造成别人的反对与拒绝。企业中的任何员工，在面对一些基本的管理问题时，都必须考虑人们普遍认可的原则和理念，否则不能得到公众的认可。或者说，在组织沟通信息时，考虑沟通内容的制度依据与逻辑性，是组织信息的重要参考基础。

沟通内容也可能是不公正意志的反映。这种信息从本质上讲是对员工或者他人智力的蔑视。沟通者会寻找各种理由，说明其观点的公正与特点。尽管这种信息可能会以合适的方式进行组织，会寻找冠冕堂皇的理由予以粉饰，但沟通对象会清晰感觉到所接受信息的不清晰性，感觉到信息中所体现观点的不准确性。这种情况下的沟通状况，如果长时间出现或者已经在一个企业成为习惯，被沟通者就会对沟通过程产生麻木反映，因为总是不能准确理解对方的信息，除非信息接受者必须尽力理解，否则就可能选择一种听之任之或者无所谓的态度与其交流或者采用被动接受但不做出反馈的态度与之交流。进一步讲，沟通者也可以采取消极抵制的态度理解或交往。比如在模糊状态下为自己的失误寻找借口，在被动工作中寻找回避困难的各种理由等。

6.2.4　减少主题含混的沟通信息

在现实生活与工作实践中，还存在一些难以表明或证明一些事情对错的情况。这些事情时常发生，但很难明确其正确与否。比如，车间的质量管理员的工作责任问题，讨论起来就可能是各方面都不能接受并且不会产生最终结果的话题，因为不同的责任主体都会从自身的角度去考虑利益问题。例如，领导认为员工应该主动去做某件事情，但岗位责任却可能没有明确员工必须做，究竟该如何看待员工的行为选择，员工与领导之间就可能存在认识上的偏差。这些常见的情况，自然导致了企业管理中沟通过程的困难性。

在企业经营过程中，人们面对的更多的问题就是利益双方对某个具体问题的认识不一致。这种不一致性导致了认识上的矛盾、误解和困惑。因此，减少讨论与增加讨论的效果经常是说不清楚的。也就是说，尽管管理中的沟通过程很重要，但实际沟通也可能导致更多的误会与认识不一致的现象的重复出现。

企业在会议上也可能讨论一些务虚的内容。由于判断标准的确定可能存在一些不确定因素的影响，所以根据会议召开时的特定环境和条件认定并确定的某些工作规则，在执行过程中必然还可能会遇到一些难以解决的矛盾。在实际中，企业管理者就需要根据实际情况，重新考虑这些规则的适应性。在强调团队合作的企业中，员工之间的彼此帮助是很重要的，但如果将此原则无条件运用于实际工作中，也可能导致一些矛盾的出现。

例如，领导会临时安排一名员工去帮助其他员工做事，但由于该工作需要耗费时间较多，该员工就可能耽误自己的工作。如果该员工为了完成领导的安排并认为别人的事情可能更为紧急，在帮助同事完成工作任务的时候，暂时放弃了自己的工作。但领导可能会因为突然要查看该员工的工作内容，并发现该员工的工作尚未做好，就会批评该员工未能及时完成自己的工作。此时，因为接受领导的临时任务，去帮助别人完成更紧急的工作，该员工不仅耽误了自己的工作，还要受到指派任务领导的批评,这种情况会让帮助别人的这名员工感觉很委屈。

尽管基本的管理原理不允许出现多头管理,但实际管理工作中,很多员工都可能面临多头管理的情形。领导的领导安排一个员工去做一件事情,该员工能拒绝吗?两个领导的观点和思路不同,一名普通员工能发表意见吗?该员工能批评直接上级领导的错误决定和意见吗?这些问题从理论上讲,都是可以的,但在实际工作中是很难做到的。因为很难说明白哪个领导的意见更对,也很难说明白坚持真理和正确的意见会得到什么样的实际后果。在这个意义上可以说,领导的风格、境界必然会在很大程度上影响管理工作的顺利与有效性。

还有一种情况,企业发生了一些让员工非常关注的事情,但此事的细节内容会影响大家的情绪。在企业知会员工的过程中,可能会客观真实地告诉大家实际情况,也可能通过苦思冥想,编造符合企业愿望的说法,告诉大家一种需要想像的情况。显然,这种沟通方法很难让员工感觉满意,并且可能进一步造成大家的疑惑。

6.2.5　依据沟通对象的需要组织沟通内容

在组织和整理沟通信息的时候,还需要考虑被沟通者的需求特点。就像文学作品要考虑读者的特定需求一样,根据读者年龄特点把作品区分为普通作品和儿童作品,根据读者偏好把作品区分为小说、诗歌、散文等类别;实际上,具备较高文化层次的信息接收者与普通的信息接收者对信息组织方式的要求应该存在较大差异;女性信息接收者与男性信息接收者对沟通信息的组织要求也会存在一定差异,喜欢上网的信息接收者与喜欢阅读纸质资料的信息接收者也要求有不同的语言组织方式等等,各种需要不能一概而论。

对沟通信息进行组织的目的之一,就是为了让被沟通者更容易理解,并且愿意理解和接受,愿意给出具体的积极行为反馈。因此,分析信息接受者的需求特点,以满足需求为出发点组织沟通信息,对成功的沟通过程存在极为重要的意义。当沟通者与理解能力强且工作较忙的对象沟通时,所谈的内容要尽量简练,内容的主题和目的要很明确,不需要进行大量的解释与说明;与那些沟通能力与理解能力一般、工作责任范围适中的员工进行沟通时,则不仅需要内容与主题明确,还需要能够说清问题的来龙去脉,尽量在说明情况的条件下与他们共同讨论问题;而在与沟通能力较差的员工讨论问题的时候,需要以尊重为前提,要明确问题的本质,但要尽量说明自己的观点和目的,要能够理解对方的困惑和想法,即使对方的理解不是很顺畅,也要有足够的耐心深入解释沟通内容。

通过分析被沟通者的需求特点,有针对性地选择信息的组织方式,可以更好地完成沟通的任务。在实际管理工作中,需要依据管理内容与特点,制定相应的管理制度,并且使用适当的方式表述管理目的与管理要求。如果不区分沟通对象的具体要求,仅仅使用一种标准化的形式与员工交流,沟通过程就可能出现一些意料中的理解与接收性障碍。

6.2.6　设定沟通内容组织的常规要求

沟通信息的组织形式,还与需要沟通的内容之间存在关联性。在沟通过程中,进行沟通的内容还需要具备其他一些特征。或者说,在组织沟通内容时,为了让被沟通者更好理解或者愿意理解,沟通内容还需要具备下述基本特点。

1. 逻辑性与依据性

沟通者为了描述一个事物的特点,为了表述一件事情的概貌,就需要能够根据多数人的思维特点,结合说明该事物的具体要求组织沟通内容。比如,沟通者可以从事物的具体背景说起,然后再说到具体问题的特征等。沟通中的描述过程应该能够与普通人考虑问题的思路一致,并能使人很容易理解沟通者的思路与观点。比如,描述一个人特点的时候,可以从被描述对象的成长背景、工作特点、性格特征、身高体重、长相特点、做事方式、思维逻辑、待人处事等不同方面介绍。同时,在描述事实的过程中,还要用具体的事实依据支持自己的观点。当指出某人成长的背景很好时,就要说明白他的家庭状况、成长环境、学习经历等具体内容。当说某人工作能力很强时,就要说明他的工作经历、工作业绩等内容,并且要用具体事实予以证明。你如果说某人的性格很好,就要用事实说明他与人相处的状况,比如为人宽容、待人诚恳、朋友很多、处事公道、阳光快乐等。在生活实践中,经常看到一些比较内向的人说自己热情开朗,一些吝啬的人说自己善于合作等状况。这些结论性语言如果几乎没有任何佐证予以支持,就很难让别人相信沟通者的说法是事实。

例如,在人力资源管理工作中,为了说明某个岗位工作以及做好该工作的思路,首先要明确该工作岗位与企业经营目标之间直接或者间接的关系,然后才能依据该关系确定岗位的工作责任,并据此选择能够完成该工作责任的员工。当然,还要分析岗位责任者的工作特点,才能设想做好该工作的可能结果。也就是说,如果不能说清楚这些关系,是无法确定一个工作岗位的工作责任的。

如果使用书面沟通形式表述某种观点或者想法。还需要能够用数据或者图表的形式说明自己的意图与倾向。比如要用事实与数据描述具体问题的特点,去分析问题的影响因素,指出哪些是可控的影响因素,哪些是不可控的影响因素,以及解决问题思路的可操作性等内容,这样才能让被沟通者愿意并更好理解沟通的内容。

在制定企业的管理制度的时候,人们经常看到的是,尽管制定管理制度的目的可能是明确的,但是制度内容却未必能对达成目的产生直接的支撑作用。这样的话,制度的执行结果就不言而喻了。因此,需要能够将达成目的的途径搞明白,说清楚,制度的价值才能表现出来。其实,现实的企业管理工作中,也会遇到连目的都不能表述清楚的管理制度,或者说,企业为什么要制定某个特定的管理制度,依据是什么,这些内容可能都是不明确的。

2. 信息组织的层次性

在企业的相关书面文件中,格式基本上都能满足特定文本要求。书面文本所表述的观点与要求等,一般都要求具备较好的层次性特点。一般情况下,书面沟通内容的规范性都要好于口头沟通内容的组织。在企业的会议上、在多人共同讨论某个问题时、在两个人相互交流的场合、人们经常可以看到一些乱哄哄争吵的场面,经常出现众人意见不统一的局面。比如问题讨论过程不着要点,观点差异较大,讨论内容层次性差,最后很难得到一致的共识与结果,常常说需要进一步沟通,但而后却常常是不了了之。因此,许多单位的会议变成了员工发牢骚、讲怪话的场合,而不是建设性解决问题的过程。

按照很多人的经验和感受,企业召开的许多会议常常是无效的。因为,在会议上可能会很长时间谈论一个无聊的话题,而且似乎常常是没有结果的讨论,甚至召开若干次会议也无法就一个主题达成一致。有些时候,管理者可能会把召开会议讨论某项议题当成一种推卸责任的过程。当人们对某件事情提出异议的时候,管理者会说该事情在会议上通知大家了,也让大家讨论了,即使结果不令人满意,自己也是没有责任的。或者说,某个决定是在会议讨论中形成的,不是管理者自己决定的,这个决定的正确性是毋庸置疑的等。即使这个决定导致的后果是错误的,管理者也不用承担责任。

以上这些沟通内容的组织过程,可能根本不存在所谓层次性组织问题,管理者在传递这些沟通内容的时候,只是希望知会员工,而并不希望让那些有利益关联的员工清楚理解沟通的实际内容。他们通过一个所谓的沟通过程,仅仅是为了说明自己的工作是符合程序要求的。

如果企业的各级管理者是以企业工作有效性为前提而组织企业的多数活动并开展有效沟通,基本可以确信,企业的许多会议是可以被取消的。但这种良好的愿望很难实现,因为会议确实能给那些不考虑企业真正发展的人,或者必须屈服权贵的人很多借口和安全性。

为了能够更好地、有效地开展企业的管理工作,企业需要依据沟通目的与管理需要,认真分析需要传递的管理意图与要求,认真组织沟通信息,使沟通过程更容易理解并对管理工作产生实际作用。

3. 信息组织的简洁性

在生活中将复杂问题简单化,在研究中将简单问题复杂化。这是不少人都认可的一段经典论述。但在生活和工作中,这句话在实际背景中却可能是不能成立的。有些企业的管理工作者,可能会为了一件小事而小题大做,为了满足上级的某些无谓要求,也可能大张旗鼓地举行一些活动,而完全不去考虑做这些事情时企业的成本支出,也不认真考虑这么做对企业产生的负面效应。比如,管理者可能为了一件小事,会与某个相关员工或者部门讨论很长时间,而不去考虑过多的讨论是否会冲淡谈话的主题,甚至还会认为自己的工作是很仔细的等等。当然,也可以认为这种管理者是能力低下的领导。

由于企业的多数管理工作都是规范化的内容,也就是说,企业多数员工每天的工作内容是基本固定的。寻找"例外性"管理的行为与一般员工的工作内容基本上是没有很多关系的。所以,实际工作中简单、明确的工作内容可能更多,而这些工作内容多数情况下可能并不需要协调和讨论。因此,在企业管理工作中,需要讨论协调的沟通过程主要涉及那些需要重新讨论的工作、业务内容需要进行划分的工作、业务内容需要进一步划分的工作、需要开展少量沟通的工作。

在可能的前提下将沟通过程程序化、沟通环节简单化、工作内容概括化,降低工作的复杂性和提高工作效率等工作,将是提高沟通效率的重要性基础工作。

6.3　会议沟通内容与组织

会议是企业正式沟通的重要平台。任何企业都在使用或通过会议方式传递管理工作涉及的相关信息,并实施相关议题方面的沟通过程。企业根据会议的主题要求,制定会议的组织形式,达到高效传达信息的目的。

运用会议的形式传递管理信息的过程,与会议的主题和规模,以及与会者的需求特点等要素密切相关。如果一个会议的主体不明确,会议内容繁杂,会议参与人对会议主题不感兴趣,则通过召开会议进行沟通就属于浪费企业的时间资源、对企业经营活动极不负责任的行为。如果一个具有特定主题的会议上安排有很多人发言,比如企业的许多单位领导都被安排一个发言,则有可能与会者就不能得到主题一致的有用信息,会议的主题也会被冲淡,会议的效果就会弱化。因此,认真组织会议议题,选择合适的会议沟通方式,认真举办和组织会议进程,也属于沟通信息组织的重要内容之一。

由于存在讨论会议组织的专门文献,此处不再对会议沟通过程中的沟通信息组织作深入讨论。

6.4　企业经营中的沟通内容与组织

6.4.1　管理制度类

管理制度是企业经营工作的基础之一。按照企业的资源特点,企业拥有人力资源、实物资源、资金资源、信息资源以及关系资源等;按照企业的经营要素,存在人、机、物、料环等内容;按照经营过程则有供应、生产、销售等环节的工作。显然,针对这些内容,企业必须制定相应的管理制度规范企业所有可能的经营与管理行为。

这些制度涉及的内容,宽泛而具体。在企业管理背景下,员工与企业的沟通过程,很多是通过对制度和岗位责任的理解而产生的。因此,制度的规范性、明确性以及制度的表述方式等都对员工的工作产生很大的影响。具体讲,企业工作岗位职责的表述,更能影响员工的工作行为。企业重视制度的构建,强调岗位职责的设置,对员工理解自己的工作内容、遵循企业的行为要求、体现企业与自身的价值观等都很重要。也就是说,企业需要明确岗位责任与企业制度的关系,需要明确制度与企发展战略之间的关系,还需要明确企业文化与制度表述之间的关系等。

如果制度中存在一些命令性的词语或一些生硬性词语,则员工阅读过程中可能会感觉自尊受到伤害。如果制度中体现的规范性不够,员工会轻视制度的权威性,如果制度内容不严谨,则员工可能会认为企业的制度制定者不具备较高的管理水平,如果制度内容不能体现公正性,则员工会感觉制度的人性化存在问题等等。所以,在通过管理制度与员工沟通的过程中,企业的管理者需要极为认真地进行思考,以便将企业的重要意图、观点以及管理思路充分体现出来。

6.4.2　统计数据类

企业的数据统计工作也属于企业基础工作。统计工作能够将企业的所有行为用数字的形式反映出来,从原始工作的记录、统计、汇总、分析,到各种内部、外部表格的制定,涉及企业的全部工作内容。这些数据统计工作的结果,是企业观察工作状况、寻找工作中存在的不足、评价工作成果、改善工作效果的依据,也是企业讨论问题的根据,是国家经济统计的基础。从上面意义上讲,做好企业的资料统计工作,对清醒认识企业本身的各种问题,进一步完善管理,意义重大。

在沟通层次上考虑统计问题,主要是利用这些资料中反映的问题,观察和讨论工作的不足与成绩的。比如,原始工作的记录资料能够反映生产现场管理工作中的状况,可以反映每个员工的工作实际,以及工作效果与计划要求的偏差程度等内容。

原始资料是否能真实反映工作和经营情况,在一些企业还是未知数。常有人说,企业的某些统计数据存在虚假现象。曾有企业的工作人员讲,为了某种目的,可以对经营数据进行必要的调整,而这种调整有可能对相关部门的工作造成不必要的麻烦,例如,可能发生两个部门因为对数据认识不同而出现现场讨论或者争论的现象。还有,企业中对原始数据的调整也是会发生的,曾有员工指出,为了掩饰产品生产中的瑕疵,基层领导要求数据记录员修正数据,以达到某种特定的目的。

显而易见,如果企业的一些统计数据出现不应有的问题,则在此问题上进行的一些所谓沟通过程的基础就出现的问题。这种状况的出现,就可能导致企业的经营矛盾被掩盖,经营改善措施被异化,甚至导致企业的许多工作与事实之间出现差异。

6.4.3　管理报表与分析

有这样一个事例:某领导新到一个企业担任主要领导后,因为不理解其产品成本报表中的数据关系,请教该企业的财务总监,但该财务总监无法回答该报表的编制过程,于是又请来了财务处长,同样的原因,财务处长又请来了成本科长,成本科长又请来了报表的编制人员。最终的结果是,该具体工作人员告诉企业领导,他也说不清这些数据为什么要这么处理,之所以这么处理数据,是因为他的专业师傅告诉他这么做的。

看到这个案例,读者可能会认为是不可思议的,但这确是真实的案例。在现在的企业中,这种事情经常发生。现在一些企业的管理工作也就是这么做的。一些企业的领导看不懂报表,或者只能看懂报表中的部分数据,并且就是依据这些不能确定正确性的数据在进行管理。可以想象,这种管理的精细化状况可能如何。

曾经有一位 MBA 学员在学位论文中研究企业的成本控制问题,但在答辩时,竟然不能回答成本的构成项目是什么这样的基本问题。这一方面说明企业的管理人员对基本管理知识的欠缺,也能从另外的方面折射出即使是所谓的专业管理人员,也可能并没有真正了解管理工作中的一些基本概念,还说明 MBA 学员的理论水平尚有进一步提高的空间。

如果报表中的数据不能真正反映企业的经营实际,不能作为对工作讨论的基础,则企业的一些工作,将会受到一些不利的影响。在关于数据沟通方面,需要注意的是,企业的员工有责任对工作原理进行深入探讨和研究,需要能够用真实客观数据进行实际沟通的能力。

另外,企业工作的数据标准,也是企业工作的依据之一。在工作过程中,能够很好地运用工作标准指导和评价工作状况,可以说是企业能否按照评价和开展工作的重要依据。企业的主要工作人员,要了解和知道标准的具体要求,还要理解标准的制定、贯彻与修订程序以及理由,这样才能在实际工作中进行工作的规范化处理活动。其实,企业的许多工作存在不足的原因是标准的不适用,或者人们对标准没有深入认识,或者是人们的工作没有标准等情形造成的结果。

6.4.4　主要工作与业务状况

工作现状的交流内容,可能存在多方面的情况。比如,实际工作结果的判断标准产生了差异,执行计划过程中出现的协调问题,进一步改进工作效果的新途径、新方法的讨论问题等。对于这些问题,如何对相关信息进行组织,也是沟通过程中必须面对的事情。

　　对于有关工作标准的问题,岗位工作数量和质量的问题,实际上也是管理工作中需要重点看待的内容。如果岗位责任中没有明确的工作内容规定,没有评价指标体系,则不同的人可能看法就会不一样,岗位的领导与岗位责任人的认识也会存在不少差异。责任员工认为做得很好了,但未必领导就能够满意。从现阶段的实际情况,以及管理理论与实践看,明确具体地确定岗位的量化指标还是不现实的事情,再者,同事之间的协调关系如何界定,如何评价等都不是很好明确的。有些单位的领导希望自己做好自己的工作,也有单位的领导则提倡小单位内的团队精神、成员之间的彼此协作。工作任务的完成方式,与领导的处事风格与理念也存在一定的关系。所以,对待有关岗位责任标准的具体问题,需要同事之间、上下级之间的进行有效沟通,才能更好处理这些事情。

　　对于处理工作中的一些事务性内容的过程,员工之间彼此沟通的过程更为常见。比如相互之间询问一些数据,对某件事情或者工作的态度观点,咨询某个问题的处理方式等。这些事情,需要彼此之间的理解,还需要沟通者平时积累的人际关系等。如果没有这些基础,工作过程可能会很单调和平淡,工作时就很难感受到温馨和友谊。所以,在工作中形成一种互相关心、互相爱护的氛围,形成一种文化环境,对员工热爱工作,热爱企业具有很重要的积极作用。

　　对于工作中的新事物、新技术、新方法、新思想的沟通,来自于员工对工作的热爱和对生活的追求。比如企业原来的管理过程可能比较简单,此时某个员工通过学习接触到了对某项工作可能会产生积极影响的某种新方法。他本着将工作做得更好的愿望,与同事们讨论在单位运用该方法的可能性与措施,共同探讨运用该方法的基础条件,需要具备和创造的环境因素,单位需要提供的条件,运用该方法之后可能出现的新问题,是否会影响其他部门的配合,企业领导是否会同意该单位做这种尝试等不同的问题。显然,这种沟通过程的存在条件是该单位具备积极向上的工作氛围,提出该建议的员工具有将现行工作进一步搞好的愿望。沟通过程可能简单,也可能很复杂,但至少有一个前提条件,如果这种新方法得到实际运用,不仅企业能够得到好处,员工的工作效率也会得到提高,而且员工的劳动强度和复杂程度能得到改善。

6.5　沟通内容中体现的重视与尊重

　　沟通信息的用词用语应该有所选择和讲究。比如可以更多地采用表示友善的词语,使得信息接受者在感情上不会受到伤害,不会感觉到被蔑视或者忽略。至少信息的组织整理是考虑过情感因素的,而不能很随意地使用某些可能伤害他人情感的语言,不能使用那些让人感觉被轻视的语言,并且也不能使用那些让人感觉被人歧视的语言等等。

对信息接受者被尊重的情绪感受,是沟通者需要时常注意的内容。当然,如果沟通者在沟通过程中选择的是激将法时,沟通者完全可能选择一些让信息接受者有所触动的刺激性词语。总体上看,沟通者选择那些体现尊重与善意的词语,能在一定程度上反映沟通者的修养水平。对于某些人而言,使用尊重与友善的词语与别人沟通是一件很困难的事情,因为它与沟通主体所接受的教育、他的行为习惯等可能还不足以让他具备选择尊重的方式与别人交流能力。再者,一些具备某种强势资源的人,比如有些拥有领导职务的人,经常会很自然地运用一些责备性的词语与他人交流。从这个意义上讲,能够用善意的词汇准确表述自己的沟通信息和内容,确实是一件很有修养含义的事情。

在企业管理的沟通过程中,也存在着不同责任者之间的沟通,比如上级与下属的沟通过程。如果上级不能在潜意识里尊重下属的人格和工作内容,它就可能在日程工作中选择随意和粗俗的语言表述自己的观点与要求。他的沟通过程可能是有效的,但可能在沟通的同时伤害了下属的自尊。比如,不给别人解释的机会,不给别人思考的空间,而是主观地表述自己的看法,说出自己的意见,使得下属在接受工作指令的过程中感到憋屈,在完成工作任务的时候,感觉受到了无法解释的委屈。这种状况可能会对部门或者企业的持续发展造成不可预测的损失。

组织沟通信息时,按照沟通者的行为原则和被沟通者的一般性愿望,需要遵循下述基本原则。

6.5.1　客观与尊重的沟通态度

组织沟通的基本原则,首先要求沟通的信息是客观的。通过沟通过程,能使双方的心情平和,能使表达的意思传递出去,能使被沟通者愿意和乐意接受沟通。因此,沟通过程还要使对方感受到你对其的尊重。你可以选择特定的方式或语气,能够让对方真实地感觉到被尊重并且能够心情平和。并且不会在沟通过程中让对方难堪,或者让对方感觉到权威以及人格被忽视等消极影响。

许多作为领导的人,或者具备某些地位的人,可能会忽略这方面的问题,会认为这是小节,只要沟通过程中能够客观沟通一些事情就足够了,而不需要在语气、态度等方面考虑很多,如果那样可能会使事情变得比较复杂。在实际生活和管理过程中,需要得到尊重和肯定的人很多,因为老百姓是人群的主体,百姓本身是弱势群体,更希望得到基本尊重。在企业里,一般员工也是属于弱势群体,如果一个有一定职务的人,能够平等与和气,并且能够用尊重的态度与之沟通,就比较容易得到对方的共鸣。当然,语气可以体现在语言中的,同时体态语言也能强化语言中的情感色彩。沟通内容的组织,能够使交流过程更真切反映出沟通者态度的诚恳和真切。

6.5.2 直接与坦率的倾向性表达

与沟通对象交流过程中,除了客观表述自己的意思以外,还要考虑在语言表达过程中尽量选择直接的方式,表达自己的意图。客观和坦率的表达意思,经常可以得到对方的理解与尊重。在工作过程中,沟通者能够结合实际情况、沟通双方面临的问题和产生问题的背景,坦率地表达自己的观点和想法,不隐藏或者隐瞒解决问题的观点与思路,包括可能让对方不是很容易理解与接受的观点等,反而更容易解决问题。由于担心自己的观点会让对方不感觉舒服,有些沟通者可能会比较委婉地表达自己的意思,并且可能不愿意说出对方不愿意接受的意图,或者不与对方辩论观点的差异。这样的话,有些事情可能就无法得到双方的共识,回避矛盾的方式实际上是不能解决问题的。

比如,一个同事的报表没有按照流程完成,一个工人加工产品的过程没有能够按照工艺要求等。当事人可能认为这些事情都不是什么大问题,因为即使这样,报表也按时完成了,产品也合格了。这些就是结果,不算什么错误。但作为单位的领导,可能就不能满意,因为工作规程属于制度,它给每项工作都制定了程序和步骤,既然这么要求,是经过多方认证形成的共识,只有这样才能更好保证工作的完整和质量的保证。尽管在工作中缺少某一个步骤或者忽略某项工序也可能不会影响工作的结果,但存在出现问题的可能性。所以,领导者需要与具体责任者进行沟通,要明确告诉责任者,他的工作过程不能满足要求,要从制度的严肃性和科学性,以及员工的责任心等方面与责任者进行沟通。而不能似是而非的、用不明确的态度轻描淡写地表示不满。坦率的沟通,可以使责任员工较好感受到自己的错误和产生错误的可能性,以及这种状况对企业工作的重要性。

📄 本章小结

组织沟通信息的主要目的是为了能更好地达成沟通目的。组织沟通内容的原则是能够准确表达沟通意愿,还要能够选择合适的形式,让被沟通者理解沟通目的,愿意接受沟通意向与沟通请求。在沟通内容的组织过程中,沟通者还要能够依据不同沟通对象的需求特点,使用对方喜闻乐见的形式,容易接受的方式对沟通信息进行组织。要能够满足技术人员、行政干部以及基层操作工人的交流与接收信息的特点,使得管理工作中的沟通过程能够满足实际工作过程的具体要求。

在不同的沟通环境中,沟通者还要根据沟通过程的特点,选择能适合不同沟通要求的信息组织形式。能够针对书面沟通的特点、口头语言沟通的特点选择合适的组织方式。使用尊重的词汇、准确的表示方式、善意的情绪语言组织相应的沟通内容,使沟通过程能够满足不确定环境的特殊要求。

运用管理沟通的方式时,沟通者还要重视对管理工具的运用。要能够以正确地使用统计报表,管理各种文件、制度等形式开展工作沟通。能够运用管理知识,并参考工作实践的具体要求,对这些管理工具进行改进与完善,提升沟通的效率。

阅读材料

关于公司实施 6S 管理的建议书

众所周知,目前全球有 65% 的企业都在广泛地推行 5S 或 6S 管理(整理、整顿、清扫、清洁、素养、安全),6S 内涵非常丰富。6S 管理是打造具有竞争力的企业、建设一流素质员工队伍的先进基础管理手段。6S 管理组织体系的使命是焕发组织活力、不断改善企业管理机制,6S 管理组织体系的目标是提升人的素养、提高企业的执行力和竞争力。

我们公司自从推行 6S 管理以来,无论是从生活、工作环境、工作效率、人们的素养,还是从企业文化、竞争力、企业形象、公司管理、产品质量、安全水平等诸多方面,都得到了很大的提升。6S 管理深深地影响了公司的每一位员工,大部分人都是认同和支持 6S 管理的,然而在 6S 管理的执行过程中,我们也发现了一些问题值得商榷,特提出以下建议以供参考。

(1)在办公室的 6S 管理中,不允许在办公桌上张贴员工的通讯录,我们只好把通讯录放到文件夹中,需要时再把文件夹拿出来查找。我们认为这一点并没有提高员工的工作效率,反倒效率降低了,仅仅为了整个办公室的整齐划一,把一些本该放在桌面上的东西"藏"起来,表面看上去办公环境确实是干净利索了,总体上,我们认为这样做使得员工的工作成本增加了。

(2)6S 管理确实有改善环境,提高工作效率等优点,然而我们公司有自己的实际特点,投产 3 年来,生产现场积累了很多物资,有些是废品,大部分还有利用价值。为了配合公司的 6S 管理,且由于现场仓库过于狭小,很多生产片区都被迫把这些物资退回物流仓库。物流仓库也迫于 6S 管理的压力,为了改善环境,把一些有利用价值的东西当废品卖掉了。当我们在退这些物资时,无不感到心痛和可惜,多好的东西转眼间就变成废铜烂铁了,无疑增加了公司的生产成本,造成了物资的大量浪费。

(3)为了改善环境,有些地方把路沿都粉刷了油漆,我们认为是没有必要的,或者说没必要全部粉刷,因为路沿上的气孔比较多,粉刷一个路沿需要的油漆是粉刷相同面积钢材的几倍,大大浪费了人力、物力、财力,我们完全走进了仅仅为了美观而刷漆的误区,毕竟我们是生产企业,不是旅游景点,只需保持干净、卫生、整齐的环境就可以了。效益至上,而锦上添花的东西我们认为大可不必。

(4)我们认为有时在治理现场环境的跑、冒、滴、漏时,同样走了极端,我们公司的设备多、品种繁,自身的本质就决定了不能像电子企业那样干净、美观。各个生产片区为了 6S 管理,很多设备仅仅存在少量的泄露时就更换了备件,造成了物资的大量浪费,所以,我们建议在不影响安全、生产和环境的前提下,适当降低 6S 检查的要求,尽量延长备件的使用寿命,为公司的节能降耗、提高竞争力做贡献。

一个企业固然要学习 6S,努力学习国际企业的先进经验,更应结合实际,就如同发展有中国特色的社会主义一样,发展自己的企业。任何事物都用两面性,我们希望公司在 6S 管理中趋利避害,每个员工同心协力,共同为企业的发展壮大做贡献,迎接美好的明天。

(MBA 803 班 赵峰)

思考与讨论

1. 您认为该阅读材料是否清晰地表述了作者的观点?该阅读材料的语言特点、表述形式、层次结构等能否让读者对企业的管理工作产生一些特殊的认识?你觉得有无进一步改善该阅读材料表述方式的必要性?

2. 管理工作中存在不足是正常现象,如果您是企业推行 6S 管理的管理者,您如何看待实际工作中存在的"一刀切"现象?为了更好开展此项活动,并能够改善管理效果,您会如何回答建议者提出的问题,并期待能够让对方满意?

3. 在阅读材料的表述过程中,是否存在不尊重的语言倾向?所叙述的事实是否能够支持支持作者的观点?您对作者提出的改进工作的建议如何看待?您是否认为作者的建议具备客观性与可行性?

4. 如果您依据阅读材料的主要观点,重新改编该建议书,您认为能产生更好的管理效果吗?并说出你的理由。

第 7 章

管理沟通内容的传递媒介

🐝 本章学习要点

1. 传递沟通内容的过程中，可以选择多种沟通媒介。根据实际沟通过程与管理实践的需要，谨慎选择合适的沟通媒介，是支撑有效沟通的重要前提。

2. 口头语言是生活实践中使用频率最高的媒介。沟通环境中存在诸多不确定因素，沟通者需要依据实际需要，选择合适的语言表达形式。

3. 使用语言沟通时，需要根据环境的需要，选择不同的语言表达方式；需要根据被沟通者的特点，选择口头语言的运用技巧。

4. 书面语言是一种管理实践中规范化程度较高的沟通媒介。深入理解与掌握沟通内容与沟通目的，是熟练运用书面语言进行管理沟通的前提。

5. 将口头语言、书面语言以及行为语言进行有机结合，产生更有效的结果，是沟通者实践经验的体现，也是反映沟通能力的重要表现形式。

沟通内容需要用一定的媒介传递。沟通内容的基本传递媒介或工具包括口头语言、书面语言、形体语言、电子媒介等。在沟通内容与信息的传递过程中，不同的传递媒介产生的效果与多种因素之间存在关系。比如沟通的语气、沟通内容的表述方式等背景因素都会产生不同的综合作用。另外，沟通内容的传递工具的选择与前面所述的信息组织方式等因素之间也密切相关，或者说沟通媒介本身就是沟通中的一个组成部分，只是为了对沟通环节的叙述方便起见，才将这个过程人为拆开了而已。

沟通媒介的灵活使用，有助于沟通愿望的实现。在企业的沟通过程中，环境与形式差异很大，有面对面的直接口头沟通情景，有不便直接交流的沟通场合，有不需言语的行为沟通需要，还有其他形式的沟通需求。为了达成更好的沟通效果，就需要选择合适的沟通媒介与形式。在企业管理过程中，常用的沟通方式是口头沟通、会议沟通以及制度方面的具体沟通。正式沟通与非正式沟通的形式都是实际工作所需要的。为了沟通过程能够满足实际工作的需要，这里主要从沟通中常用的口头语言、书面语言等媒介,以及沟通主体之间的交流形式方面讨论沟通媒介的选择问题,以及为了更好达成沟通目的,如何选择和运用这几种沟通媒介与形式的相关问题。

7.1　口头语言

语言表述(文字表述、信件表述、电话表述、短信表述)是使用特定词汇对沟通内容进行组织的过程。用非语言媒介(图片、色彩、肢体动作)传递沟通内容,可以是传递信息的主要手段,也可以是辅助形式。在日常生活与工作中,沟通过程主要选择口头语言传递非正式与实时性的信息,而与企业管理过程有关的正式内容则主要是选择书面语言传递的。

规范的管理工作强调书面语言的沟通。书面语言可以是口头语言规范化之后的结果,是产生正式约束作用的信息传递工具。日常工作中书面语言的使用频率相对较低,但格式的规范化程度却要求较高。在管理实践中,口头语言所表述的信息多是对书面信息的某种补充形式,而且使用频率更高。口头语言与书面语言是管理沟通过程中最常用的两种传播媒介。

7.1.1　口头语言的情绪类型

口头语言对表达形式的要求相对较低,但口头语言的表达过程却存在感情色彩方面的特点,口头语言的表述过程中也常常伴随着情绪化的倾向。沟通者自身的角色定位、沟通过程中的心理状态、沟通者的理性特征等,都在一定程度上影响着口头语言运用过程中的情绪色彩。而不同的语言情绪,对达成沟通目的也存在着不同的效果。

1. 热情的口头语言

对于一个自己愿意、喜欢接触、并愿意在多方面合作的沟通对象,人们可能会选择耐心的行为、和善与热情的语言以及充满热情的态度与之交流,并选择友好与善意的语言方式与之沟通。这种情况下,沟通者会尽量发挥自己的语言能力,选择能够帮助对方,使对方能够心情畅快并且工作更为有效的方式与之相处。即使沟通的结果与沟通者的行为初衷之间出现偏差,沟通者也会尽量使用友好的态度进行解释甚至选择其他辅助方式开展善后处理活动。当然,也有一些人可能选择的是"口蜜腹剑"式的方法与他人交往的。这些人掌握了一定的语言表达技巧,具备较强的心理素质,可以做到在任何情况下都能表现出笑容满面、热情洋溢的形象,能够选择积极阳光的方式与人交流。至少,只要不是过于虚假的热情语言是不会让人产生很反感的心理抵触的。

在实际工作中,领导以关心的口吻与方式询问下属的工作情况,询问下属在工作中遇到的困难,询问需要关心和帮助下属的事情,理解和体谅下属在做某件事情时遇到的困难与麻烦,以平等、尊重、和善的方式与下属进行交流,以合乎情理的方式关心鼓励下属的工作行为等,必然会受到下属的认可与尊重。即使下属的工作状况与结果不是很令人满意,上级领导也能以积极的方式与之交流,并提出改善、改进问题的建设性意见,而不是以责备、批评甚至斥责的方式与之交流。热情的口头语言会对下属的后续工作产生积极影响。正常情形下,管理者的下属或者同事不会使用抵触的态度或行为与热情的沟通者进行交流的。因此,选择并运用热情理性的语言与同事进行交流,是可能产生事半功倍效果的基础之一。

在企业实际管理工作中,不论针对哪个层级的员工,不论他是管理者还是基层员工,如果沟通者都能够以帮助、理解、鼓励、鞭策的语言方式与对方交流和沟通,将是一件很不容易做到的事情。尤其当沟通对象本身存在明显的非理性行为,不能正常理解、面对和处理工作中出现的问题时,沟通者还能够选择积极、热情、理性的语言和方式与之进行沟通,这将是非常难能可贵的做法和行为。

2.冷漠的口头语言

对于一个与自己仅仅具备特定工作关系的沟通对象,或者对一个彼此之间比较生疏的人,很多沟通者可能都会选择客观且理性的语言方式与对方进行交流。如果沟通者是一个善良、积极的人,他还可能会选择更加友好的方式与对方交流。但是,作为企业的一个工作人员,更可能会选择一种公事公办的沟通方式,并选择客观、直接、无任何感情色彩的方式与被沟通者交流。企业的许多工作人员不愿意考虑被沟通者的情感需求,包括不愿意主动理解对方的困难并解决对方提出的实际问题。在实际工作环境中,经常可以看到一个员工到某个部门办理某件事情时,作为工作人员的沟通者是以制度、规定、惯例等为依据与对方进行交流,很少或者基本不去考虑有关制度中存在的可能变通方式,而是热衷于采用理性并生硬的语言与对方交流,他们并不考虑对方是否能够理解自己的回答,也不考虑采用这种理性冷漠的交流方式可能会对对方的情感造成的消极影响。某些工作人员常常对办事者说一些"按照某某制度这件事情不能办理"、"你可以去找某个部门协调"、"你去找领导审批",甚至说"不行"、"没有办法"等拒绝对方请求的冷漠语言。或者说"你耐心等待几天,我们需要研究一下,有结果会通知你"等,但此后却可能永远没有结果答复对方。

在现实中,人们经常遇到上面描述的沟通方式,而且很多人也会认为这些状况是正常的情形。但从结果看,工作现场的这种状况不仅可能降低工作效率,还可能造成简单事情的复杂化,造成同事之间关系的制度化,不同员工或者部门之间在后续工作中的合作障碍,同时导致人际关系的冷漠等消极后果。这种工作中常见的沟通情形,可能会降低人们的工作热情,造成部分员工对管理制度与政策规定的不理解与抵触情绪,甚至使得一些本来可以变通处理的简单事情,最后成为无法解决的难题。

工作中的冷漠语言更多地出现在所谓的权力部门。这些权力部门的领导或者办事员很少考虑到来办事的人的需要,所以才很容易选择这种冷漠的语言甚至行为对待办事者。很重要的原因是别人有求于他们,而他们的直觉是认为自己在帮助别人,不管自己如何做,对方也必须接受自己的方式。所以,不需要使用热情的语言与对方交流与沟通。

企业的管理制度是适应多数常规性事例的解决与规范化需要而制定的,但管理制度不可能顾及企业所有的工作内容。在运用制度过程中逐渐完善并改进相关内容,是企业管理制度逐渐优化的正常过程。如果某些员工在贯彻制度中不能正确面对实际问题,不能本着积极的态度理解和运用管理职能,而是将现有的制度当做一种完善的标准加以执行,并伴之以冷漠生硬的口头语言开展工作,则很可能破坏管理制度的积极效用。因此,调整有关员工的服务意识,改善工作态度,对于提高岗位的工作效率,改善员工之间的工作关系将是极为有益的工作。

3. 中性的口头语言

从语言的语气方面看,一些沟通者在处理事情的时候,不愿意选择热情的方式与人交流,也不选择冷漠的、拒人千里之外的语言方式与人交流,但却可能选择一种很平淡的语言表达方式与人交流,或者说是选择一种没有情绪倾向性的方式与对方交流,即选择一种客观、无情感色彩的中性语言形式与对方沟通。沟通者运用这种平淡的方式与人交往,传达自己希望表述的事实、建议以及倾向。实际上,这种沟通方式是一种想象的形式,很多人是做不到用这样的方式与人交流的。只有一些经过特殊训练,或者位居特殊工作岗位的人,才有可能会使用这种语言方式。在企业对外的办事窗口里,这种现象比较常见。由于企业的对外窗口工作人员在日常工作中每天遇到很多人,他们在每天的工作中都重复地说着一些特定的语言,比如"你好"、"再见"等。时间长了,这些员工的态度就开始变得没有感情色彩了。

在这些对外窗口工作人员的日常工作中,不会也不可能出现冷漠与拒绝。但如果要求他们时时运用热情的语言与工作对象进行交流,也是比较困难的。例如,在高速公路是收费站的收费窗口,企业要求收费员要向车主问好,收完费之后要说再见。但在高峰期,多数收费员会不遵守企业的这项规定,经常会选择面无表情的方式,即使被迫地说"你好"与"再见",也是属于无任何情感色彩的语气形式。

7.1.2　口头语言的倾向类型

运用口头语言表述某个观点或者事实时,不论选择哪种语言形式,都在表现着一种语言倾向:消极或者积极。否定、抱怨、拒绝等属于消极倾向,而赞同、褒扬等则属于积极的语言倾向,具体的语言倾向也可以用多种形式表现,下面具体讨论。

1. 包含消极倾向的口头语言

消极性口头语言的选择,多数表现在对事物的消极认识方面,或者体现在对结果持有消极看法的事情上,或者反映在说话者对沟通对方的否定与厌恶方面,也可以反映在沟通者自我性,甚至反映在沟通者的非理智性特征方面。

(1)否定性的口头语言。

在口头语言沟通过程中,一些沟通者喜欢选择拒绝对方请求或者否定对方观点的表达方式,并习惯选择一些使被沟通者难以接受的否定性语言。比如在尚未理解对方意图时,就先说"你说的不对""你的观点是错误的""你根本没有理解问题的本质""你的看法怎么总是片面的""你真是一个不讲道理、胡搅蛮缠的人""你果真是弱智啊?""你到底会不会理性说话呀?"等。这种表达意思与观点的方式,很容易使被沟通者对事情、对工作产生失望,使得沟通对象从内心产生愤怒与不满的情绪,并导致沟通者产生无助、无奈、失落甚至郁闷的感觉。这种语言的运用者,多数是一些位高权重者、具备一定地位或者关系优势者以及一些自以为聪明而且能力较强的群体中的人。

选择这种沟通方式的人或者主体,多数都不愿意或者不关注对方的心理感受,而是习惯于利用自己具备的某种心理方面的优越感。他们不认为自己随意否定别人的行为会产生消极结果,他们甚至可能认为这种交流方式是正常的,或者在潜意识方面认为他人的心理感受是不需要考虑的。当然,这些人也可能根本意识不到对方有可能产生的消极性心理感受。实际上,沟通者运用这种消极语言进行沟通,不仅可能会降低彼此之间后续沟通的可能性,并且会使得预期的某些工作效果更难以达成。

在现实生活中,还有一些人几乎不去考虑他人具备的长处和优点,认为别人就应该做好工作,做不好某件事情则一定是不应该的。不会去考虑别人做事情时可能遇到了哪些不确定的消极因素,不会去考虑他人在做事情的时候,是否遇到了难以克服的困难等。沟通者只是按照常规的思路去看待别人的工作,理解事情的常规发展过程,并判断他人的具体工作过程与结果。他们喜欢用刻薄的语言表达方式,采用否定的语言形式去评价别人的具体工作行为与结果,即使是别人做了很多有成效的工作,也不会得到肯定与认可,这些人总能找到否定他人的事情和理由。显然,这种运用消极否定的口头语言表达方式,对他人、企业工作的消极影响是不言而喻的。在实际生活中,人们经常会遇到擅长运用这种语言表达形式的人。

(2)抱怨性的口头语言。

在企业工作中,因为各种原因,员工常常不能够按照制度规定的内容与方式开展正常工作,或者不能依据领导的要求安排事情。面对这种情形,管理者常常会因此而指责相关员工。比如说,"你不明白这项工作的程序吗?""我告诉你的事情你真的记不住吗？""你怎么不能主动点呢？""你什么时候才能做出让人满意的事情呢？"等。

当某个员工的工作绩效差强人意的时候，也有一些管理者还会用"你到底有没有责任心？""你究竟还愿不愿意在这儿继续干下去？""你到底有没有工作能力？"等语言去批评有关员工。

即使当员工本着改善企业的管理现状，对企业的某些管理工作或者生产过程提出一些积极的建设性意见时，一些管理者也会以"就你了解实际情况？"搪塞，甚至用"咱们单位就你关心企业的发展？"，"你怎么这么多事情？你不能先把你的事情干好？"等消极态度抱怨这些员工多管闲事。或者使用其他不友好的方式抱怨员工不理解、不支持自己的工作等。也有一些管理者不愿意分析员工的态度对企业实际工作的影响是积极还是消极的，几乎不愿意听取员工对工作的任何建议。只要是员工的工作，他们几乎总是用挑剔的口吻进行评价。

如果不能理性理解和看待员工的工作行为与观点，不能积极面对员工的各种客观工作状况，管理者就有可能忽略员工在实际工作中存在的不足，以及员工为改善企业管理工作效果提出的建设性意见，包括积极参与企业各种工作的积极性。这种状况与多数企业的经营理念之间是存在明显差距的。

（3）轻蔑性的口头语言。

如果沟通者经常使用挑剔、严厉甚至刻薄挖苦的语言方式与人交流，被沟通者必然会选择抵触与反击性的反馈行为。在实际工作中，一些管理者甚至普通员工习惯性地蔑视别人的工作。他们的语言中常常表现出轻蔑的倾向。这些沟通者在与人的交流过程中，言语之间盛气凌人。沟通者可能并非一定认为他人的工作是没有意义的，但在语言中反映出来的意思，就是认为别人所做的多数事情都是没有意义与价值的。比如，在现实中我们会听到"就凭你的那点能力，也能干成事情？""你再修炼10年时间，也不可能成熟起来！""你能否告诉我，你还有救吗？""你怎么就没有说过有意义的言语呢？""你能否把你的意思用简练的方式说出来？""你能否把你的观点直接说出来？"等。

还有一种严重低估沟通对象的智力的口头语言表述方式，比如说"你听明白我的话了吗？""给你说多少遍你才能明白呢？""你长脑子了吗？""你是否在听我说话呢？"等。这种以居高临下的姿态与人交往的方式，反映了沟通者对他人能力的蔑视与不屑。在与这种沟通者相处时，人们很难形成彼此之间开展有效沟通的愿望。

在日常生活中，人们确实会看到某些人在与人交流的过程中，言语啰唆，一件事情能翻来覆去说好多遍，不仅逻辑不清、观点不明，而且反复交代；或者虽经多方论证，但就是让人感觉不到他究竟想表达什么意思，让人不知道他的要求究竟是什么等。从尊重每一个人的角度看问题，即使事实就是这样的，沟通者也不应该在语言表达中表现出对他人的不屑。沟通者的这种不屑必然造成对被沟通者的精神伤害,使那些自信心较弱的人更加自卑,进一步抑郁,更加不敢多说自己的观点。

还有一些沟通者在与他人交往过程中,喜欢故意寻找别人的不足,总是选择一些让人感觉困惑或者不爽的词汇。这些人在与人交流中经常表达着一种嫉妒、羡慕或者难以直接明说的消极倾向。比如"你是咱们单位的劳动模范,领导怎么就不知道呢?""你每天这么积极努力的工作,是否能得到很多奖金啊",或者以嘲讽的方式说"人家某某是单位的栋梁,是单位的中流砥柱,是咱们学习的榜样",或者以揶揄的方式说别人"他就是个喜欢自我表现的人,是个随时把领导意思当圣旨的人,是一个不学无术只会投机钻营的人"等。在这种意思表达过程中,言语者对别人的观点除了不满或者嫉妒之外,几乎没有去发现他人的优点与长处。显然,这种待人处事的态度对员工彼此之间的工作与合作将会产生消极作用。

此外,也有一些人在与人交往的过程中,喜欢自吹自擂,夸大自己的能力与成绩。喜欢告诉别人他有地位很高的朋友,他有不少很有层次的熟人,他为了工作在多么辛苦和勤奋地工作着,他已经做出了多少别人无法企及的成就等。这些人的口头语言中,除了贬低别人的行为与工作,就是刻意抬高自己的能力。其结果必然是被人回避或者敬而远之。

(4)推卸责任的口头语言。

在工作环境中,每个人都是某种工作的责任承担者。在实际工作中,多数工作人员在生活中都能够较好地履行自己的工作责任,并为自己的工作行为和绩效承担责任。但是,在现实生活中也存在一些不尊重自己工作责任的责任者。比如:一些学生可能不在乎迟到、旷课、不交作业等非正常的行为;一些工人不认真对待产品质量;一些职能人员不能按期编制工作表格;一些教师不能按时到教室去上课;等等。还有一些产品销售者,会因为业绩的原因,夸大产品性能等。

当有关人员或者组织提出疑问后,这些不能履行自己分内责任的人,往往会寻找各种借口为自己的失职行为寻找借口。比如,当一个员工针对企业的工作状况提出改进建议并提交给相关管理者之后,该管理者并不及时、认真地关注此事,或者根本没有阅读过人家对改进工作效果所提出的建议书,而且还会在表面上表现出对该事情很重视。该管理者可能根本没有认同建议书的内容,然而却还告诉对方"你的建议不错,但还需要完善,请你再深入思考一下"等。甚至也会利用自己在工作关系中的强势地位,告诉对方"你提出的事情过段时间再说吧"等。

这种对自己角色责任的不负责任态度、这种对工作过程的敷衍态度,很容易阻碍员工在工作中的交流与沟通过程。即使被沟通者对这种敷衍行为很不满意,但如果对方没有制约此工作人员的具体措施,这种现象就很难被禁止或者杜绝。

在工作实践中,这种语言现象经常出现在拥有一定权力或者具备一定优越感的工作人员的口头语言中。养尊处优的工作岗位,掌握资源的地位,可能会助长这些工作人员在这种沟通过程中的语言习惯。

（5）胁迫性的口头语言。

某些管理层的员工在与他人沟通过程中,可能会因为自己的工作特点,要求别人按照自己的意愿去安排工作内容与方式。比如要求下属必须按照自己的要求去做事情时会说:"要么换脑子,要么腾位子。"用"腾位子"作为胁迫下属"听话"的武器。当某人认为别人的行为对自己不利时,也会以"你砸我的锅,我砸你的碗""你如果不能按期按要求处理好这件事情,后果自负"等方式胁迫或者威胁对方就范。

这种类型的口头语言在现实生活中随处可见。企业的一些领导者面对下属员工的不满情绪时、对某些人的行为感觉不满时以及强迫下属员工的某些行为时,都会选择这些胁迫性质的语言与对方进行交流。当然,一些员工因为对企业的某些管理方式不满,认为一些政策对自己不公平的时候,也会对单位领导说"你如果这么处理事情,我跟你没完"。当某个员工认为单位领导过分使用职权时,也会以"三十年河东,三十年河西,不信你就能一直当领导,人做事也要给自己留点后路"等方式与之对垒。显然,这种类型的语言的表现形式多种多样,但其核心都是利用语言胁迫或者威胁对方。

管理过程的实质,就是依据制度的内容约束和限制员工的某些工作行为,这种对员工行为的制约必然导致被管理者的不满与抵制。除非企业员工能从被管理的状态变为自我管理的状态,或者在被管理过程中体会到乐趣。因此,在管理活动中,能够运用语言技巧,积极促进员工之间的相互理解与包容,也是改善管理效果的重要内容之一。

（6）随意性的口头语言。

常识显示,消极性情绪对人产生影响的时间是比较长的。因此,在工作与生活中,不少人习惯选择消极性的口头语言与人交流。这种情况下,人们可能是在无意识中使用了消极的口头语言。比如单位领导会告诉下属:"上级领导对咱们部门的工作不很满意,咱们还是需要注意点。"这句话并没有指责任何人,但却能给大家一种沉重的感觉,使得下属员工心里嘀咕,自我检讨自己是否又做错了什么事情。再比如,单位领导告诉大家,"如果干得好,春天的时候咱们单位一起去春游",但大家知道本单位根本没有资金出去踏青,而且也从来没有组织过这种活动。所以,这种随意说出的口头语言,不仅不能激励大家更好地工作,还可能让大家因为失望而勾起大家消极的感受等。

即使消极的言语者的初衷是为了员工能够更好工作,取得更好的工作结果,希望在日常交往中及时提示自己的下属或者同事能够避免一些消极的后果。但诸如此类的提示有时不仅不能给被沟通者提供帮助,反而可能使对方感到受了挫折。

有些员工心理素质较为脆弱,在听到一些对自己的消极评价时,就会在较长时间感到郁闷和不安。因此,在与这类员工的交流过程中,需要注意语言内容的积极性、语言表述过程中的潜在性影响,尽量不说"你这个人多愁善感""你这个人追求完美""你这个人情商太低""你这个人不具备与人交往的能力",以及"你这个人不适合与人合作"等否定性语言。与这类心理状况较为脆弱的员工交流时,要尽可能选择积极的,具有肯定与鼓励色彩的词汇。

在上下级的日常交流时,还经常会出现一些很随意的聊天过程。在这种交流过程中的一些具有幽默感的语言交流,同样会产生一些说者无心、听者有意的结果。如果闲话中的一些内容含有消极因素,也会导致对后续工作甚至彼此关系的无意识消极影响。由于交流者之间彼此很熟悉,言语者或许认为,彼此之间开个玩笑是很正常的事情,而且还可以活跃并调节气氛,但如果这种随意的交流内容产生了不必要的消极影响,尤其是对企业工作产生一些消极影响,则就事与愿违了。所以,有些话的意思既然不是认真思考的结果,还是最好别说。

如果作为一个企业的管理者,其责任是帮助你下属更好地工作,而不是要用那些看似幽默或者随意的语言对员工产生消极影响,所以,要在日常工作中注意自己的语言可能产生的消极效果。

(7)批评性的口头语言。

如果沟通者不喜欢某个人,则当这个员工在工作中做出某些令人不满的事情时,沟通者就可能不去了解这个员工为什么做错事情,而是选择直截了当的方式去批评这个员工。显然,出现这种沟通的前提是沟通者对对方未来的行为是不存在某些心理方面的顾忌的。这种情况下,沟通者甚至会选择生硬的语言,并且不会也不愿意考虑尊重、理解等语气的使用,而是直接选择呵斥等表达方式,批评对方的无能或者做事不力。这种沟通方式常出现在上级对下属的交流过程中,出现在对方没有完成任务、没有满足要求的过程中,或者出现在愤怒、恨铁不成钢的情绪中。在这种沟通环境中,沟通者几乎不去考虑对方的情绪与接受批评的能力,以及对方的心理承受能力,更多的是尽力宣泄自己不满的情感,淋漓尽致地发挥自己的所谓语言才能,通过批评与训斥过程表达自己的不满情绪。

在现实生活中,作为管理者经常会选择这种沟通方式。下属员工提出工作的困难时,领导会认为下属工作不主动;下属员工认为自己受到委屈时,上级领导则会认为其心理素质太脆弱;下属员工在工作中遇到困难时,上级领导则会认为其工作能力存在不足等。总之,如果领导不愿意理解员工的工作,就一定能够找到批评下属员工的理由。当然,也可能是上级领导心里知道下属的苦难,而是习惯采用这种方式激励员工的主动性与工作潜力才这么做的。再者,造成这种的原因也可能是领导者多次提出要求甚至已经提出改善工作的有效建议之后,下属仍然刚愎自用,拒不接受领导的建议或指示,或者表面接受但并无实际行为反馈,再或者是反馈的结果不是沟通者所愿意见到的情形等。比如领导对下属的工作过程、工作态度、工作方式存在不满意,在多次提醒下属却没有效果的状况下,就很可能出现这种语言现象。

对于那些被深恶痛绝的人,沟通者也可能选择退避三舍的方式,采用所谓的"冷处理"(有人称之为冷暴力)对待之。从这个角度看问题,如果人的品性或者性格存在不足,极有可能成为孤芳自赏式的人。在工作过程中,除非这种人自己具备超人的工作能力,否则他的生活就有可能非常"安静"。因为很少有人愿意与之交流。如果出现可替代的条件,他们的结局多是被辞退。事实上,在一些单位或者组织里,这种类型的工作人员还是不少的。

2. 体现积极倾向的口头语言

在彼此之间的交流过程中,人们使用具备积极倾向的口头语言,可以对沟通效果产生更有效的促进效果。这里所说的积极性口头语言,指的是至少不使沟通对象产生消极心理感受的口头表述内容。沟通者愿意选择具备积极属性的口头语言,与沟通者的心态之间存在明显的相关性。对于一个心态积极并且对生活充满热情的人,其口头语言中,可能更多的是鼓励、理解、向上的倾向。他们愿意选择积极性的语言,用以表述生活中的事物以及对处理问题的观点。当然,也有一些具备语言技巧的人,从积极的角度看待和分析消极的事物,愿意用积极的方式,与他人进行有效交流,不至于因为人为的原因,使被沟通者感受到心理方面的消极倾向。

积极性的口头语言可以情、理、法三个词的基本内涵进行划分。首先考虑人们彼此之间在交往过程中的那些重要影响因素。人们之间的多数交流过程中,许多交流者都很在意情感因素的影响。在生活与工作实践中,很多人也认为情感因素是影响沟通效果的重要因素之一。情感因素在人们之间的交流中,不仅可以促进彼此之间的相互信任,还能营造一种良好的沟通氛围,所以,具备友好倾向的语言,对沟通效果的影响是积极的。所以正确认识并重视沟通中语言中的情感色彩,是很重要的事情。再者,彼此之间客观坦诚的交流,也是探讨问题与解决问题的重要基础,只有彼此之间能够没有顾忌的真诚交流,才能把需要交流的内容解释清楚,也才具备了成功沟通的必要条件。当然,在沟通过程中熟练运用一定的语言技巧,也有助于对沟通过程产生积极作用。

(1)热情鼓励的口头语言。

热情的口头语言,首先可以表现在沟通者双方彼此之间的相互肯定之上。当沟通者在语言表述中能够真诚地肯定对方的时候,至少能够使对方不拒绝这次交流。显然,肯定对方的状况,理解对方的想法与行为,也是沟通者愿意与对方沟通的基础。如果沟通者无法认同对方的思维方式,不愿意承认对方工作行为的客观性,而是用挑剔的目光与不满的口吻开始彼此之间的交流,则沟通过程得以继续的可能性就会降低。

在沟通过程中,不论沟通双方的行政隶属关系如何,也不论双方的价值观之间存在什么差异,只要沟通者是运用理解的态度与对方进行交流的,同时还能使用让人感受彼此关系比较亲近的口头语言与对方交谈,并且使用和蔼的态度表达自己的观点,就能缩短沟通双方的情感距离。尤其当沟通对象为下属的时候,领导对下属的理解与帮助的倾向,以及和蔼语言的表达方式更可能产生事半功倍的作用。

在员工彼此之间推心置腹地交流时,因为彼此之间心心相印,所以沟通者之间的沟通过程是温馨和高效的。彼此可以直接、坦诚地讨论自己对问题的理解,彼此之间对问题看法的异同,以及对处理问题的设想、对策等有关内容。沟通者之间情感的交流,更多的是属于积极有效范畴之内的,但也可能会出现一些观点的冲突,以及相互之间的不理解,但从常识看,这种类型的沟通过程造成消极结果的概率应该是比较低的。

在沟通者之一面临工作中的困难、生活中的问题时,彼此之间通过相互交流、共同探讨事物的本质,讨论解决问题的途径与过程,达成彼此之间的相互理解、关心、鼓励、帮助等,对强化沟通者彼此关系,必然具备重要的影响。企业的管理者对下属工作的认可、对下属工作成绩的肯定、下属对上级管理者工作内容与方式的理解与支持、同事之间在合作过程中的相互关照与理解等,都是彼此之间更深入交流的动力与润滑剂。

在同事遇到困难的时候,在同事需要帮助的时候,在同事为解决棘手问题而伤脑筋的时候,在知道同事工作中存在不足的时候,能够施以援手,运用热情的语言予以关心和支持,并选择积极、建设性的办法或者方式帮助和鼓励对方,对强化同事之间的合作关系同样存在积极影响。

营造一种相互关心、相互帮助的工作氛围,使大家在忙碌的工作之中经常能够感受大家庭似的温馨气氛,对提升工作效率与效果也是非常重要的。热情积极的口头语言交流,显然是营造这种氛围的必需条件之一。

(2)客观坦诚的口头语言。

在企业的实际工作中,不同的员工所从事的工作内容常常存在很大差异。有些人是从事管理工作的,也有人在从事具体的产品生产活动,不一而论。由于工作的内容不同,工作的模式会存在很大差异,思考事物的思路甚至立足点也会不一样。管理者考虑的是各种资源的合理配置与计划的落实过程,而基层员工考虑更多的是如何运用可掌握的资源制造出符合要求的特定产品。

作为管理者,可能会对下属的工作提出自己的评价与判断,会肯定下属的工作,也会对下属的工作提出不同意见,甚至提出不满意的评价观点。但管理者表达自己观点的方式是有区别的。管理者可以直接指出问题所在,也可以使用委婉的态度进行批评,还可以选择斥责的方式表达不满,当然,也可以在客观指出问题的情况下,从改进工作的角度,选择建设性的语言提出自己的观点。显然,作为当事人,在工作出现问题的时候,应该是已经明确意识到了自己的不足,他可能更希望在不被批评的前提下,听到能够帮助自己改善工作状况的建议。因此可以说,管理者直接客观并具备建设性的合理建议,对下属提高工作质量才是有积极意义的。

同样,管理者在制定和贯彻企业的管理政策的过程中,也会遇到一些意想不到的困难与问题,某些不合适的管理政策与制度也会面临着调整与完善的必要性。被制度约束并身临其境的下属如果能够理性认识问题,能够理解管理者制定和贯彻制度中的实际情况,就会从理解的角度看待管理者的角色特点,从积极的角度,从改进管理的思路方面为管理者改善工作提出建设性意见。如果沟通者双方交流的态度是积极和坦诚的,并真切希望工作质量更高,则彼此之间的坦诚沟通就能产生更积极的作用。

不同岗位的员工在工作中接触的人群也是不一样的。一些岗位的员工接触更多的可能是企业外部的人员,而另外一些岗位的员工则主要是与企业内部员工存在工作关联。显然,与外部接触较多的员工,可能在彼此交往过程中更需要一些客气与礼貌,然后才是坦诚与客观的工作语言。如果是主要接触内部员工的人员,更多的是要与同事开展合作,则彼此之间的接触、合作、包容以及坦诚可能是更重要的内容。

(3)理解宽容的口头语言。

由于企业的管理过程受到各种复杂因素、随机情况的影响。在实践中,企业一些工作过程的实际结果往往与计划和预算标准之间存在差异;一些员工的工作行为也可能与制度设定的要求之间存在偏差。面对这种时常遇到的管理问题与不足之处时,作为管理者如何面对也是管理沟通过程需要考虑的一个方面。

当员工的工作过程出现差错时,当员工的工作态度不够敬业时,管理者可以运用特定的制度对责任人进行处罚,也可以通过细致、客观分析产生偏差的原因,通过帮助员工分析问题的状况,与责任者共同商议改进工作的思路与措施。

在企业管理中,奖惩制度是一个重要的管理手段,而绩效考核是评价员工工作业绩的主要工具。通过运用绩效考核中的各种绩效评价指标,企业可以判定一个员工应该得到的奖励标准以及应该承受的惩罚措施。依据基本管理原理与管理思路,多数企业都制定了精细的绩效考核制度。但这些制度在运用过程中也是存在着一定程度的不适应性的。如果在管理过程中简单地按照制度内容严格执行,必然会导致一部分员工的不满。其原因是制度本身不可能是绝对公平和公正的。

在实际运用管理制度过程中,如果管理者能够面对员工的实际工作,从善意理解与解决问题的角度,运用鞭策后进、鼓励先进的方式对待员工的工作绩效,则管理过程就可能更为有效,更容易得到一般员工的理解与支持。也就是说,尽管正式的管理制度具备很强的严肃性,但任何制度也都存在变通的可能性,都存在理解与使用方面的灵活选择可能。

当员工在工作中出现不足时,这些员工应该很清楚将会面临的奖惩措施的。如果是由于员工自身的原因导致了失误,多数员工都会感觉到自责的。面对这种情况,多数员工会反思造成工作失误的原因,并试图通过调整自己工作方式或者改变工作态度的办法,改进自己的工作结果。在这种情况下,如果管理者在与这些员工沟通的过程中不能本着理解、宽容与帮助的态度,而是选择批评、责备、训斥的方式对待这些员工,则沟通结果就是可想而知的了。当然,语言中的包容性需要考虑"度"的问题,如果员工的工作状态、工作态度以及工作绩效与企业的要求相差较大,或者员工不具备正确履行工作责任的态度与行为,则批评与适当的惩罚还是需要的。如果员工认为即使不能很好地做好工作,也不需要付出一定成本,企业的管理人员也不会使员工在尊严方面有所损失,则这部分员工就可能对工作中存在的实际问题不以为然。

将制度管理与理解、宽容态度结合起来,将严格管理与热情帮助的方式融为一体,选择多数员工在心理与行为上容易接受的模式进行沟通与管理,就能对管理活动中的沟通过程产生积极作用。

(4)巧妙表达的口头语言。

口头语言技巧是沟通者为了达成沟通目的而选择的低成本高效用的表达方式。为了形成巧妙的语言表达结果,沟通者需要根据不同的沟通环境、沟通目的选择合适的沟通方式。在企业环境中,不同层级的员工具有特定的身份特征。沟通者把握准确的角色定位,选择适合有效的方式与被沟通者进行交流,是达成沟通目的的重要保证。

管理工作中,沟通者除了把握自己的角色,还要充分认识和了解对方的特点。对于上级领导,沟通者需要明白对方的性格特点:他是一个严肃的人? 一个随意的人? 一个和善的人? 一个无私和大气的人? 一个计较利益得失的人? 一个精于工作技能的人? 还是一个善于组织各种资源的人? 等等。对不同性格的领导,需要了解他对工作与生活的需求特点,需要知道他在与人交往和交流过程中的风格。只有这样,才能在面对工作中的问题时,有针对性地理解对方的观点与愿望,在尊重与理性的基础上,做到彼此之间更好地沟通,从而使得工作更容易开展。而在与下属的沟通过程中,则同样需要了解下属的需求特点,清楚沟通的目的,并在实际处理问题过程中注意选择并使用尊重与理解的言语。

在与企业其他关联部门的工作沟通中,沟通者理解其他部门的工作内容与情况,了解相互之间需要配合的工作要点,知道对方对问题的看法与解决问题的思路,对待处理工作中存在的矛盾,协调彼此之间的立场都是很重要的事情。避免抱怨、远离指责,不逃避责任,真诚合作是沟通中需要特别强调的内容。

所谓巧妙的沟通与言语技巧,实际上并非只是说话的巧妙方式问题,理解、尊重、合作态度才是技巧的基础。有了尊重与诚意,不过分强调自己在利益方面的点滴得失,沟通与合作过程就能够变笨拙为有效,变争执为和谐。

当然,健谈、机敏以及语言表达过程中的睿智,也是语言艺术的特点之一。对于一些成熟并且智慧者而言,在沟通中能够运用准确的语言表达自己的意思,使用他人喜欢的方式表达愿望,运用具备内涵的方式传递信息,这些都需要更多的积累与沉淀,是需要在生活与工作实践中逐步提高的,不可能在一朝一夕形成。

3. 角色定位与语言表达方式选择

在一些特定条件或者情景下,有必要将上述的沟通手段和方式结合在一起综合运用。为了达成建设性和有意义的沟通目的,沟通者需要灵活选择沟通手段、形式以及具体有效的方式。再者,在彼此之间沟通过程中,沟通者还需要依据沟通时的环境特点、沟通者的心理状态、沟通者的工作习惯等,设计或者选择合适的语言表达方式。

(1)沟通场合与口头语言选择。

员工之间的沟通,也要区分沟通场合。在正式场合中,彼此之间的沟通不仅需要更多注意言语的正式性,还要注意沟通内容与场合之间的吻合程度。比如在表彰性的场合,要尽量说些轻松愉悦的语言;在讨论工作中的问题时,要尽量不说生活中的杂事;在严肃与庄重的场合,则不宜使用幽默语言;而在工作现场,沟通内容需要与沟通所处的氛围相适应等。反之,在较为随意的场合,彼此之间如果仍然选择认真、正式的语言表达方式进行交流,则这种方式就很可能会拉大沟通者彼此之间的情感距离。

员工之间的沟通过程可以是随意的,也可以是正式的。交流形式不同,沟通内容的差异也很大。正式交流过程中,即便是口头语言,也要选择所谓能够较为严谨的表述形式。这种场合中语言所表达的观点、建议以及倾向都存在责任与义务属性。所以,对语言的遣词造句形式、内容的严谨程度等的要求都是相对比较高的。在非正式环境中,交流者可以选择推心置腹、开诚布公的方式,也可以采用激烈争吵、观点碰撞的形式;语言中可以有尖锐性也可以存在模棱两可的不确定性;可以讨论公开信息,也能交流潜意识中的不成熟话题等;可以是积极的语言表达方式,也可以谈论一些消极的观点;可以说一些让人心情振奋的设想,也可以考虑一些使人担忧的风险概率等。因此,能够根据交流场合的特点正确判断交流的目的,并选择合适的方式进行沟通,是非常重要的。

在实际工作中,假如员工发现某位同事的工作出现差错,就存在选择某种方式、运用选择后的语言进行沟通的必要。首先是方式选择:沟通者应尽量不在大庭广众之下,或者有其他人在场的情况下指出对方的工作差错,即使事情比较着急,需要打电话询问,也要尽量选择无人的环境谈论此事,避免让对方感到尴尬。其次,要尽量以请教的口吻指出同事导致的差错。比如说自己可能没有理解对方的设计思路,没有明白对方处理事情的方式,请对方给自己重新介绍一下相关情况等。显然,按照正常思路解释过程中,就可以很自然地把自己的疑惑包括疑问提出来,对方也就明白差错所在了。这种方式虽然比较麻烦,但对处理彼此的关系,解决实际问题却是有效的。当然,对于心胸宽阔的同事,可以选择直截了当的高效率方式进行坦率沟通。

(2)心理状况与口头语言选择。

沟通者的心理状况存在很大差异,沟通对象的心理状态不一样的时候,对口头语言的选择也有不同的要求。沟通者的心理特点与其工作岗位特点、工作环境特点、某个时间点的心态、角色的动态变化、性格特征、需求特点等众多因素之间都存在关联。

对于那些心理素质强、能够听取各种不同类型意见与观点的员工,沟通者可以比较随意地运用随性的方式与之交流,而不用担心语言方式可能导致的消极影响,沟通者可以将自己最真实的感受与观点,用自己的语言方式坦诚告诉对方。对那些存在心理障碍的员工,就要选择合适的方式,考虑不同语言表达方式可能产生的影响:对具备较强烈自卑感的员工,沟通所选择的语言表述方式,既不能让对方感受到被忽略,还要让对方愉悦地感受到自己被重视、被尊重;在与那种自以为是、希望时时处处超人一等的员工,则需要在选择尊重语言词汇的同时,还要考虑使用客观的、有事实依据的方式表述自己的观点,既让对方感受到尊重,还要清晰地表达自己的观点。比如在与某些自尊心很强,但心理状态不稳定、很在意别人的尊重、并时时需要考虑自己身份地位的某些领导者,沟通者在与其的沟通过程中就更要注重这个问题了。

对那些嫉妒心强、喜欢以小人之心度君子之腹的某些员工,沟通者需要注意言语的分寸感,着重把握沟通的内容与边界。在能够达到沟通目的的基本前提下,认真设计具体沟通的环节与过程,尽量避免沟通过程中可能遇到的问题与困难。

心理问题的症结所在,关键在于沟通对象的性格:是属于斤斤计较的人,还是一个海纳百川、从善如流的人;是一个唯唯诺诺、谨慎从事的人,还是一个大度从容的人等。

(3)工作特点与口头语言选择。

工作的岗位特点也与员工的心理状况有关。在企业实际工作中,所从事的工作内容存在很大不同。企业对履行岗位业务内容的责任者的心理要求也有很大差异。

一般而言,需要与其他岗位密切接触的工作岗位责任者都具备较好的心理素质。但也有一些企业,更在意该责任者履行责任的专业技能。所以说,在涉及工作内容的具体沟通过程中,沟通者应该以做好工作为前提,不宜将工作与友谊混为一谈。在职场中谈论工作的时候,尽量不涉及友谊色彩。

企业工作岗位的责任者,在对待工作责任的态度上存在很大差异。企业中的多数人是以完成工作责任为主要工作目的。这部分员工不会无视工作本身的具体要求,敷衍自己的工作责任,但也不会努力进取,尽量使自己的工作做得更好。企业中能够在完成分内工作基础上,进一步思考改进工作质量,提升工作效率的员工是很少一部分;同样,对工作没有责任心,放任自流,听之任之,不考虑基本工作责任的员工也是少数。所以,在谈论工作中的相关问题时,不仅要考虑工作岗位的特殊性,更要考虑员工的工作态度对员工的多重复杂影响。在选择口头语言时,对积极努力工作、不顾自身利益,能为企业发展而披肝沥胆的那些员工,可以更多选择那些对企业工作有益的建议与观点与之交流,而不必过分在乎语言的表述方式;而对那些得过且过,以完成基本工作责任为己任的员工,过分探讨有关责任、创新等有关问题可能就是多余的;对于那些不以责任为主要工作内容的员工,除了批评的言语之外,与工作有关的语言沟通基本上是没有价值的,当然,鼓励性的语言也未必就是无效的,"浪子回头金不换"这句话的价值也可能在这些员工身上得到体现。

在与领导或者管理者的沟通过程中,一些否定性的语言、让领导感受不到身份特点的语言、比领导的智力似乎还要高明的语言要尽量避免经常使用。部分领导或者管理者很希望表现自己的身份,希望自己的职务能在与他人交往过程中发挥影响或者作用。因此,重视领导与管理者的角色特点,也是选择口头语言时需要考虑的一项内容。

再者,与企业技术人员的沟通过程需要以技术方面的问题为主,不需要过分强调其他内容相关主题;与管理人员的沟通内容则不宜选择技术问题,与基层操作员工的交流也不能过多涉及管理内容等。

对于理解与接受能力较强的员工,语言要简明扼要;对那些希望得到关怀的普通员工,则可能更需要耐心、细致、充满情感的语言表达方式等。在沟通过程中,不论沟通环境属于哪一种类型,对待对方的需求状况的理解,终归是极为重要的影响因素。为了有效沟通,选择适合沟通对象的语言表达方式,是沟通能够顺利开展的必要条件。

总之,就算是要表达同样的意思,你选择什么样的表达方式和什么样的词语,对被沟通者都会产生影响的。即便沟通者认为这些被沟通对象可能根本没有听到你在说什么。在与员工交往的过程中,无论你是提出要求、给出答案,或者与他谈条件、达成妥协,你所使用的语句都应该尽可能让对方更乐于合作、更加自信,要避免可能令他们感到挫败和失去信心口头语言。

7.2　书面语言

文字表达也是语言表达的一个方面。文字能力较强的人,能够将沟通意愿清晰、友善并且准确地传递给被沟通者。

在企业管理过程中,计划、规章、报告、建议、合同、策划书、分析报告等都是常用的书面沟通形式。具备较强的文字表述能力,是一个企业工作人员的重要能力要素。能够认识到企业管理的实质,深刻理解企业的经营理念,并在此基础上,总结企业经营的各种成功经验,发现经营过程中的某些不足与需要改善的工作,并且能够运用文字的方式进行表述,对于高效地实现企业的经营目标具有很有益的帮助。

在企业实际管理过程中,书面语言表达的沟通内容主要包括:各种类型的通知、告示等知会性的文字,各种业务管理的制度等书面类文件,工作与会议记录、备忘录类的文字,合约、工作责任书、岗位责任等约束性文件等。

书面语言与口头语言之间存在差异,但也有许多相似的方面。正常情况下,口头语言传递信息后,就是既成事实了,一个诚信的人是无法否认的。而书面语言可以经过很细致的思考后再下笔,可以经过反复斟酌之后再进行表述并让别人接受。所以,书面语言在逻辑方面可以更为规范,在结构方面可以更为工整。总之,不论是企业的哪种书面文件,在书写与形成的过程中,均需要认真考虑下述基本要求。

7.2.1　客观与理性

客观性是书面沟通语言的基本要求。客观表述事物特征,说明沟通者希望传递的管理信息,是做好管理工作、传递准确信息、强化管理效率的基本要求。

由于书面语言的组织可以经过深思熟虑,因此,在使用书面语言表达一种特定意愿的时候,语言所承载的内容与意思应该尽量是理性思考的结果。要求叙述的事实是准确的,事情经过的过程是连贯并符合基本逻辑关系的。沟通者在说明一件具体事情的时候,应该实事求是、准确清晰。

书面语言表述的内容不能是犹抱琵琶半遮面,让人感觉似是而非、亦真亦假;或者让人感觉文字中间存在似有非有,具有巨大想象空间的状况;或者在叙述某件事情过程中,故意使用一些文字游戏,故意留有理解方面存在歧义的空间,让人无法准确理解。无法让读者或者信息接受者准确理解的书面沟通语言,比较容易造成被沟通者的意识混乱,并进而导致员工对企业管理政策的误解或者存有歧义,最终导致企业管理紊乱,员工意识出现不确定性。

某些企业在制订书面管理文件的过程中,常常选择一些意思表述不明确,但却对信息传递者留有有利的解释空间的方式。这种情况也可能出于迫不得已等因素,也可能是管理者刻意为之,但这种不能够客观反映事物真实本质的沟通现象,对企业的实际管理过程必然会产生消极影响。

在实际书面文件中,重点不明显的介绍性文字、依据不充分的各种工作计划、主张不一致的分散制度、不能得到实际使用的管理制度等,都是不具备客观属性的文字沟通事例。

理性的书面语言,是沟通过程所需要的。在实际管理过程中,有些文件的表述方式包含有不少主观或者简单化思维的成分。比如不能选择以理服人的方式,不能按照事物的客观性表述事实,不能将权力与管理理论有效结合起来,不能使用理性的思路解释事物等。而是选择命令式的、指示性的、武断性的甚至是不容置疑的方式发号施令。这种不能理性沟通的形式,对于提高管理效率、提升管理效果的管理目的都可能产生消极作用。

实际管理过程中,不通过对实际管理工作中遇到的问题进行认真分析,只是按照惯例和别人的经验开展管理活动,就有可能无法满足企业的实质需求。因此,认真理解自己所在企业的管理风格、管理特点,以及实际管理需求,制订企业的管理制度与其他相关的书面文件等,是管理者需要认真考虑的实际工作内容。

7.2.2　规范与严谨

作为企业的管理文件,企业的各种管理制度是企业经营过程与员工行为的依据。制度的规范性要求企业的管理制度具备易懂、易操作、适应性强等方面的特征。这种特征表现在员工容易掌握,容易主导自己的行为等各个方面。在企业中,人们能够看到的制度方面的管理文件,都具备严谨化、格式化以及规范化的特点。但是,这些文件也拥有过于"八股文"的特点。或者说,为了严谨性,一些书面文件要戴上必需的"帽子",最终导致一项制度只有极少内容是涉及员工行为与企业经营选择的内容。或者说这种规范化的书面内容,也常常可能导致使用者无所适从。

在企业实际管理中,由于要求管理制度具备完整性与较强的概括能力,制度起草者常常会参考许多类似的文件,从字面上的全面性、严谨性上下功夫,力求具有一定的准确和概括能力,保障自己的文字能力与适应能力。但这种努力造成的适应性不强或理解不方便也是不容置疑的。因此,把握一种度,兼顾全面、规范、严谨与实用性,是不容易做到的事情。也有的企业采用一种完整版与实用版结合的方式,处理制度撰写与使用之间的矛盾。即将完整的制度中与员工与企业行为关系紧密的核心部分专门摘出来,变成手册形式的简约制度,供员工在日常工作中使用,达到兼顾不同需要的目的。

在规范性很强的制度中,由于词语是经过严密推敲的,希望能形成滴水不漏的结果。因为这种内容全面的制度可能涉及相关业务的所有细节,规定了相关工作的更多内容,势必导致工作内容的规定较为呆板。管理制度的这种"严格",也存在"管、卡、压"的成分与消极影响,所以在规范管理行为的同时,也可能在实际上制约了员工与企业的创造性。由于影响企业行为的因素众多,而且各种因素的不确定性也较强,因此,实际上企业很难全面、准确、有效地考虑到一切影响因素。

在企业中也会看到一些制度文件是很不规范的。比如在设计不同部门责任的文件中,就曾看到过一份描述部门关系的文件中,对不同部门的责任表述内容存在不同的现象。比如,表述 A 部门的责任时,该部门与 B 部门有两项业务关系;而 B 部门的责任描述则表明,它们与 A 部门的业务关系有三项。这种有关责任的不同表述出现在同一份管理制度中,显然属于很不严谨的。

当然,管理制度是需要严谨的书面语言的。但在表述过程中,工作的重点是把面临的事情说清楚,而非刻板与刻意地选择一些所谓的准确性表述方式或者形式。

7.2.3　尊重与友善

企业工作中,人们常常会看到一些通知、告示等书面沟通媒介。在一些企业中,这种书面语言中常常会包含一些:"禁止"、"罚款"、"责任自负"等消极性字眼。正常情况下,这些文字可以对接受信息的员工产生一定的心理压力,并能在一定程度上促进或者引导员工选择符合企业要求的行为,但也会影响员工的心理状况。即使员工已经习惯看到这些文字,并且不会产生一些特别的反感情绪或者抵触情绪,这也不会是很好的现象。

企业管理实践经验表明,员工在精神上需要得到企业的认可与尊重,这是企业员工各种正常需求的实际反映。从马斯洛的需求层次论中也可以看到,企业员工作为正常的社会人,需要通过心理上的满足提升自己的价值感。因此,员工在企业的制度中体会并感觉被尊重,是员工对制度所表述内容的期待之一。

如果在企业的书面文件中,能够使用一些积极并具备褒扬性质的语句和词汇,把要求员工履行的责任用平和、客观、中性的语句表述出来,在不改变语意的前提下,选择员工容易理解而且乐意接受的方式进行叙述,则可以使员工的心理感受产生积极的共鸣。

由于不少管理者更愿意占据心理优势,更倾向于用"管"的思维方式思考企业管理的内容。所以,在管理者起草的管理文件中,可能更容易选择与管制、约束、要求、惩罚等倾向有关的书面语言与词汇。这种潜意识导致的选择结果,经常会与企业价值观产生矛盾,或者导致员工产生心理抵触的客观事实。但企业的某些管理者却经常不会意识到企业文化与制度管理之间的一致性要求,并最终选择了消极的方式表述管理的理念。

企业的书面文件内容,经常存在两种不同的倾向。比如,制度是严格与苛刻的,但企业对外甚至对内的宣传过程却总是能表现出一种人性化与包容性特征。

这种矛盾的现象,常常导致员工对企业的行为目的无法认同,导致书面语言的沟通过程出现消极结果。

当然,书面语言自身存在一些特点,不像口头语言具备调整的余地,只要将管理的倾向在书面上表现出来,就会产生几乎难以更改的结果。所以,在书面语言中使用比较严厉的词语,与管理过程中表现出来的严厉方式之间未必存在直接关系。但在现实生活中,人们还是倾向于接受和理解具备一定人文关怀性质的语言表述方式。所以,使用书面语言与企业的员工进行沟通,需要尽量使用一些具备尊重的词语,表达出管理者或者企业工作态度上亲善与和气的特点。另外,由于书面语言的解释能力有一定局限性,管理者在制度与各种告示中需要选择更为细心的方式,尽量清晰表达自己的管理意图。

7.2.4　客观与真实

使用书面语言表达一种意思、叙说一件事情、强调一个观点的时候,可以经过仔细思考和修饰。但在实际管理过程或者日常生活中,正是由于书面语言的这种特性,导致了语言表达的内容与实际生活之间的差异。

一些员工在记录工作状况的时候,可能会采用一些特殊的措辞,使得所表述的内容与实际工作状况之间存在不一致;一些管理文件因为使用的词汇存在歧义,使得人们在阅读的过程中产生不知所云的感觉;一些工作总结因为涉及自己的工作绩效,常常会使用一些过誉的词汇,夸大自己的工作成绩;一些工作汇报则因为选择了不真实或者不具备代表性的实际事例,导致了事实的出入等。

针对上述情况的出现,多数企业可能并不能够客观和认真地对待,而可能是等闲视之,或者采用默许的纵容性态度,甚至给予某种程度或方式的表扬。企业的这些态度,对非真实的书面语言表达方式不仅没有抑制,反而产生了鼓励的作用。久而久之,非真实、夸张甚至是虚假的书面语言就具有了存在的空间,具备了一定的市场。最终可能导致不真实的内容成为了企业认可的,而真实的内容却并不被认可。人们不怕写假话,反而忌讳写真话了。因为真话可能是不顺耳的,真话可能在表面上是消极的。

如果将这种现象与社会生活中的一些现象联系起来进行分析,可以更清楚地看到:虚假的东西大量存在的根源,可能就是社会对虚假的默认与纵容态度。比如,学者的学术论文可以造假,学位论文也可以造假,大学生的作业可以从网络上下载,甚至企业的工作总结也能做假。个人简历、工作经历、科研成果等都可能存在不实之处。

实际上很多人很容易就能看出一些书面内容的虚假之处,但人们只是觉得不值得揭穿而已。比如,用人单位的人力资源管理者,很清楚某些应聘者的简历中存在许多虚假之处,但他们并不愿意指出这些虚假之处,而是在面试中会针对虚假内容进行更多的质询,通过进一步考核确定应聘者的实际能力状况。这种对虚假状况的容忍态度,在一定程度上鼓励了一些应聘者在书面介绍自己的过程中选择虚假陈述。

同样,在企业的黑板报、决心书、请战书等书面文字中,很多人都知道作者的誓言与实际情况之间存在差异,但很少看到企业管理者指出这些不真实的内容。这种状况也能在一定程度上说明,书面语言中的真实性应该是一个亟须认真对待的事情。

书面语言除了真实性之外,还可以体现出某种情绪倾向、中性语言特点等相关内涵。另外,能够明确清晰地表达情绪也是书面语言的一个重要特征。

7.3　其他语言沟通

在企业管理实践中,管理者对其下属的一些指令或者特殊要求,可能是运用非语言的方式传达的。这种非语言的沟通形式,包括肢体语言、图片等以及其他特定的行为方式。

对一些行为规则的领会,甚至可以说并不是全部都需要明确说明的。上级领导的一个眼神、一个手势、一句看似无意的话,在特定环境中都在传递着某种明显的含义。因此,理解这种非语言方式的沟通行为,也是沟通者需要具备的基本能力。

7.3.1　肢体语言

人的肢体动作是很丰富的。肢体动作可以很明显地表达一些特定的信息内容。人的脸部表情、手势、眼神、衣着、打扮等方式都是传递特定信息的载体。下面简单予以述之。

1. 面部表情

面部表情是最明显的非语言信息载体。一个人对某件事情的态度甚至心理感受都可以使用这种方式表现出来。人们都知道,表情能反映出欢喜、快乐、轻松、愉悦等积极的情绪与是否满意的心理状态;表情还能反映出郁闷、痛苦、沉重、烦恼等消极的心理倾向,也还能反映出无所谓、不置可否等隐晦或明显的心理反应。

人们常说的不动声色、喜颜于色、面若冰霜、兴高采烈等词汇都是对表情语言的客观表述。在管理实践中,沟通者可以通过脸部表情告诉被沟通者自己的心态,例如,脸色铁青说明心里存在一种愤怒的情绪,而和颜悦色则传递着一种满意与欣赏,不动声色则表现着一种深沉与含蓄等。对于不同的沟通者,默不作声可以有多种解读,受宠若惊也是一种态度,而不卑不亢同样是一种心理活动的回应等。

在沟通过程中运用面部表情传递自己希望的信息,佐以特定的语言形式,可以更清晰地传递沟通愿望,可以更明确地传递自己的倾向。

能够灵活运用面部表情合适地表达自己对工作的态度、自己的意愿、自己期待的结果等内容,对于沟通者而言,是一件不容易达到的事情。

当然,不同职业的人,其面部表情的表现特征也存在一定的固化特点。例如高层领导的面部表情中常常具备稳重、智慧、沉着等特点。

2. 手势动作

静若处子、手舞足蹈等词汇,也在一定程度上反映了沟通者自己的心理状况。为了更准确地表达自己的想法,不少沟通者会选择手势辅助自己的语言,强化自己的意愿等。针对手势等动作性语言,人们具有不同的解读。比如,人们认为领导者需要的是冷静与稳重,过分的肢体动作可能是不合适的,会破坏庄重的感受。但也有人认为领导者鲜明的动作特征可以更真实地表露沟通者的内心活动,是与人沟通过程中不客套、不隐晦,坦率表现内心情感的很好的方式。因此,手势等肢体动作与传递信息的场合、信息接收对象,甚至是被沟通者的身份特点、文化素养,彼此之间的关系疏密等因素之间都存在一定关系的。

在工作场合,沟通者不论身份如何,合适并恰当地使用手势语言与他人沟通,需要把握的要点是,看这种方式的选择与社会大众观察事物的基本原则是否一致。能够被大家认可并且准确理解的方式就是最好的表达形式。

当然,选择肢体动作的时候,还要考虑一般沟通原则的具体应用。

3. 眼神

眼睛是心灵的窗口。一个眼神可以表达多种不同的信息内容。人的眼神可以分为很多类型,犀利与无神、和善与挑剔、愤怒与亲近、赞许与不满等都在现实生活中灵活并刻意地运用着。从人的眼神中,人们能够看到对方想要表达的很多含义。比如可以通过眼神感受到对方是善意的还是恶意的,对方是和气的还是刻薄的等。在某种意义上说,人们经常通过观察对方的眼神对对方的人格特点进行判断与分析,而在汉语词汇中也存在着慈眉善目与贼眉鼠眼的不同内容。

在沟通过程中,沟通者的眼神是猥琐的还是清澈的,已经给被沟通者传递了一种基本信息内容。为了解决工作中的矛盾与问题,沟通者选择一种能够表达自己愿望与行为的眼神辅助自己的沟通,这也是一种基本沟通能力的表现。比如,用一种犀利的眼神、一种更深邃的目光配合一种和善的目的,显然是不协调的事情。

4. 衣着

人们的穿着与服装特点,也是传递信息的手段之一。人们可以依据某人的衣着判断其身份、修养甚至品性特点。衣着可以在一定程度上反映一个人某些特定的个性特征。比如职业特点要求具备一些特定的信息特征,根据职业特点所需要的信息,可以判断一个人是高层管理者、普通管理者还是基层员工等。

如果企业的高层管理者穿着普通员工的服饰,到工作现场与一个素不相识的员工交流某件事情,而且该员工并不清楚此管理者的真实身份,则该员工就可能依据此高层管理者的衣着等外在信息识别其人并与之交往。显然,这种不能够全面提供身份信息的方式,也可能对实际沟通过程产生或积极或消极的作用。

在实际管理工作中,为了强化语言的作用,人们还会运用非语言形式配合语言工具表达自己的某种实际工作意图。尽管不同的肢体语言都有各自表达信息的特点,但如果能够进行有效组合达成一种较好的结果,也还是一件较为复杂的工作。因此,利用肢体语言表述一些特定的意图,也是一种必要的沟通形式。

7.3.2 行为语言

运用自身的实际行为,向对方传递自己的意图,也属于一种沟通方式。在某些场合或者环境中,彼此之间的关系存在一些障碍的时候,或者不便于直接表达自己的想法时,沟通者或者被沟通者都有可能运用自己的行为表现去传递自己的沟通倾向。

行动是愿望想法的落实,是无声的语言,是最能表达意思的语言。在不少企业中都存在这类埋头苦干的员工。这些员工用行为践行着自己对企业的忠诚、对工作责任的尊重。但这里说的行动语言,则是沟通者用自己的实际行为向被沟通者传递愿望的方式与手段或者工具。沟通者不需指责对方的行为,而是用自己的行为诠释自己的愿望;不是要求对方如何开展工作,而是用自己的工作状态进行示范,指导并帮助对方更好地工作;不是用语言与对方争论或者辩论,而是用行为表明自己的真诚与包容等。

同样,被沟通者也可能无须解释,无须辩解,无须表态,却能用自己的行为对管理者或者同事甚至下级的沟通愿望作出积极、消极甚至是无动于衷的反馈等。就像人们面对一个沟通者常常见到的情形一样:被沟通者选择默不作声,或者低头抽泣,或者面无表情等方式回应沟通需求,或者立即选择一种特定的行为去表达自己的实际反馈。

工作中需要面对的沟通方式很多,但要真正理解各种不同的沟通形式与作用,却需要沟通者或者被沟通者用心理解对方的反应才行。所以说,影响企业沟通活动的因素是复杂和具有不确定性的。为了企业的正常运作与持续发展,有责任心和使命感的员工需要认真琢磨自己遇到的事情,需要真正理解沟通过程与管理结果之间的各种可能的关联性。

7.3.3 其他沟通方式

沟通过程中,一些图片、声音、视频等媒介也是经常运用的工具。这些沟通媒介的使用与具体沟通的实际需要之间存在联系。比如在生产车间里,可以选择不同的色彩,用于标识和划分工作区域;使用标语口号等形式向员工传递企业的价值观、制度的核心内容；运用会议或者自办期刊的方法表达企业对员工的要求，传递企业的各种工作动态；采取电子邮件的形式向员工通报企业的事项等。

例如，有的企业在开展班组安全行为文化建设的过程中，将每天安全值班责任者的录像视频放在电子屏幕上，上面有安全员家人对亲人的祝福与期待，还有该责任者自己对其他员工在安全生产方面的期望等。这种方式不仅告知了员工当天值班安全员的实际情况，还让值班安全员从内心产生了一种很自觉的责任感，并且在实际工作场合强化了自我层面的安全责任心。

这种沟通方式，并不是发生在面对面的沟通过程中的，但这种简洁与间接的沟通过程却可以产生彼此之间心理上的沟通效果。

在某些观点或者要求不方便面对面进行表达的时候，信件也可以作为一种重要的信息传递方式。另外，电话也是一种常见的沟通选择。尤其是当沟通双方不方便直接沟通的时候，非面对面的沟通方式则可能是一种坦率表示沟通内容的有效手段或者途径。电子短信的方式也是现阶段人们之间进行沟通的手段。对一些彼此难以直接沟通的内容，可以运用短信的形式向对方表述自己的想法、建议、意见等，并且能够避免一些诸如难堪等不方便的情景出现。

再者，MSN、QQ等电子媒介也已经广泛应用于沟通主体彼此之间的生活、学习包括工作内容之中。有人认为，电子信息传递媒介的出现与应用，不仅方便了彼此之间的联系，还使一些不便于直接交谈和处理的过程，变得更为方便和有效。

7.4 沟通形式与媒介

沟通过程是复杂多变的，沟通形式也是多种多样的。沟通过程的当事者可以是个人，也可以是组织。所以，沟通过程可以是人与人、人与组织，也可以是组织与组织之间的沟通与互动。再者，沟通过程中可以是一个主体与另一个主体之间的交流，也可以是一个主体与多个主体之间的交流，当然还可以是多个主体之间的混合交流。

由于沟通双方的构成不同，因此，沟通者之间的选择方式与形式也会存在不一样的具体策略。另外，沟通者之间的关系也存在不同的类型：熟悉者之间的沟通、陌生人之间的沟通、上下级之间的沟通、平行部门之间的沟通，抑或朋友之间推心置腹的沟通、敌对者之间钩心斗角般的沟通、交易者之间博弈式的沟通、强弱者之间的不对称沟通等。这些不同类型的沟通关系，必然导致沟通者之间沟通活动的选择差异。对于企业沟通主体之间的沟通形式，主要从沟通者之间的渠道路径这一角度叙述。

7.4.1 点对点形式

企业的典型组织结构是直线职能制。在此组织中，点对点之间的沟通主要涉及的是两个连接点之间的工作内容沟通。企业经营过程中存在着正式组织的沟通渠道和非正式组织的沟通渠道两种形式。正式沟通渠道中的点对点之间的沟通，涉及的是两个相邻节点之间的沟通过程。其中可以包含存在于上下级之间、横向平级部门之间，以及上下级隶属关系的员工之间的沟通过程。

1. 上下级之间的沟通

企业的上下级关系，可以是经理与副经理之间、副经理与部门经理之间的工作沟通，同样道理，这类沟通可以是班组长与企业最基层员工之间的沟通关系。

这种沟通也涉及两种类型：上级安排下级工作、询问工作状态以及指导下级工作过程导致的沟通过程，下级向上级汇报工作、下级寻求上级领导支持的沟通，上下之间共同讨论某项工作时存在的相互沟通等。

在上下级之间的沟通中，正常的关系是下级服从上级，上级关心下级。在此类沟通中存在的非正常关系是沟通双方不能够准确定位，上级回避自己的责任与义务，而下级不把自己当做被领导者。尤其当某个下级具备某种特殊背景的时候，很容易出现这种情况。如果角色定位出现偏差，就可能导致上下级工作关系发生扭曲，使得岗位责任与义务不被重视，企业工作出现不应该的障碍，最终影响企业经营目标的实现，或者使某项工作不能顺利开展。

当然，没有责任心或者工作能力存在问题，也可能导致上下级之间的沟通过程与预期的结果之间出现某些偏差。

2. 员工个人之间的沟通

员工个人之间的沟通可以存在于正式组织之间，也可以存在于非正式组织之间。在正式组织架构下，员工个人之间的沟通过程可以是纯粹的上下级之间、平级之间甚至不同部门之间的个人沟通，也可以是跨越管理隶属关系的个人之间的沟通。

这些沟通可以分为正式管理关系之内与之外的个人之间的沟通。处于正式工作关系之内的沟通，是完全围绕着工作内容开展的，主要涉及的是沟通者双方共同面临的工作内容。而工作关系之外的沟通也可以是涉及工作内容的交流，但沟通所涉及内容并没有严格的界定。显然，员工个人之间的第二类沟通也可以正常存在于非正式群体之中。

员工个人之间的这种工作沟通，对企业实现经营目标、改善工作效果的影响可以是两个方面的，即积极的影响或者是消极的影响。为了能够让这种类型的沟通产生积极作用，就需要在企业中存在一种积极的文化，使得企业员工自发地产生一种对企业负责任的愿望，因为多数员工都希望企业发展和进步，而不是选择"事不关己，高高挂起"的漠然态度。如果企业员工对企业的发展不抱希望，对企业的管理政策存在不满，而且也不愿意为改善企业管理工作提出积极的建议，则企业员工个人之间的沟通活动，就很可能对企业工作产生实质上的消极影响。比如员工彼此之间一起抱怨企业的工作方式,抱怨企业的管理政策,指责企业的人或者事情等。

消极情绪的蔓延,对企业实际工作的影响很可能是致命的。在这种情况下,员工之间的个人沟通对企业而言至少预示着灾难的开始。

3. 个人与组织之间的沟通

个人是组织(企业、企业的职能部门等)的一员。但多数情况下,组织的领导者或者领导集体又是一个组织的实际代表。员工对组织的工作存在想法的时候,就会与组织的代理者进行沟通。这个过程中,员工与组织的沟通事实上也是个人与领导的沟通,也就是个人沟通形式的变形而已。但本质上与纯粹的个人之间的沟通又存在着差异。

员工个人与组织之间的沟通中存在的问题,也是可能表现在两个方面:其一是组织的代表者对工作不具备责任心,会用个人的观点或者想法代表组织,不愿意主动、客观地理解员工的想法及理由,并以自己的好恶观念评价员工的实际情况,最终导致员工与组织之间产生矛盾与隔阂。在员工的上访中,经常看到这种情况的存在。但如果组织的行为能够反映出尊重、服务、重视、善意的观念,则实际的沟通结果就可能是积极有效的。其二,员工个人存在的问题导致一些事情不能得到及时与有效解决。员工可能对组织要求过高,也可能是员工由于对事物理解不够,但又不愿意进一步理解,并且情绪方面存在过激等现象。

不论如何,组织在与员工的沟通过程中处于强势地位。只要员工个人能被尊重,这种矛盾在多数情况下是不难处理的。这种沟通中的"尊重"是解决问题的重要基础。

7.4.2 点对面形式

这类沟通主要发生在会议等场合中。企业经营过程中遇到问题时,企业某些事项需要讨论时,企业的部门接受某些特定的任务时,在工作过程中需要商讨一些管理主题时,都需要通过召开会议,通过这种一点与多点之间的沟通方式开展实际沟通工作。

由于会议沟通可以存在于企业的各级组织之中,会议的范围、内容、主持者等要素存在很大差异与不确定性,所以不便于一概而论。这方面沟通过程中的组织与实施过程,可以参考相关文献中的具体说法。

7.4.3 面对面形式

企业部门之间的沟通,或者工作环节之间的沟通是企业实际工作中经常面临的沟通活动。企业不同部门的工作职责不同,这部分内容在岗位说明中应该是明确的。但多数企业的责任体系中并没有很清晰地界定不同部门之间的责任关系,导致实际工作中不同部门之间会出现配合不力、利益纠纷等不利于企业整体发展、合作成本较高的现象出现。

再者,企业的工作可能是连续的,不同工作环节之间存在着必然的联系,也需要形成密切的合作关系。这种工作衔接的两个节点可能是一个部门的两个单位,也可能是隶属关系明确不同的两个部门。有些企业将这种合作关系设计为利益关系,希望通过市场手段形成彼此的客观合作,也有企业将这种关系设计为合作与配合关系,希望通过一盘棋的思想,形成合作者的联系。

在第一种关系中,部门之间的配合与利益相关,这种关系是彼此沟通的基础。由于二者都是同一个企业的组成部分,所以还存在一种与纯粹市场环境有差异的利益关系。但彼此之间的利益关系也会导致配合过程中的不协调。在第二种关系中,部门之间的合作则是必需的,这种关系尽管接近无理由拒绝的合作,但彼此之间同样存在如何高效合作的问题。

部门之间协调的目的是能够更好合作,形成双赢的结果。当然,也可以是一种多赢的结果:不仅不同部门的工作更有成效,企业本身的工作效果也得到改善。

本章小结

本章主要讨论的是沟通过程中需要借助的信息传递工具,沟通过程中需要的口头语言与书面语言,以及其他非语言形式的传递媒介。本章讨论了常用的沟通媒介在沟通过程中产生效果的可能途径,并在最后部分讨论了沟通工作中存在的沟通渠道等相关内容。

选择沟通媒介的过程涉及很多不确定的影响因素。把握不同影响因素的作用方式,对沟通者灵活运用沟通媒介是有帮助的。选择不同媒介的过程中,不仅需要考虑这些不确定影响因素的影响,还要考虑这些不确定因素之间的混合影响。形成一种更为合适的因素组合是很困难的,但只要能够掌握被沟通者的需求,能够选择尊重对方需求关注点的形式,沟通者就能按照实际需要,找到较好的媒介选择,并且最大限度地用好沟通媒介。

企业整体工作绩效的提升、企业内部工作效率的提高以及各个不同沟通主体的管理工作效果的改善是选择沟通媒介的依据。沟通者娴熟地运用信息传递媒介的要点,是沟通者能够把握被沟通者的需求本质。

阅读材料

书面沟通案例:关于及时办理设备入出库的函

相关内容:在××项目的基建工程中,截至 2009 年 3 月,已支付设备预付款 9 个多亿,且大批设备已到货并领用,却大多未办理设备入出库。简明地说,入库就是组织相关人员对设备进行验收;出库就是相关施工单位领用设备。目前,入出库由供应部办理,办理时采用网上请购、网上办理入出库系统。而系统由企业管理部进行日常维护,并协同软件公司根据企业实际情况进行修订工作。

　　××年1月固定资产进项税可以抵扣。发票抵扣期限为90天,故供应部在收到发票抵扣联时,在期限内交财务税务会计进行认证抵扣。设备应以不含税额办理入出库,金额必须一致。财务只有根据审核无误的设备入出库单才能记账,才能增加账面可抵扣进项税。

　　突出问题:至××年3月,设备认证抵扣3000万,即税务局认同在缴纳增值税时可少缴3000万元。但财务账面却未抵,因为未办理设备入出库。4月,税务局稽查中说:当月认证当月抵扣。也就是说财务账面也应抵3000万,现在未抵,所以应先缴3000万。而目前这对于企业不是一笔小数。

　　这迫使以后工作中要及时办理设备入出库,且尽量匹配抵扣联的认证抵扣期。而目前工作进行更缓慢。后核实,供应部按财务的要求告知企业管理部,但企业管理部要用正式的入出库格式才能调系统。

　　目前工作缓慢甚至不前的最主要的原因是设备入出库格式未定。而我们相信,这些通过各部门沟通后一定能解决。

　　建议方案:由财务部协调各相关部门开会讨论。有关部门相关人员尽量提出以前在办理设备入出库中存在的问题,讨论解决;尽量考虑以后工作中可能存在的问题,防止入出库格式多次更改。当场形成入出库格式,不通过的再找办法,通过的形成正式格式,交企业管理部调系统。由企业管理部确立系统可操作时间。

(MBA 803班　岳红)

3 思考与讨论

　　1.沟通方式有可以多种类型,而以上阅读材料选择的是书面形式。请您分析该阅读材料,指出使用书面方式传递有关观点与建议是否妥当,并分析比较选择口头语言进行该项沟通时的效果可能有哪些不同。

　　2.您认为该阅读材料的写作格式是否存在改善的必要? 如有必要,请您提出具体的理由与建议。

第8章

管理沟通内容的倾听与理解

🐰 **本章学习要点**

1. 沟通者的品行、沟通内容的价值、沟通内容的组织以及合适的沟通媒介,能够激发被沟通者的倾听愿望与热情。

2. 被沟通者可能选择诚恳倾听、选择性倾听与拒绝倾听等多种方式面对沟通过程。被沟通者的品行与素质也影响着对沟通内容的倾听愿望。

3. 倾听过程涉及很多其他的影响因素,要提高被沟通对象倾听兴趣,主要是能够想办法提升被沟通者对沟通内容的关注程度。

4. 理解被沟通者的工作需求,是改善倾听效果的重要工作。为了达到此目的,就要从提升管理效果的角度,认真分析能够满足员工需求的方式。

沟通过程涉及两个实质主体:沟通者与被沟通者。沟通者是沟通过程的发起者,被沟通者是沟通过程的接受者。假设在沟通过程中沟通者传递的信息是 A1,而接受者接收并理解的信息是 A2。虽然人们期待的沟通结果是 A1＝A2,但在多数情况下的沟通结果却可能是 A1≠A2,或者是 A1≈A2,如果后面的两种结果成立,则沟通过程就可能是失败的。

讨论沟通过程的有效性,就不能回避那些影响沟通者与被沟通者对沟通内容的理解偏差问题。前文已经考虑过沟通者如何选择沟通内容以及表达方式和沟通所需要的媒介等方面的内容,本章主要从被沟通者角度讨论使得沟通内容不失真的相关问题。

理解并接受沟通者传递的内容,主要是要让被沟通者愿意接受相关信息,能够从被动接受相关的沟通内容转变为主动接受沟通的内容。一般意义上讲,沟通过程是通过语言媒介传递信息的过程,所以人们常把倾听对方的语言内容作为理解沟通意图的重要途径与方式。

8.1 倾听与管理效果

倾听是沟通过程涉及的重要环节。在现实生活中,人们认为倾听是改善人际关系、提升企业管理决策质量的重要内容,也是强化员工之间的有效合作、完善员工人格修养的重要内容。

8.1.1 倾听的概念

倾听是被沟通者接受沟通者传递的信息、确定该信息的含义,然后按照接受的信息作出反应的过程。倾听也可以被理解为被沟通者很虔诚地用耳朵接受沟通者所传递的有特定内涵的声音信息的行为。在常规理解时,人们赋予"倾听"这个词以积极的内涵。比如,被沟通者认真听取别人传递的信息,积极理解对方传递的观点与建议等。当被沟通者能够做到这点的时候,沟通才能成为有效的过程。

倾听是理解和接受他人意图的重要形式。倾听的主要含义是接受沟通者所传递的某种意图,并对意图进行理解的过程。狭义的倾听是理解和接受沟通者使用语言表达的意图、观点或者解释的某件事情。广义的倾听则是对沟通者运用各种形式与方式所表达的意图进行理解和接受的过程,比如理解和接受沟通者通过口头语言、书面语言、图片表格、电子媒介、平面或者立体形式,直接或者间接方式所表达的意图等内容的过程。

倾听包含"虔诚"和"耳朵"两个词的内涵。通过"虔诚"的态度,使用"耳朵"接受对方传递的信息,只是一种"情景"。被沟通者是否愿意理解沟通内容,并对通过"倾听"接受到的内容作出反馈,可能才是倾听本身所包含的更重要的含义。观察常见的沟通过程可以看出,尽管不少人在听取他人意见的过程中表现出了"虔诚"的神态,也做出了虚心听取他人表述观点的态度,但所谓的"倾听"也可能只是一种姿态,倾听者实际上根本没有真正接受对方传递的信息内容。倾听的结果也可能是"一只耳朵进,一只耳朵出"。所以说,人们可以对"倾听"这个词做出多种解读。

能够让被沟通者愿意真正理解和接受沟通者传递的观点等相关沟通内容,是"倾听"的必要条件。如果沟通者所传递的信息与被沟通者的需求差异较大,如果沟通者不能找到打动被沟通者的沟通内容而要求对方认真倾听,则结果很可能是"勉为其难"。

这里讨论"倾听"的前提条件是沟通者的工作能够满足被沟通者的需求,沟通者已经做好了让对方愉快接受信息的充分准备。

8.1.2 倾听与沟通效果

员工一起讨论工作时,需要倾听;管理者传递管理决策内容时,需要倾听;一个人发表对某个具体问题的看法时,需要倾听;观察和讨论某件事情的发展过程时,同样需要倾听。而所有这些状况或者情景都是管理活动中随时可能面对的实际内容。所以讨论倾听环节本身的内涵,对改善工作环境、提升工作效果、密切员工关系至关重要。

管理过程中的沟通与企业经营过程中的具体工作与问题密切相关。比如,材料供应过程中如何根据价格、运输方便性、存储成本、材料质量等要素决定采购时间点,确定采购批量,如何选择和开展供应商管理的工作,这些都需要进行共同的商讨和研究。如果员工在讨论过程中不能认真听取有关情况介绍,大家就很难对最终的决策提出建设性的建议。

实际管理工作中,可以看到很多企业的一些会议上,不少人同时在说话,都在争抢着表达自己的观点、意见,并且有些人还在争吵,使得一个征求意见、讨论对策的会议变成了一个不同意见的发布会。在这种会议上,不少人不愿意认真听取别人的建议,不愿意去理解别人的意见,甚至可以寻找别人意见中的不足之处进行攻击,导致会议最终很难形成一种比较一致的结果。显然,这种常见的沟通过程,对改善管理效果,无法产生积极的促进作用。

如果在沟通过程中,相关的员工能够认真听取别人的观点与建议,能够通过理解和分析别人建议中的积极内容,则不仅会议效率高,观点讨论充分,各种论证缜密细致,还会更容易产生适合企业实际工作需要的高质量决议。所以说,能够本着对企业有效的动机,看待倾听的意义与价值,也是促成管理过程中出现有效沟通的之一。

在管理活动中,沟通双方在谈论企业的管理工作时,都会面对利益的平衡问题。沟通信息的接收者在接受沟通内容的时候,就是在做一种利益比较与选择。只是说这个比较过程可能是站在瞬间的时间点,还是站在长远的收益角度看问题而已。当倾听者能够感觉到接受信息的价值大于倾听过程所付出的成本时,倾听就不是很困难的事情了。在讨论某项工作的过程中,倾听者在面对一种对自己不利的内容、一种说不清目的的谈话过程、一种看似胡搅蛮缠的争论的时候,很可能会本能地排斥与拒绝接受沟通内容。此时的倾听过程与设想中的情景就会出现很大的差异。

在企业的环境中,营造一种员工认可的沟通环境,能够让员工认识到尊重沟通者,对自己是存在价值的,则这时候针对管理工作的沟通效率可能会更高,沟通的氛围也才会更和谐,企业在讨论相关工作的时候,才更容易得到大家的支持。

8.1.3　倾听需要具备的条件

1. 倾听需要具备辨识能力

一个人仅仅是愿意去理解其他员工、上级或者下属的意图并乐意倾听,还不能算是一个合格的倾听者。在管理实践中,员工之间的沟通过程中,经常会出现一些较难理解的晦涩表达方式。一些员工会用一些隐晦的、指东打西的方式表达自己的某些观点。尤其是一些管理者,更可能并善于运用一些让人捉摸和猜测的词语表达自己的观点与想法。作为下属,作为管理决策的执行者,也可能会选择一些迫不得已的方式表达自己的观点与建议。所以,作为倾听者,不论自己如何定位自己的角色,都需要具备能够在复杂和含混的词语中辨别他人真实沟通意图的能力。

　　理解是倾听取得效果的关键。要根据对方说话的环境背景,认真考虑对方可能的意图与事情的背景、对方的身份特点、行为习惯等因素。在必要的情况下,倾听者还要理解和明白对方的沟通特点。有时即使这么做了,也未必能真正准确地理解对方的实际沟通意图。所以,理解别人的沟通目的,本身就是很困难的事情。

2. 倾听需要具备包容心态

　　倾听的结果可能对自己的行为产生影响,也可能没有实际作用。而多数倾听者更关注所接收内容与自己利益之间的关联性,比如关心那些与自己的工作内容相关的信息,与改善生活水平的内容相关的信息,与愉悦的精神感觉相关的信息等。

　　对于那些与自己生活与工作距离比较大的内容,倾听者会选择一种什么样的态度,选择什么样的形式,以什么样的心情和方式,去接受和理解沟通者的沟通意愿与目的,也是需要认真考虑的问题。在生活与工作中,倾听者很可能会遇到自己不愿意接受的沟通内容,遇到一些自己不愿意参与的沟通过程。在此情景下,如果拒绝倾听对方的沟通,可能就会出现一些尴尬;如果积极倾听,则可能违背自己的意愿。所以,如果在自己可控的条件下,采用彼此能够接受的方式终止此类沟通过程,可能是比较好的选择结果。当然,如果对方的沟通目的是为了得到自己的帮助,则此类沟通就属于积极的沟通过程,倾听者是应该积极接受沟通并给出反馈的。

　　当沟通者的语言表达方式、表达能力让自己不适应的时候,被沟通者还能够去理解对方,能够接纳对方,能够以平和心态面对对方,包容对方所谓的不足,认真理解沟通者的意图,并将对方的想法或者意图与实际工作结合起来,思考其在实践中的应用价值,将更是不容易的事情。

　　一个企业或者部门的领导是否能够认真倾听员工的心声,理解员工的需要,重视员工对管理状况的看法,是决定管理水平和有效性的重要途径。在实际工作中,基层员工的很多观点与建议对一个企业的发展而言,并不一定具备很大的参考价值。但如果倾听的过程或者信息传递渠道被屏蔽、被截断,领导只能看到第二手信息,则这种现象就可能影响领导决策的有效性效果。作为一个企业的管理者,一个部门的管理者,能够积极观察企业的实际工作状况,了解企业实际工作中存在或者出现的一些不适,并能够用包容的心态,倾听基础员工或者下属对工作现状发出的声音,甄别这种声音中的有效成分,将可能对企业的实际工作产生重要的积极影响。

现实中,很少能看到企业的管理者与基层员工倾心沟通的场景。很难想象,有些企业的基层员工甚至可能不知道或者从未接触过高层管理者,从未与这些"大人物"直接交流过,即使在会议上看到过这些"大人物",也只是听到过他们的高谈阔论。没有接触过,企业高层就不可能知晓员工的心理状态,不可能了解员工对企业的实际看法与观点。这种情形下,企业的管理决策,甚至是管理制度的有效性,都可能是想象的。

因为需要自己付出或有的劳动、需要增加辨识沟通内容的可能成本,被沟通者就在内心深处拒绝一些看似没有价值的沟通,并排斥一些潜在的沟通过程,这将对改善企业或者业务部门的具体工作产生消极的影响。

3. 倾听过程需要具备善意的愿望

如果考虑倾听过程中需要付出的时间、精力以及其他的一些无谓的伤神环节,一些员工就可能需要在听与不听之间进行瞬间的选择。因为有些沟通内容与自己的生活和工作并不存在必然联系,所以,现实生活中的某些内容可以不用知道。对于这些内容是否还要认真倾听,必然会成为一种选择。

善意的愿望是在对他人心存信任后的期待。在工作沟通过程中,如果被沟通者相信或者期待沟通者是为了更好地工作而提出的沟通请求,是为了更好履行自己的责任才开始的沟通,是为了企业的更好发展而认真沟通,则即使对方的表达内容与方式可能会存在某些缺失,但动机一定是积极的。此情形下倾听者就可能会要求自己去认真了解沟通者的想法与观点,此种情形下的倾听过程可能就会更加有效。

依据自己的愿望去做事情,多数会有高效的结果。对自己认可的人,员工可能会更愿意认真倾听对方的沟通内容。对自己不熟悉的人,对那些自己不认可的人,被沟通者可能就不会以期待的心态去接受对方的沟通内容。因此,能够信任对方或者至少不反感对方,而去接受对方的沟通内容,需要倾听者具备良好的心态才行。

由于人们在现实生活中遇到过很多没有实质意义的沟通过程,也遇到过不少没有任何收益的所谓沟通过程,比如讲学、培训、领导训话等。这些过程使得人们对期待的东西进一步失望,让人们对一些正常、有益的沟通过程呈现出了麻木的感觉。因此,善良的愿望未必能够得到善良的汇报,甚至还可能被利用,成为一种心理负担等。所以,能够让人怀揣善良的愿望接受一些沟通信息,实际上也不是一件很容易的事情。

培育人们心底的善良愿望,让人们愿意信任他人的行为是有益的,在一定意义上讲这仅仅是一种美好的愿景而已。因此,怀有善意期待的心态去倾听他人的沟通内容,应该是比较难实现的愿望。要改善这种状况,需要沟通者通过自身的努力才行,只有沟通者能够认识到对被沟通者利益的尊重,并且能够在实际行为中尊重对方,才能在沟通过程中得到被沟通者的正面与积极回应。

8.1.4　对倾听者的期待

1. 强迫理解

当企业希望员工了解企业的某项管理制度,或者要求员工接受某种工作要求的时候,企业管理者会通过知会性或者强制性的方式与员工进行交流。由于交流的内容对员工未来的工作具备强制性约束的要求,企业希望员工不仅理解这些沟通内容,还要落实对方能把这些内容应用到自己的工作中。因此,这种情况下,企业就会要求员工必须认真倾听企业对沟通内容的解释与说明,甚至还会通过考试等手段测试员工的理解程度。

2. 期待理解

企业实际工作过程中,管理者经常会对下属提出一些工作方面的具体要求。同样,基层员工也会对管理者提出一些工作建议。如果这些要求与建议对改善企业的工作效果不是很迫切的,则沟通者就不会要求对方必须认真听取自己提出的观点,而只是希望对方能在一定程度上理解而已。比如与一个陌生人的聊天,尽管这个过程也可能会导致一种相见恨晚的感触和友谊,但沟通者实际上不会期待该沟通过程一定会产生什么作用。这种没有要求的随意性沟通,对被沟通者而言,可能就不存在负担与压力。因此,对方能否认真倾听,并给予积极反馈就不是很重要了。

3. 不求理解

当一个员工与他人沟通时,沟通者也可能希望对方理解自己的沟通内容与意图,但未必一定是期待被沟通者能够理解沟通的内容。实际上,沟通者可能从沟通开始时就没有希望对方理解自己并且给予积极反馈。某些时候,员工彼此之间的沟通过程可以是随意的,不仅不需要沟通效果,而且可能仅仅是打发时间的行为而已。这种情形下,沟通者对被沟通者是否认真倾听自己的说法,可能是不存在任何期待的。

比如,人们与一个疯子的沟通是不可能存在结果的。另外,与一个品行很差的人沟通有关道德方面的问题,也是没有价值的。曾经看过一个故事:一个人与罪犯讨论道德,得到罪犯的回答是:"你不认为与我讨论这个问题太天真吗?"

8.2　倾听的类型

按照接收沟通内容的行为特点,可以将员工的倾听过程划分为三种基本类型。其一,是本着积极的态度,认真并诚恳地接受对方传递的有关信息。其二,将对方传递的信息与自己的工作需要结合起来,根据实用主义的思维特点接受那些可能有用的相关信息。第三,则是被动接受信息,但绝不思考这些信息的使用价值,实际上也就是拒绝接受这些信息。

8.2.1　诚恳性倾听

认真倾听反映着被沟通者的修养和品行;反映着领导对下属的尊重,下属对上级的敬重,人们对同事的友好,员工对工作的敬业等多重品行。当然,这种状况要求并非在所有事情上都是一样的。上面所说的情景应该是对正常和正式场合的基本要求,如果在其他一些场合可能就不是很适合了。或者也可以说,上述基本要求在理想的严肃的场合是适用的。如果是在一些随意和轻松的场合,就未必需要这种状况出现。

从被沟通者的角度看问题。能够耐心、细心、有效地接受沟通者的信息,也会受到多种不确定因素的影响。倾听者在选择接受沟通信息的过程中,尤其是在选择沟通反馈形式的过程中,能否从对方感受,从沟通者可能的内心状况、并且可能根据倾听状态是否会影响自己未来工作状况的观点看待事情等,这都是影响倾听状况的不确定性因素。如果沟通者是上级领导,或者是一项重要的工作任务,或者这个沟通过程是企业非常重视的活动,则倾听环节对倾听者而言可能会非常重要。此时,沟通信息接收者至少会选择很认真的形式倾听对方传递的信息。反之,倾听者选择倾听的方式可能就是相反的了。

要求被沟通者以诚恳的态度对待沟通过程是困难的。这件事情只有信息接收者自己才能决定自己的选择。作为企业,除非采取严格的措施对信息接收者进行督促或者监督,增加其不认真接受信息的成本,企业也不能保证信息接收者的倾听态度与选择。甚至可以说,如果信息接收者不愿意倾听相关的沟通信息,他也可以摆出认真的姿态,而不是真正接受沟通的信息。这种情况在很多企业的会场都可以看到。

解决这个问题的措施主要是两个方面:其一,是让被沟通者能够真正认识到倾听到的内容是有用的;其二,是通过严格的控制措施让被沟通者不敢懈怠。

但根据常识看,这两种方法都是存在缺陷的。比如,沟通者点对点之间的沟通内容才可能是特定的和确定的,而多数沟通并不属于这种形式。所以被沟通者在能接收到自己所需要信息的概率的可能性上是存在不确定性的。而企业实际上很难保证员工接受的信息一定是对岗位责任有用的。同时,采取严格或者严厉的措施逼迫员工接受某些被沟通的具体内容,对企业而言也不是非常值得的,同样也是不容易做到有成效的。

8.2.2　选择性倾听

在倾听过程中,人们选择性地接受自己所需要的内容,是比较正常的现象。被沟通者根据自己的实际情况,通过倾听过程,接受一些对做好自己本职工作有积极意义的信息,对企业和自己都是有积极意义的。

1. 选择接受与工作相关的内容

企业多数员工的工作内容都是比较具体的,除非针对性很强的知识或者建议可能与自己的工作相关,很多内容都与员工的本职工作关联不大。只有点对点的沟通过程中涉及的内容与工作直接相关的可能性比较大,可以比较容易与具体问题联系起来。所以,员工在直接的面对面交流中比较容易认真倾听,而在点对面的沟通过程中,很难集中精力认真倾听。在企业实际工作中,不少人的工作属于被动状态,这些员工在接受信息的过程中并不愿意掌握与工作关联性不强的内容。而是只愿意接受那些对生活与工作有直接作用的信息。当然,对于一些具备积极心态的员工而言,他们可能愿意为未来的工作需要储备一些可能有用的相关知识,而不会很在意某些信息的实用性特点。

2. 选择接受使人感觉轻松的内容

避苦求乐的人性本质,决定了一般的员工比较热衷于自身喜欢的事物。如果他们不能在倾听过程中得到更多的有益性内容,就不愿意放弃自己可能拥有的时间,去接受那些或许有用的知识内容。人们在与他人沟通时,寒暄、逗乐等语言环境能产生让人轻松的氛围,这种环境中,人们的沟通过程可能会比较轻松,同时产生的倾听过程也会是比较有效的。

为了营造一种轻松的环境,需要沟通过程的参与者具备调解和控制沟通氛围的能力。能够在一定程度上把沉重的话题轻松化、严肃的话题生活化、严谨的话题随意化。当然,做好所有这些工作的基本要求是不改变事物的本质。

3. 选择接受有新意的内容

人们探讨某种工作内容时,也存在另外一种情况。针对自己的工作,如果某人的观点具备一定的深度,或者具有对问题看法的新观点、新思路,能够让倾听的人感受到兴趣,受启发,则此时的倾听就显然会更有成效。这时倾听者不仅会很认真,甚至还会参与其中与沟通者一起讨论相关内容,并且还可能会向沟通者请教一些解决问题的具体办法。

选择性倾听还表现在对所接受内容的甄别方面。有些沟通内容杂乱无章,重点不是很突出,所表现的意义也不够明确。倾听者还需要对这些内容进行分类判断。做一些所谓吸收精华,摒弃糟粕的有关工作。

8.2.3　拒绝性倾听

人是有情感的主体。员工也有七情六欲,企业也不可能要求员工都是绝对理智的人,情绪化经常会在实际工作中产生作用。在不少情形下,情绪化都可能会导致拒绝倾听的现象出现。再者,理性成分也会导致倾听过程出现问题。

1. 自尊受伤时会拒绝倾听

在彼此的交流过程中,沟通双方可能因为彼此曾经的不一致,导致双方之间出现抵触情绪。工作中经常能看到一些员工不愿意与另外的员工共同讨论某些相关问题的现象。

一次简单的失败合作,一次曾经的伤感交往,都可能在当事者心里留下阴影。如果其中之一的自尊心在曾经的交往中受到过伤害,他可能会从心底产生排斥对方的情绪,也可能会排斥任何场合下的沟通过程:不愿意接受解释,不愿意接受和解,不愿意从心底理解对方的任何可能的善意等。

再者,经常面对某人的批评与误解,经常不能被别人理解和信任。基本上的沟通过程都是在不爽的氛围中度过,则倾听者也会拒绝接受任何来自对方的相关信息。

2. 沟通可能无果时会拒绝倾听

有些时候,不同的人对某项工作的看法存在认识上的偏差。但各自都认为自己的看法是正确的。为了形成一致的观点与看法,彼此之间就可能会产生争吵。在这个过程中,就可能出现某个人不理性,甚至过分任性、过分自我的情形。这种情况会导致协商变成辩论,并逐步演变成争吵,甚至更进一步恶化关系的结果。

由于沟通过程最终可能无法达成结果,沟通者就可能拒绝沟通,选择拒绝倾听对方的观点的行为。再者,沟通者为了达到自己的某种目的,会为自己的主张搜寻各种理由用于说服对方,甚至不管他的理由是否具备有效性。因为沟通者不会考虑对方的感受,不会在意客观事实,不会考虑自己的主张是否符合环境的要求,是否能够满足大众常识的许可性,他们只是考虑自己的主观愿望与想法。尽管最终不会产生预期的结果,沟通者仍然会无休止的要求沟通。这种情况下,被沟通者在无休止的缠绕中,会感觉身心疲惫,必然会从心底产生抵触情绪,甚至会躲避沟通,更不说所谓的认真倾听了。

3. 信息无价值时会拒绝倾听

如果沟通者选择祥林嫂式的倾诉,其沟通过程就可能没有新意,也算一种不存在积极意义的沟通。显然,这种沟通必然会导致信息接收者不愿意继续或者持续倾听相关的沟通信息。

有的员工会因为自己的原因,形成与单位领导或者同事之间的矛盾。有的员工也会因为工作方式的原因,导致与他人之间的彼此不理解。还有一些员工会认为自己被误解,自己有能力却不被重用等。这些人就会因为抱怨而向很多人诉说,会不断地多次说某一件事情的因由,而不管别人是否愿意重复听。

还有一种情况,某些人在沟通过程中,只愿意自己说话,表达自己的观点和看法。而不愿意听取别人的想法与观点。自己喋喋不休,不给别人表达的机会。自己尽管说不出有新意的观点,还认为自己是最聪明并且健谈的人。只要有人在一起沟通,就是他一个人在不停地诉说,对这种类型的沟通者,很多人都会选择拒绝倾听的。在一些单位的会议上,也会见到这种情形。某些领导者,只要开会就会不停地讲单位的事情,讲话中不仅不关心大家的实际感受,还可能说一些对工作没有实际价值的大话和空话。这种状况的结果当然是不言而喻的。

再者,也有一些人在沟通中,不理解对方的基本需求,往往喜欢用奉承、赞美甚至是夸张的言语吹嘘对方。他以为对方会很受用这些语言,他不了解对方实际上可能很反感这些虚伪的赞扬与恭维。尤其是多次听到这种语言后,别人就会从内心产生拒绝倾听的抵触心态了。

4. 心存成见时也会拒绝倾听

成见是一个人对另一个人的一种固定的消极认识。尽管人们时常将成见当做贬义词理解,但实际上这个词也可以具备褒义内涵的。一个员工对另外的员工产生的不论积极还是消极的固定看法都可以被称为"成见"。

在工作过程中,某个员工可能会因为对一件事情的处理方式不满意,从而产生对该事情的处理者的消极看法。当对方知道该员工的想法时,可能会选择两种方式处理此事:其一是不屑解释此事,即使他认识到自己的做法存在不妥,也不愿意解释处理此事所采用方式的实际原因。第二种选择,可能是刻意寻找机会,希望向对此事有想法的人进行解释。但因为有成见的员工已经在心里不认可对方,他就会拒绝接受沟通,拒绝理解对方不同形式的解释。即使是看似认真倾听了对方的说辞,也并没有真正倾听对方的沟通内容。

在工作中,这种现象也可以说是司空见惯的。比如当一位领导对某个下属产生某种消极方面的成见后,他就可能会在其后的工作中,拒绝给该员工提供施展才华的舞台,不愿意为对方提供可能的工作帮助。因此,一些下属员工会为了消除或弱化上级领导的成见而进行沟通,并解释自己的行为等。但这种解释性的沟通,被拒绝的可能性是比较大的。

在拒绝沟通的另一个方面,是具有成见的人会拒绝沟通。例如,本来找某个具体员工做事可能效果更好,但因为成见的作用,领导就可能找另外一个人去做这件事情。在这个意义上看待事情,成见对提高工作效率、改善工作效率就是一种隐性成本。进一步推理,也可以说,产生成见的情绪化现象,既可以是改善沟通的积极因素,也可以隐性导致企业的工作成本增加。

8.3　改善倾听的影响因素

在企业或者任何其他组织中,不少人会谈到倾听这个词。认为尊重、理解并能灵活运用这个词对开展工作具有积极意义。但不少人却更关心倾听的技巧等,而对这个词汇在生活或者工作环境中如何产生作用的机理反而不是很重视。在现实生活中,倾听不仅是方法选择的问题,更是一个如何综合考虑环境因素,将倾听与环境需要有机结合的选择问题。

在实际的沟通过程中人们可以注意到:沟通双方的尊重与理解是成功沟通的最关键因素。有些人很健谈,也看似很诚恳,但如果没有在内心深处期待沟通结果,而只是在选择技巧,在考虑着如何运用技巧,则在沟通过程与预期之间就很可能产生差异。

8.3.1　尊重沟通方

尊重沟通者的需求,理解沟通者的需要,不强迫沟通者必须理解自己的观点与看法,也是沟通过程中,被沟通者需要认真对待的问题。尤其尊重对方的人格、对方的时间、对方的理解能力、对方其他的利益内涵等。

1. 不打断对方的叙述

这种情况主要发生在弱势者与相对强势者之间的沟通中。由于沟通者的能力不同,语言表达能力存在差异。某些沟通者在叙述自己的观点、一些基本事实包括解释自己的一些情况的时候,很可能不能准确、简洁地说清楚事务的本质,并且有可能反复说话,出现表述时间比较长等现象。这种情况下,倾听者可能会感觉不耐烦,有些个性比较急躁的人,就可能会选择打断对方叙述的方式拒绝对方继续说下去。这种情况的出现,不仅可能打断对方的思路,还会给对方造成一定的心理压力,或者造成对方的不满。

能够从容地倾听对方的叙述,尤其是管理者能够用和气的方式,耐心地倾听对方的观点与建议等,对于真正理解对方,辨析出对方的想法要点具有很好的支撑作用。

2. 不打击对方的观点

对于企业或者企业部门的管理者而言,在与下属的交流过程中,应该对下属的观点持有宽容与包容的态度。若下属所述内容无伤大雅,也无关大是大非的问题时,一般不宜当面否定,让他下不了台。应当给予更多的理解,把对别人的尊重放在重要位置。

在与同事交流的过程中,有些沟通当事人喜欢用自己心中的标准衡量对方的言行。从价值观标准、处理事情的方式、语言表述的形式以及讨论问题的情形等方面按照自己的要求衡量对方。选择这种做法与人相处,实际很难与人沟通。或者说,只要对方某个方面的特征与己不符,而自己又是强势地位的拥有者,就很可能否定对方的观点。并有可能用对错、是非、善恶等标准否定对方;使用啰唆、脑子不清、准备不充分等词语批评对方。显然,这种否定类型的词汇很可能使倾听过程中断,使沟通过程夭折。

3. 不替对方总结重点

当被沟通者不愿意继续倾听的情况下,沟通过程就很可能会被中断。当沟通者表现出言语絮叨,意思不清楚、重点不突出的情况时,倾听者可能会选择武断或者刻意的方式对对方叙述的内容进行单方面的总结。希望通过这种所谓的总结,分析判断对方的沟通意图,或者试图将对方的叙述过程转到自己的思路上,然后能够迅速中断或者缩短这个冗长的交流过程。显然,这种方式可能使得该沟通过程更为有效,但也可能同时伤害沟通者的自尊心,并且可能会使沟通者产生不必要的心理负担。

这种替沟通者总结沟通内容的情况,主要出现在沟通双方地位悬殊,或者双方特别熟悉的情形下。不论哪种情形,这种行为都可能造成沟通者的不满或者失落,并会对后续的相关沟通过程产生消极影响。实际上,在每个沟通过程中,对沟通者的尊重,都为后续的有效沟通提供了支持。所以,积极的倾听过程对沟通氛围具有持续性的积极影响。

4. 不让对方感到轻蔑

企业中不同层级的员工之间交流过程中,上级可能不重视下级员工的要求。在一些企业中,企业或者企业部门会设置意见箱、建议箱,甚至留下企业领导的邮箱,接受员工的建议或者意见投诉等。但在实际中,即使有员工向这些接受意见与建议的地方投放或者发送有关的信件,也很少能够得到积极回应。一般情况下,员工向上级提出的问题,多数是希望得到上级在某些方面的具体帮助,但处理这些事情有可能增加上级领导的工作量与复杂性,因此,一般而言多数上级领导不会很热衷处理这些事情,所以也很少得到积极回应。这种情形产生的副作用,就是可能让基层员工产生不被重视的感觉。

在直接性的交流活动中,下级员工不被重视,或者产生被轻蔑的感觉,都可能让下属员工产生不愿意继续与上级进一步交流的倾向。而这种倾向可能导致的消极影响是:企业的矛盾可能日益积累,员工的积极建议受到抑制。

8.3.2　细心的倾听

1. 细心倾听才能理解某些信息

沟通者在叙述过程中可能存在重点不突出、逻辑不清晰等情形。因此,要能够真正理解沟通者的意思或者观点,就需要被沟通者认真倾听对方的叙述过程。只要被沟通者存在敷衍了事、应付差事的心态,或者选择自以为是的倾听方式,就很难真正理解对方的意图。许多沟通者并不是非常聪颖,而且不少人还存在着理解方面的障碍,所以只有细心倾听才有可能真正理解对方希望传递的沟通意图。让自己拥有更好完成工作责任的动机,并认真对待倾听的作用,对企业员工做好本职工作应该是有积极的促进作用的。

2. 细心倾听是完成工作的条件

在管理过程中,下级员工对上级领导的关心语言可能会认真倾听,但对上级领导的批评倾向就未必能够做到认真倾听,更不用说要听出对方语言中希望隐喻的意思,以及偶尔露出的真实想法。再者,如果为了真正做好一件事情,就需要当事人能够了解事情所涉及的各种因素。在讨论和分析问题的过程中,不仅需要语言上的交流,还需要运用多种分析方法与研究所需要的工具,需要针对工作涉及的细节问题进行深入的研究。在这种情况下,听取员工或者合作伙伴的提议与建议,需要用细致入微的态度、精益求精的精神以及追求完美的行为去探讨和钻研所面对的问题。

3. 培养细心倾听习惯比较困难

企业活动中,如果上级领导可以倾听下属的想法,多数情况下更容易获得下属员工的尊敬。而下属通过细心倾听也能够更好理解上级的管理精神与思路,并能够更好地完成企业的具体工作。在工作过程中,培养一种细心倾听的习惯需要员工从很多方面进一步严格要求自己,改变并完善自己的性格与行为特征。因为人的性格与行为特征是通过长期的生活过程和性格修养形成的,调整自己意味着改变自己。当然,这种调整对一个正常人而言是比较困难的。

4. 惯性行为会拒绝细心倾听

当倾听者被一种强势的力量所左右时,一些员工会强迫自己违心地做自己不愿意做的事情。真正的细心倾听,并非形式上的倾听,而是自觉和有意义的倾听。在非自愿的情形下,倾听者极有可能仅仅选择对自己有用的信息,或者拒绝接受绝大多数被沟通的工作信息。有些人几乎没有进一步接受新知识的愿望,习惯性地排斥任何与目前生活和工作关系不密切的内容,所以,这部分人就会习惯性地拒绝接受很多方面的相关沟通内容。

8.3.3　主动的倾听

现实生活和工作中,绝大多数人的行为处于被动状态。如果认真观察很多工作人员的工作行为,人们就会发现:很多员工是按照企业的工作计划,或者每天都在处理着那些必须解决的常规性问题。一些人很忙碌,也有一些人处在悠闲的工作环境中。忙碌的员工是在被动工作着,在做着忙不完的常规工作,很少有时间在工作责任之外主动寻找新的事情去做,显然也很少有愿望去认真倾听别人的例外性工作指示。而悠闲的员工之所以悠闲,除了本职工作不是很忙碌之外,他们也没有主动寻找其他的事情去做,哪怕是去帮助忙碌的同事处理一些简单的事情。

观察企业的高层员工与中层员工直至基层员工的工作状态,很少能看到这些员工主动寻找问题并去解决问题的现象。某些企业员工甚至答应在某个时间点做好某件事情,但到约定时间之后,也会发现该员工不仅没有完成工作任务,而且甚至没有任何说辞解释自己的爽约行为,就像前面的承诺从来没有存在一样。甚至有些员工在会议上接受了某项任务,但当你去寻找他询问有关事情的落实情况时,该员工还要问你有什么事情找他等等。

从上述文字可以看出,企业的不少员工没有主动工作的意识与愿望,更不用说在可能不被别人明确感觉到的时候去主动"倾听"了。当然,也有一些员工喜欢主动打听别人在说什么,但很少愿意主动去做什么,他们这种主动倾听的目的并不是为了做事情,而是为了了解一些不该知道的事情。

企业中有少数员工在工作需要的时候,能够主动倾听,并能够为做好企业的工作而主动地倾听有关工作信息;在讨论有关问题时能够听取别人的观点,并与相关人员一起认真商量处理事情、解决矛盾的办法等。这种能够主动工作,并在日常工作中表现出主动倾听行为的人,就是"不一般"的员工。这些员工就是企业中的优秀者。只有他们才可能在平凡的工作中表现出非凡的状态。

8.3.4　耐心的倾听

耐心倾听是在多数人都无法持续的沟通情境中,具备坚持听完别人叙述的有关内容的情形。实际生活中,一些表达能力欠缺的人在解释一些复杂的事情时,可能出现严重的语言障碍。由于倾听者可能也有很多事情做,而该沟通过程需要时间长,且没有很多新意,同时该过程还可能存在一些让人感觉精神不爽的内容。这种情况下,倾听者不仅可能感觉内心着急、枯燥无味,还会感觉得到一种心灵被折磨的不快。这种情形下,能够坚持倾听,并且能够在"困难"的情形下,坚持认真倾听的过程,将是非常难得的。只有当被沟通者具备特殊的耐心与包容心,拥有去接受对方所传递的愿望信息才能做到这点。

在现实中,一些企业经常举办员工技能培训活动。如果观察这种培训活动过程,人们就会看到,在培训现场,许多被培训者在休息、睡眠、交头接耳、玩弄手机甚至在上网聊天。这种不愿意倾听、不认真倾听的现象,实际上正好表现了一些员工在做好一件事情时的心态,也可以表现出多数员工对待他人的心理和行为特征。

也可以把耐心倾听看做是一个人尊重弱者的一种行为表现形式。正常情况下,人们要求弱者必须倾听强者的指令,如果弱者不能做到这点,就可能被斥责,被批评。但强者自己却往往不能够耐心倾听弱者的声音,而且往往会武断地理解对方的意思,并作出消极的判断与选择。显然,这种沟通过程对企业经营而言必然是存在消极影响的。

8.3.5　思考中倾听

在思考中倾听,或者说在倾听中思考,也是倾听过程涉及的一项重要内容。倾听的目的是理解沟通者的意图与观点,包括一些新的见解等。而所有这些,在多数情况下对倾听者改善工作效果应该是存在积极影响的。比如,在接受培训授课的时候,企业的员工如果能够结合企业的实际需要,思考讲课者的说法与观点,结合企业的工作现状,思考企业有哪些因素需要调整,就可能会更好地借鉴沟通者的思路与办法,或者在沟通者的启发下,能够更好地完善企业的工作流程,或者能够结合企业的具体状况,认识到对方的观点存在哪些方面的不适应性等。在听取企业其他员工的建议时,能够结合自身的工作,思考对方的建议对改善自己工作的积极意义何在;在倾听领导的谈话或者讲话时,能够结合自己的工作情况思考改进工作的条件与途径等;在倾听下属的建议时,能够体会和反思企业的现有工作,寻找改善工作的设想等。

所有这些事情,是一个具备责任心、愿意将自己的工作、企业的发展作为自己的重要生活内容的员工应该做到的事情。具备思考的愿望与习惯,发现并且观察实际工作中发生的具体事物,思考提高工作效率的方法与途径等,是沟通中重视倾听活动的重要表现。

总之,尽管倾听这个词看起来很简单,但真正理解倾听过程涉及的一些因素,人们会认识到,倾听并非一件能容易做到的事情。做好此事,需要企业很多因素之间的配合,需要企业进一步做好更多的工作才行。

8.4　倾听的结果

从影响沟通过程产生积极效果的因素看,倾听技巧似乎是很重要的因素之一。但倾听者的理解能力与倾听环境也是很重要的影响因素。如果倾听者理解能力差,或者倾听环境不适合,倾听者不适用沟通者的沟通方式和形式,即使倾听者在尊重和理解的基础上尽力理解沟通内容,也未必能够达成沟通效果。或者说,倾听效果的形成,并非是确定无疑的。通过倾听环节,倾听者对沟通内容的理解至少存在三种结果:准确理解、勉强理解、没有理解。

8.4.1　能够理解沟通内容

通过倾听过程,倾听者愿意并努力理解沟通者的意思与愿望。在理解的基础上去善意和积极地接受沟通内容,即可达成彼此之间的沟通目的。

如果在沟通之前,沟通者就能够根据沟通内容的需要,依据尽量让对方容易接受的初衷去选择沟通内容的切入点,使用更为简洁的方式,确定对方容易理解的表达形式,并在沟通过程中使用合适的沟通语言与对方交流,同时被沟通者理解的态度比较好,悟性与能力也比较强,则通过倾听过程,被沟通者就可以比较容易地理解沟通的内容与沟通者的意图。但是,理解并不是必然要反馈,或者必须会反馈。

倾听者在经理解对方的沟通意图之后,还需要在综合考虑各种因素的基础上,依据自己所处环境的具体情况,才能做出具体的反馈选择。

在实际工作中,即使传递的信息是清楚的,倾听者也具备理解的能力,有时也会故意假装不理解的姿态。如果倾听者不愿意对沟通过程进行反馈,则这种情况出现的可能性就会比较大。这种现象说明,沟通之前,沟通者需要认真选择沟通内容,预计沟通的结果,否则无效的沟通可能会浪费沟通双方的精力,会对彼此之间的关系造成不必要的影响。

8.4.2　勉强理解沟通意图

当沟通者是上级领导或者长辈,他们是被沟通者获取某些利益的源泉,被沟通者对沟通者必然存在心理上的尊重。此时,多数被沟通者就会认真听取沟通者传递的沟通内容。但如果被沟通者的理解能力较差,被沟通者即使认真倾听也可能无法真正理解沟通者的意思。或者说,被沟通者可能无法理解沟通者比较隐晦的沟通意图。在这种情况下,即使倾听过程很认真,被沟通者由于智力、理解能力有限,他也有可能只能勉强理解沟通内容。显然,这种沟通的目的可能是不容易达成的。

另外,尽管被沟通者并未完全理解沟通内容,但因为沟通者可能是领导或者长辈,由于担心被责备,担心进一步的讨论会导致沟通者对此产生消极认识,所以倾听者自己并不敢也不愿意进一步要求沟通者解释沟通内容。还有一种情况,倾听者并没有完全理解对方的沟通意图,但由于倾听者没有进一步询问和深入探究的愿望,表现出来的情形是沟通者认为对方已经理解沟通的内容,这种状况必然导致沟通不能达成预期的目的。再者,由于沟通者在沟通中没有很好地表述自己的意图,也会导致倾听过程存在障碍,使倾听者很难准确理解对方的想法与观点,造成沟通不能产生期待的效果。即:虽然被沟通者并没有真正理解沟通者的意图,沟通是不成功的,但沟通过程却给人造成了一种成功的表象。

如果倾听只能让被沟通者勉强理解沟通的内容,即使其愿意积极反馈,该反馈的结果与期待的结果也很难形成一致。

8.4.3　难以理解沟通目的

沟通者的语言没有得到被沟通者理解,但沟通者却认为对方理解了自己的意图。即沟通者在不停滔滔不绝地叙说自己的内容,而对方却难以接受和反馈。这种情况下,一是沟通者没有理解对方的感受,二是被沟通者一直处于懵懂的倾听过程中。显然,这种沟通过程是极为失败的。这种现象的典型例子是课堂上教师与学生之间的沟通关系:教师在讲一些专业知识,并认为自己的叙述是清晰和生动的,或者认为自己的解说是简练和准确的,但学生不仅没有理解,而且随着不理解内容的累积,开始出现逆反心理,并在潜意识里逐渐产生拒绝接受教师讲课的结果。在这种情况下,貌似有效的沟通过程实际上并没有达成沟通目的。

还有一种情形,由于被沟通者可能不了解沟通者所说事情的背景,或者说沟通者不能在沟通中明确说明事情的相关内容,使被沟通者无法从本质上理解沟通内容与意愿,最终导致被沟通者难以理解沟通意图,并使沟通过程彻底失败。

显然,难以理解沟通意图的沟通过程,并不能通过认真倾听的过程而改变沟通结果。

8.5　倾听态度转化

能否使倾听过程成为有效的,是企业管理者需要认真考虑的问题。这个事情的本质是在企业里营造一种环境,能够从企业的角度,通过企业管理的作用,使得企业的员工愿意配合沟通过程的需要。使得企业内部的沟通、外部的沟通、上下级之间的沟通,横向部门之间的沟通,甚至包括各种其他的沟通过程都能对企业经营活动产生积极的作用。

企业员工倾听态度的转化主要可表现为以下几方面。

8.5.1　由随意到愿意

企业活动中面临的沟通过程复杂多变,内容与形式也很难一概而论。在工作中涉及的具体沟通过程,不仅沟通过程参加者的目的不同,彼此选择的方式与形式也存在差异。不少沟通参与者不会拒绝沟通,但参与的热诚程度却不一样。

为了考虑对方的尊严(面子),一些人不会拒绝对方的沟通倾向,但不少人确实也存在敷衍与应付的初衷。如果在应付中能够感受到有价值、新颖的观点,感受到真诚、有见地的想法,则沟通过程就会继续下去,倾听过程才可能从随意到愿意转变。

企业帮助员工将沟通从随意转变为愿意的过程,也是能够产生实际作用的。如果企业的管理者通过分析企业工作中的实际情况,能够从中发现一些涉及各种管理,包括财务、技术、产品生产、质量管理、供应过程、销售过程甚至是辅助管理方面的话题,以及与企业文化等内容相关的话题等,再根据这些话题与管理实践之间关系的重要性,对其进行分类,然后按照企业工作的需要,不定期提出一个供员工进行讨论的主题,让大家进行认真细致的探讨,这就给员工提供了有意义的沟通主题。

这么做的前提是企业中确实存在着一个群体或者一个部门,这个群体或部门的责任之一是依据企业的需要,制订不同时期不同种类的沟通主题。当然,这需要企业的支持才能开展。实际上,这种活动也可能变成深化企业文化建设的工作内容。

　　针对一个具体的话题,员工之间可能会有一些多种多样的观点。而且这些观点对企业改善工作具有积极作用。一个开放的组织,一个能够听取各种不同类型意见的企业,可能就会支持员工之间的这种讨论与沟通活动。显然,企业员工如果发现了一个展现自身才华的平台,相信多数人会充分利用的。

　　显然,在这种情形下员工从随意倾听转变为愿意倾听的可能性会明显提高的。

8.5.2　由抵触到接受

　　企业员工倾听态度由抵触到接受,是有一个过程的,这个过程可大致分为以下几步。

1.员工可能不认可沟通

　　在企业经营过程中,经常会出现一些使员工感受不是很好的事情。员工认为进一步的交流可能于事无补,某些员工的思想境界、行为方式总是让人无法接受,人们也无法改变很多现实管理中的问题,即使与这些人开展坦诚沟通也几乎不可能产生积极作用。所以,在沟通过程中倾听这些人的说法与观点,实际上是无效的工作,所以,选择抵触倾听的策略反而是提高工作效率的必然选择。

2.企业能发挥积极作用

　　在企业实际工作中出现这种抵触倾听的现象,不仅是员工对企业经营现状不满的实际体现,同时也反映出员工对企业管理工作的无奈。为了解决此问题,企业需要积极面对。为了提高企业的工作效率,企业需要认真分析产生这种现象的个体原因与管理原因。在一定程度上讲,企业对员工个体因素的可控制性相对较差,但对管理因素则存在很强的可控制性。

3.企业管理拥有改善工作的空间

　　只要企业愿意梳理影响沟通过程的管理策略,突出企业文化的特点,识别企业管理环境等相关因素,并通过调整企业员工与组织之间的关系,激励员工之间的沟通,改善员工之间的工作关系等措施,就能在一定程度上加强员工彼此之间、员工与管理政策之间的适应性。在这个基础上,让员工能够感受到沟通的有用性、企业在管理过程中的诚恳性。至少能让员工在内心深处感受到企业是希望与员工开展更好的合作的,是具有善良愿望的。

4.接受倾听行为的效果

　　员工认可企业的行为,消除对其他员工的合作意向与企业的愿望质疑之后,就可能提升自身对合作欲望的强度。只要认为倾听过程是有效的,员工就不会继续抵触,就会在一定程度上接受正常情况下的工作沟通,而且是从潜意识里接受这种与工作相关的活动。显然,员工愿意接受他人或者组织的愿望,对企业中的各种工作是有意义的。

8.5.3　由被动到主动

企业员工愿意为了实现企业的经营目标而相互合作,员工之间为了更好地工作结果而积极合作,彼此之间的合作关系就能够从被动走向主动。显然,合作的意愿也能使被动的工作转向主动的工作状态。

接受企业的需要,满足合作的愿望,并能使自己的愿望得到满足,是员工从被动走向主动的基础。在这个过程中,很需要知道员工的需求特点。人常说的"不怕需求过分,就怕没有需求"这句话在这里是有用的。如果一个企业员工在工作中是没有需求的,那么就很难选择特定方法去满足他的需要了,企业工作也会失去方向。

企业管理者需要知道从需求理论的基础上,去分析员工在企业的工作目的,理解不同类型员工在需求方面的异同,并且知道这些需求对不同员工的重要性等。在这种情况下,企业的管理者就能够选择管理策略,就能够通过运用激励措施刺激和驱动员工的主动性。而对那些动力不足、需求较弱的员工,也能选择一些方法刺激他们,为这些员工制造需求。哪怕是通过表明一些见解的简单方式也是值得的。

一个企业的管理氛围是制造出来的,并不是自发产生的。就像电视连续剧"亮剑"中所说的:一支部队的精神是培养出来的,战斗力也是培养出来的。一支战斗力强的部队就需要有一种精神,这种精神能够在任何需要的时候,焕发出战无不胜的力量。同样,一个企业的工作氛围也是可以培养和制造出来的。彼此之间互相合作,存在积极的上进心也是可以在一个特定环境中培养的。

企业员工具备一种彼此之间合作的倾向,则在特定主题的讨论中,员工之间的建议、提议、合作等沟通就会增加。彼此之间交流过程,就会增加更多的倾听愿望,员工也就能在倾听过程中得到他人的思想精华,就会在倾听过程中感受到智慧的启迪。沟通过程中的倾听就会从被动转换为主动。

8.6　企业员工类型、工作类型与倾听

在管理过程中,不同岗位的员工涉及的工作内容差异很大。涉及的工作类型也有很大的差别。不同岗位的员工对工作内容的关注程度也有不同。因此,需要理解这些差异和不同与沟通过程的关系。

8.6.1　企业员工类型与倾听

1. 高层管理者

企业高层管理者是领导企业发展的关键角色。他们不仅要规划企业的发展蓝图,还要考虑发展过程中可能遇到的不确定因素。所以,有关企业长期发展、近期重要工作的有关内容是他们重点关注的。在与企业高层管理者开展工作沟通时,

能够围绕这些管理者关于工作内容的兴趣点进行交流,将是让他们愿意倾听的重要方法。比如,与高层管理者要一起讨论有关企业发展的内容,以及员工对工作现状的观点与看法,企业的重大管理决策所涉及的各类问题等等。

2. 中层管理者

多数中层管理者不需要直接制定企业的发展战略。他们的主要工作是贯彻和落实既定的发展计划,能够将企业的发展思路与近期工作计划落实到具体的概念当中。在此过程中,这些管理者关注的是贯彻计划时遇到的积极与消极因素对工作的影响,其中包括上级领导的新想法、企业实际工作状况与计划落实过程之间的关系等。因此,中层管理者关心的交流内容是与落实相关的内容。如果希望这些管理者认真倾听,就需要了解他们在工作中的关注点,选择能够帮助他们更好地完成任务的相关话题,甚至有关企业绩效考核、薪酬办法等方面的内容都会是他们关心的话题。

3. 基层管理者

这种类型的岗位责任者更关心上级领导对自己工作的看法,以及具体工作任务的完成情况,包括自己其他需求方面的话题。能够依据实际工作状况与影响因素的变化,结合基层管理者的期待与关注点,寻找与其关系密切的工作内容与之交流,就能够更好调动其倾听沟通内容的积极性。显然,不论是上级还是下属,与基层管理者交流的时候,都需要围绕着其关注点考虑事情。如果沟通内容与其关心的事情不够密切,就可能很难让其积极倾听。

4. 基层员工

基层员工更多关心的是工作任务完成情况、收入情况,以及人们对自己工作的认可和尊重。在管理过程中,管理者与基层员工的沟通内容多数比较简单,倾听基层员工的倾诉与观点,包括对实际工作的看法与建议,就是对他们的尊重与认可。如果能够理解和理解基层员工的思想动态与对工作的认识特点,基层员工就会更愿意进行交流。从倾听的角度看,如果沟通者不能根据实际情况选择合适的沟通内容,并能够让基层员工感到兴趣,对方就可能出现"事不关己,高高挂起"的应付态度,并进行消极反馈。

8.6.2　企业工作类型与倾听

1. 指导具体工作

不论是企业哪些岗位的员工,都会涉及被指导工作的状况。由于这种情况多数属于点对点之间的沟通。在这种情况下,被沟通者多数都会认真倾听。当然,如果指导工作的过程对被沟通者而言是积极的,则倾听过程也会是积极认真的。如果指导工作的结果不能对被沟通者产生积极价值,被沟通者就会在认真倾听的过程中,心存敌意或者选择口是心非的态度予以敷衍。

2. 完成合作事项

不同部门之间有合作,制造工人与技术人员之间有合作,员工之间也存在合作。当然合作也存在主动合作与被动合作之分。当两个主体主动合作的时候,沟通可能是有效的,沟通主体之间都有沟通的需求,被沟通者会认真倾听对方的沟通内容;反之,当合作一方属于被动状态时,沟通的效果可能就会比较差。

3. 解释工作思路

在管理工作过程中,某些管理问题未必能够得到相关人员的理解。为此,清楚此事者需要向相关人员解释这些问题,需要解释开展工作的思路与设想。这种沟通过程就需要沟通者能够按照对方的理解能力、理解愿望以及对相关内容的理解方式进行解释。如果能够让对方认真倾听,也是需要认真理解对方,并让对方能够愉快和顺利理解有关的沟通内容才好。解释工作思路涉及合作处理问题,涉及说明和表述管理思路与方案的运用与时间问题等很多内容。

4. 帮助解决问题

帮助被沟通者解决工作中遇到的问题,比如技能问题、思路问题、专业知识问题、处理事情的方法问题等。在被帮助的时候,同样涉及被帮助者是否具有需要帮助的愿望等。如果被沟通者没有愿望得到帮助,沟通者就首先需要激发出对方的愿望,然后才能尽力帮助对方。当然,帮助者也可能是在被动的状况下帮助别人的,也就是说,帮助过程中的沟通者与被沟通者都是被动的。此时的沟通效率可能会比较低下。只有双方都是积极主动的状况,沟通结果才可能是高效的,倾听过程才可能是积极的。

5. 告知具体内容

告知具体事项的过程,是企业管理工作中经常面对的工作。企业的管理决策,某位员工面对或者遇到的事项,都需要告知相关方。因此这个传递信息的过程也是常见的沟通活动。在这个过程中,沟通可能是单向的信息传递行为。沟通者可能不需要对方提出具体的建议和观点,主要的目的就是能够准确传递需要转达的信息而已。当然,告知过程也可能需要对方的反馈信息,但需求的程度可能是不强烈的。这种情形下,被沟通者对告知内容的倾听行为或者接受沟通内容的状况就不是很重要了。

6. 制订管理规则

在制订管理规则的过程中,沟通双方需要彼此之间的讨论与商量,需要了解和理解对方的思路与观点,甚至会发生很严重的观点冲突。为此,沟通双方都需要具备积极主动的沟通愿望与行为。这样,倾听活动才可能是有效的。当然,在这个过程中,沟通双方不仅需很认真地理解对方的观点,还需要具备专业知识与能力,否则沟通过程中的倾听行为将很可能是无效的。

📑 本章小结

倾听是沟通诸环节中很重要的部分。被沟通者愿意理解沟通者传递的信息，并且能够真实接受和理解这些信息，才能够完成沟通信息的传递过程，或者说才能完成实际的沟通过程。

在本章中，主要讨论了倾听的概念、不同倾听环节的内涵以及倾听过程中可能遇到的一些实际问题。由于倾听过程与被沟通者的利益存在密切关系，所以，在倾听环节中被沟通者根据实际需要而选择是否认真倾听的行为是正常的。

企业以及管理部门或者管理者需要从营造环境、创造工作机会、提升工作价值等方面主动做出很多积极工作，才能促使倾听过程更为有效，并为企业做好管理工作提供积极的促进作用。

📚 阅读材料

关于投建员工活动场所的建议

敬爱的×总：您好！

我是公司开发部的×××，很不好意思用这样的方式打扰您，虽然冒昧，但一是因为咱们 MBA 班的老师布置了这个作业，要让我们从管理沟通的角度给您提点工作上的建议，二是因为我确实想利用这个机会跟您说一下我心中的想法，于是我就把我蕴藏已久的念头抛了出来，当然这会占用您许多宝贵的时间。敬爱的×总，如果您觉得时间太紧没空看完，那就在您亲自泡茶的时候一个电话喊我过去，替您泡杯茶劳动一下，省出点时间把俺这篇"大作"看完吧，嘿嘿。不唠叨啦，毕竟泡茶的时间也是有限的，下面切入正题。

咱们单位目前正式在职员工共有 864 名，其中团员占 80%（数据来源于人事监审部，截止日期 4 月 6 日），当然不是团员的除了老专家们，也大都是年轻人，咱们公司，确实是一个朝气蓬勃的公司，有着数不完的干劲，咱们以这么年轻的队伍创造了"××速度"，并且正在实践着"××风格"，令人刮目的同时，咱们自己也没事偷着乐呀。可是这数不完的干劲，不止在工作上，平时也是如此，下班了，三三两两的，就想活动一下腿脚，年轻人么，精力正旺盛的时候，都比较喜欢激烈一点的对抗，譬如篮球、足球、乒乓球、羽毛球等球类运动，可咱们目前除了有四个篮球架（两个全场）外，其他的设施都没有，果然是狼多肉少，一下班，蜂拥而至的人把篮球场围了个遍，大家轮流上场，全场肯定是打不上了，因为人太多，只好打半场。有次我去给老公送水（当然俺家老公也是个半吊子的球迷，天气好并且不加班的时候会跑到球场上疯一会），看他站在场边上兴奋地喊来喊去，我说你咋不上去打，他说他们一共分了四队，输了的一队下来他们队就上！恩，这在场边上挨蚊子咬的两队也算有个盼头，只是苦了那帮踢足球的兄弟了，原来还有块毛坯地做球场呢，现在球场全种了树，于是只好跑到篮球场上踢会，可是篮球场上人家又在打篮球，一开始人少的时候还能钻个空啥的踢两脚，等人多了起来，只好抱着球跑边上去看啦。

我是个标准的羽毛球迷，为此还专门买的专业球拍（好几百块钱呢，很心疼的，只是为了能杀球的时候更爽，我忍了），可是现在球拍只好束之高阁了，因为没有场地，只能随便找块空地来回晃两下，没有界线没有规则，球技是越练越差。而我财务部有个好朋友是个铁杆的乒乓球迷，曾经代表咱们公司去总部参加乒乓球比赛拿过团体第三名的，只是自从电教室三楼那四个乒乓球桌被搬走，把那里改装成自助食堂以后，她就再也没有机会施展啦，因为咱们小区里连个水泥台子的乒乓球桌也没有，每每看到挂在墙上的球拍，我很心疼，她也老叹气。

当然，不止这些，咱们小区里，既没有能唱歌跳舞的地方，也没有能喝茶聊天的会所。其实如果咱们公司地处市区，这样的问题也不算问题，只是咱们公司位置实在是太偏了，周围全是村子，如果要去市里活动一下，下班以后收拾一下换下服装就一定等不到公交车了（即使不换服装最后一班公车也很难等到的），如果来回打的，粗算一下，最少30块人民币，成本都投资到路费上了，肉疼啊，更主要的是，咱们市真的好小，去市里也没啥可玩的，肉更疼了。

综上，咱们公司的业余生活，实在是太贫乏了。我常听见有的同事讲昨天赢了多少输了多少的，才明白，原来他们晚上是打麻将去了，而且本着"小赌怡情"的原则，居然已经开始动用人民币了，而且一晚上已经到几百上千的程度，这可是国家法律明令禁止的啊，更有意思的是经常打麻将的几个女同事还被封为"四大麻婆"。还有的同事是泡在网上，因为咱们这里上网还是挺方便的，宿舍里、家里，都配有网络，于是一个个聊天的聊天，游戏的游戏，都成了"坐家"（说真的，我也是坐家，其实我不想成为坐家的，可是我更不想成为麻婆），四体不勤啊。

建一个员工活动场所，真是太有必要了，强身健体不说，大家经常在一起活动，还能增强企业的凝聚力。当然啦，咱们公司单身男生多的现象也是大家常讨论的话题，公司目前也没有很好的办法解决众多男生的婚姻大事。记得咱们公司开团青会的时候，众口一词的话题就是解决婚姻大事，场地很重要啊，恋爱的成本不能只花费在路上，好钢要用在刀刃上啊。其实咱们小区的空地还是挺多的，C栋公寓那里，据说要建D栋，许多人听说要建活动中心了，民心振奋，还没建就高兴开了花了，只是传了许久了也不见动静，真心希望D栋能快点建起来，那我的羽毛球拍也好一显身手了，同事的乒乓球拍也不用挂在墙上展览了。原来的足球场虽然种了树，可是东边有好大一片空地哦，如果圈一下，还真是个不错的足球场呢，有许多同事讲到这块地的事情，垂涎得巴不得自己去踏平了做足球场，可能公司一声令下都不用专业人员去收拾，足球爱好者们自己就把那片地踏平了。而且足球场两边还可以再架几个篮球架,省得他们再等半天等不到一次上场的机会。至于唱歌跳舞,大概是老少咸宜的事情,陶冶情操锤炼气质,等 D 栋建起来了,拿出一层建得漂亮一点,那真是乐坏了一帮恋爱中的小伙子大姑娘,终于有场地浪漫了。当然也包括我和老公这样的"老夫老妻",能蹦能跳又能唱的地人又多又热闹,谁愿意待在家里当"坐家"。

我知道,这些情况×总肯定看到了,只是咱们公司许多工作忙得您没有顾得上抽出时间,也许看过我的建议后您可能还是忙得顾不上,如果您愿意的话,我就多去给您泡几杯茶,容您能腾出点空来,嘿嘿!

再次感谢×总百忙之中能看完我的唠叨,真心希望咱们的活动场所能快点建起来!

(MBA 803 班　刘兆坤)

3　思考与讨论

1. 上面阅读材料所述内容是××公司的实际情况,作者为了改善多数年轻员工的业余生活给公司总经理写了这份建议书。您认为建议书的有关内容是总经理关注的话题吗? 请说出您的观点和依据。

2. 您认为公司总经理愿意接受建议书中观点的可能性大吗? 你是否认为公司总经理会认真阅读这份建议书,并与有关部门讨论有关内容?

3. 如果您阅读这份阅读材料,您可能会如何评价这篇文字? 公司总经理阅读后可能会有什么感觉?

第9章

管理沟通反馈的渠道与形式

本章学习要点

1.沟通环境、内容、类型、过程等因素都可能对沟通反馈结果产生影响。客观把握产生积极反馈的动因,是完成有效沟通的重要工作之一。

2.沟通反馈的方式有积极、消极两种主要类型,如何将消极的反馈方式转化为积极的反馈方式,需要沟通双方的共同努力。

3.避免导致消极反馈的行为,需要了解、理解和尽量满足被沟通者的客观需求,要避免使用那些对被沟通者产生消极意义的沟通方式。

4.寻找和确定对管理工作产生积极作用的沟通内容与形式,注重被沟通者实际价值的提升,能够对沟通反馈行为产生积极影响。

沟通的目的很多,不论是何种目的,沟通者在多数情况下都希望对方对自己的沟通行为给予积极反馈。如果得不到对方的实际反馈,则沟通过程必然是失败的。

企业的管理过程涉及诸多管理内容,沟通活动也涉及企业与员工的沟通、部门与员工的沟通以及员工之间的沟通等内容。企业与员工沟通的主要形式是管理文件与管理制度,部门与员工的沟通主要涉及工作的安排与汇报,而员工之间的沟通则涉及与企业工作相关的各种事务。沟通类型与内容的差异,必然导致沟通反馈形式的不同。为了保证沟通过程的有效性,就需要考虑沟通反馈的渠道与形式,以及产生沟通反馈的动因与方式。

本章的主要目的,是通过对沟通反馈属性的描述,分析产生积极管理沟通反馈的基础条件,沟通反馈的形式与方式,以及为强化沟通效果,企业通过积极的管理行为促进沟通过程产生预期结果的方式与策略等。

9.1 沟通反馈的属性

沟通反馈是指被沟通者对沟通的反映过程。实际工作中的沟通过程是否有效,取决于希望沟通的事情是否能够通过沟通得到真正解决。沟通者进行沟通之后,沟通效果的评价也要看被沟通者是否给予了积极反馈。

9.1.1　沟通内容与反馈

沟通的内容存在多种类型。如果是指令类的内容,要看这种内容对于实际工作的价值所在;如果沟通的内容属于常规的文件,则被沟通者只需要接收或者签收该文件即可,不需要过多的明确反馈。如果要求下级部门对某件事情必须做出实际反馈,则可能的反馈行为就是将沟通的结果用书面形式进行回复。如果是协商一件事情,则反馈的方式是被沟通者提出自己的观点与看法,并且可能去做这件事情。

当沟通者为了某种目的进行沟通,在沟通过程中或者沟通之后,被沟通者对沟通目的的回应,存在很多可能性。首先,被沟通者要认为沟通内容是有意义的,才能够给沟通者积极的回应。当然,这种意义可能会体现在沟通内容对被沟通者而言是否存在价值。

被沟通者对沟通内容的认可程度与许多因素相关。比如,若被沟通者认为对方是一个见利忘义的人、一个心术不正的人、一个难以合作的人,也就是说被沟通者从心里拒绝接受沟通者,则他可能就会排斥沟通过程与沟通内容。此种情况下,被沟通者会认为沟通不可能存在价值。因此,沟通过程很难得到积极的反馈,沟通目的是无法实现的。

多数情况下,企业的高层会认为基层员工所选择的沟通内容不会存在重要价值,他们会寻找各种借口推脱,不愿意与之沟通。在企业里,高层对基层的沟通过程反馈很少,而基层人员对高层领导的沟通则反馈积极的现实,也可以说明这个问题。

再者,对彼此熟悉的内容进行交流,容易得到反馈。如果是沟通者单方面要求对方去做事情,则沟通反馈就会慢一些;沟通者与一个责任心不强的人一起讨论问题,得到反馈的速度也会慢一些;所以,从沟通内容对被沟通者的影响力、紧迫性以及约束性等角度看待沟通反馈,会发现本质问题还是在于沟通内容对被沟通者的价值如何。

案例:某企业有一名采购员工,他的职责是负责企业某项工程的材料和设备部件的供应工作。他在周末的一天接到领导的电话,说有紧急事情需要立即办理。当他急忙赶到单位时,领导给他了两张催货通知:是施工方提出的催货要求,指出两种设备的部件没有及时到货,严重影响了工程进度,并且该单据上有施工方与监理方的签字,而且该单据已经经过单位若干领导批示,要求立即解决该问题。

但是实际上,第一张通知上的设备部件已经在一个月前到货,到货验收单上有施工方与监理方的验收签字,但这两个单位已经忘了,却重新催货。第二张通知上要求的内容,也在半个月前已经提出,且该员工已经给对方明确回复,说明了该备件的具体到货日期,并且已经说明该日期是不会耽误施工进度的。即使这样,他们还是又重新催收设备备件。这件事造成了该员工领导的不满和上级的误解。

对于此事的发生,该员工感到很无奈也很生气。他认为对方的工作责任心不够,做事鲁莽。因此,他只是将对方的催货通知放在办公室,也就是束之高阁了。显然,对方的沟通意图尽管能够被理解,但却是被拒绝了。

这件事情说明,实际中的某些沟通活动,与沟通前提之间存在关联。没有价值的工作沟通,很难产生积极的效果。

9.1.2　沟通环境与反馈

沟通环境与沟通反馈之间存在比较明显的相关性。为了达到沟通效果,不少人会特意选择合适的沟通环境。即使是同事之间的日常工作沟通过程,如果地点是在企业的会议室、在企业的全员大会上、在办公室、在专门寻找的茶座,或在家里等不同的地点进行的,则沟通效果也会产生很大的差别。至少,这些不同的场合已经在一定程度上限定或设定了沟通双方之间关系的密切程度。对于关系密切的两个人之间的沟通,彼此都会比较重视,而如果在企业全员大会上的沟通,实际上仅仅是一种知会性的交流,就不存在必须性的反馈要求。

沟通气氛也会对沟通的反馈产生相关影响。两个沟通者在和谐氛围中的沟通,可能是彼此都满意或者心情畅快的交流过程。所谈话内容对双方可能都不会产生消极影响,这时候沟通反馈多数都会是积极和有效的。如果是一种训斥或者批评氛围中的沟通,则沟通反馈的结果就可能是被动或者消极的,即使是反馈很及时,该反馈后续影响可能也是消极的。在请教问题氛围中的沟通,得到反馈的可能性也会比较大。但若是恳求对方做事情,则反馈的可能性反而可能会小一些。

再者,沟通者的心境也是影响沟通反馈的重要内容。当一个人的心情很好时,比如此人这个时候处于"人逢喜事精神爽"的状态下,此时对此人的沟通请求可能会很容易得到反馈。当一个人心情不是很好的时候,可能任何有益的沟通过程都不容易产生积极的效果。所以,很多人都会在对方心境比较好的时候,选择合适的方式与对方开展沟通。这种情况也能从一个方面说明:沟通者善于对被沟通者"察言观色",这不仅是做好沟通工作的能力,也是做成事情的重要基础条件。通过察言观色,沟通者不仅能够了解对方的需求,还能把握较好的沟通氛围,更好地寻找到产生沟通效果的时机。

9.1.3　沟通类型与反馈

这里说的沟通类型主要涉及上下级之间、平级之间的沟通类型。企业中上级与下级的沟通过程,可以涉及很多内容:布置工作、指导工作以及询问具体事项等都是比较常见的。当某个上级对下属布置某项工作时,由于上级领导直接掌握着下级员工的很多利益的决定权,此时下级员工会按照沟通要求进行反馈。即使内心不满意,也很少会直接抵制上级领导的沟通要求。当然,如果上级对下级的利益获取结果不会产生重要影响,这种积极反馈的情形可能会有所不同。如果上级与下级的沟通过程是点对面的类型,下属的反馈不是必需的,此种情形下,下级的反馈就可能是或有的了。

下级对上级的沟通过程,多数是汇报工作与请求帮助,当然沟通内容也可能是企业面临的某项工作。此类沟通多数情形下都是面对面的,即使是在会议上,也是个人对上级的直接汇报。在会议上,上级领导可能就是了解工作情况,所以下级员工介绍情况后,上级领导可能是不需反馈的。但如果是下级与上级面对面的沟通,则上级就需要给出实际沟通反馈。否则,下级领导会认为上级领导不重视自己与工作,就会产生一些消极的感受。当然,也可能会存在不需要反馈的现象,这些都需要依据具体情况进行分析才能确定。

在不同部门之间的平级沟通中,多数情况需要即时反馈。但也存在需要对方商量之后再行反馈的情况。这种沟通的内容可以是相互配合的有关问题,也可以是彼此推脱责任的沟通,还可以是讨价还价形式的沟通。在企业的管理工作中,后两种沟通实际上都属于消极的类型。如果企业的管理制度比较严谨,企业中不同工作主体的利益关系比较合理,就可能不会出现这种状况。因此,完善管理制度、激励利益主体之间的合作与配合也是改善沟通效率的重要内容。

9.1.4　沟通过程与反馈

沟通过程与沟通环节之间也存在关系,沟通过程中的任何一个环节出现消极情形,都可能使最终的沟通效果出现不尽如人意的情况。

选择对方不感兴趣的内容进行交流,很难引起对方的兴趣。这种情形反映的是:沟通过程的第一个环节就出现了缺陷,而这个环节的缺陷在后面的环节中是很难弥补的。显然,这种情况下,很难让被沟通者给出积极的沟通反馈的。

如果在沟通内容的组织方面,沟通者不能够按照高效沟通的原则组织沟通内容,出现啰唆唠叨、主题不清、表达层次混乱等现象,可能把一个重要的话题说成一件没有实际意义的事情,降低对方倾听的意愿,最终导致沟通对象回避后续的沟通,造成对方不能积极反馈的结果。显然,沟通信息的组织效果也是对沟通反馈有影响的一个因素。

选择不同的沟通媒介进行必要的沟通工作,是让对方顺利接受沟通内容与意图的重要方面。比如,沟通者可以依据沟通内容的特点选择书面语言、口头语言等不同的形式。在表达沟通内容的过程中,沟通者的情绪、语气甚至沟通者的眼神动作等相关因素都可能影响到被沟通者接受的状态。这个环节本来的作用是让沟通过程更为高效简洁,但也可能阻碍沟通的顺利进行,所以在这个环节中处理事情的方式也可能对沟通反馈造成消极影响。

　　而倾听过程主要是被沟通者可以控制的环节。沟通者综合相关影响因素之后,决定倾听环节的细节,选择倾听的形式,并最终决定不同的理解方式,去理解和接受对方的沟通内容和意图。显然,这个过程是沟通反馈的决定性环节。

　　总之,沟通反馈是沟通是否有效的重要环节。沟通能否成功取决于沟通过程中每个环节的成功与否,甚至还会与沟通者的品行修养等间接因素有关。

9.2　沟通反馈的类型

　　沟通反馈的实质,取决于被沟通者对沟通内容与意图是否认可。当被沟通者认为沟通内容是积极与理性的时候,会选择认可性的态度,积极予以反馈,同时表达自己的观点并选择合适的反馈行为。当然,在无条件服从的沟通中,被沟通者的反馈就只能是唯一的。

　　沟通过程中,利益相关者对沟通内容也可能会存在怀疑的态度:认为沟通的内容存在疑惑,有些内容需要进一步讨论,沟通内容包含有一些不确定性的倾向,附带了让人无法接受的条件等。在这种情形下,被沟通者可能在反馈之前就会产生一些不确定的想法:或者拒绝反馈,或者有保留地按照沟通者的要求进行反馈等。

　　根据沟通反馈的实质,沟通反馈可分为以下几种类型。

9.2.1　推脱责任式反馈

　　在现实工作中,总是存在一些不负责任的工作人员。这些工作人员在实际工作中不愿意履行自己的工作岗位,也可能因为粗心大意会忘却别人急需办理的事情。但最终的结果都可以归结为选择了一种推脱责任的形式,导致工作不能顺利进行。看起来很简单的沟通反馈,在他们这里被简单推脱,导致企业工作效率低下,员工产生不满意的情绪。

　　比如,一个员工去找某个业务管理者,询问某件事情的指导文件,被咨询者有多种答复的选择:一是说他不知道企业有此文件;二是这个文件归其他岗位的员工管理;三是这个文件现在还存在一些问题,须咨询领导后告诉该员工具体情况;四是说这个文件不能给该员工,该员工需要让领导来找他索要才能给等。在第二种情况下,如果该员工再去找被指定的岗位责任者询问该文件文件,则该岗位的责任者又可能告之,这个文件就保存在那位管理者那里,等该员工再返回去找那个管理者时他会告之:现在找不着了这个文件了,你等等吧,找到后通知你。然后可能就会杳无音讯了。这是一种对工作没有热情的工作行为的反映,也是实际工作过程中经常会遇到的现象。

　　有这么一个事例:一个具体负责某项工作的人员,因为责任心不够,将一个员工办理某种重要证件的事项忘掉了,导致该员工的办证资格没有按时向上级有关部门申报。这件事情的结果是导致当事人的证件办理时间过程要耽误半年。当事人按照企业的要求提供了相关资料的时候,责任人显得很被动:如果接收办理证件的相关资料,则就必须在规定的时间为对方办好证件,如果不接受则无法说出相应的理由。为了推脱自己的责任,该责任人寻找了一个签字确认资料有效的相关人,让此人告诉办理证件的当事人,说他的资料不能满足要求,还需要完善。而当事人完善资料后,责任者又进一步让该相关者继续以资料不能满足实际要求为借口,并且继续让当事人完善其他相关资料,以便使当事人的请求仍然无法满足要求。当提供资料的时间超过报名期限的时候,才告诉他资料完整并符合要求了。这样办证件的当事人就无法抱怨该工作人员的不负责任行为了。

显然,这种情况是由于岗位责任人的工作质量低下导致的结果。但为了不被组织批评或者惩罚,他可以串通了一个不负责任的关联者帮助自己圆谎。实际上,这种情况也反映了一种现象,只要有些人不愿意对他人的正常沟通请求进行积极反馈,他就总能为满足自己利益的不当行为找到借口。

被沟通者有可能是在某种压力与责任的约束下,被动地去理解沟通者的意图的,但了解的愿望则可能并不是很强烈。对某些不是很容易理解的内容,被沟通者就可能放弃尽量理解的努力,可能假意理解那些似懂非懂的意思等。显然,这种状况的结果就是导致沟通过程存在瑕疵,出现沟通效果似是而非的现象。

9.2.2 保留意见式反馈

企业要开展工作的程序化管理,需要各个不同部门自己预先绘制自身的工作程序。因为某些主管业务部门的工作比较繁忙,这些部门就将其自身的工作任务交给了企业的企管部门帮助完成。但由于企业管理部门对该项业务的熟悉程度不够,他们需要将描述业务部门的工作流程绘制完成后再返送回业务部门征求意见,并希望该部门能够确认并补充业务流程方面存在的一些不足并得到确认。尽管业务部门指出了所谓不足的方面,但由于业务部门的工作人员之间也存在着不同的观点或者意见。在此情况下,该业务部门承诺在特定时间点将确认后的结果告知企管部门。但到了确定的日期后,业务部门却可能仍然还没有讨论流程图初稿。显然,在这种情况下,这个事情就很难继续往下进行了。

这种情况说明,这个沟通过程实际上是失败的,被沟通方的反馈态度似乎积极,但因为业务部门对这件事情并不热衷,所以他们采取了应付并拖延的态度。当然也有可能是因为业务部门确实存在一定实际困难,比如碰到了过程中不可控制的事情,遇到了自身的协调不一致等许多其他问题。但不论如何,这种沟通的反馈结果,一定是与企业提倡的高效率工作精神不一致的。

在企业的经营环境里,有些时候一些下属员工可能对企业的分配方案、用人倾向等工作提出自己的建议,也会主动寻找上级领导进行沟通。此时,上级领导选择的办法可能是以下几种:其一,上级领导认真、客观地倾听员工的沟通理由,分析该理由的依据是否充分,下级的观点对企业是否有益等,并积极主动地对下级员工的沟通愿望给予认真负责任的答复;其二是为企业的薪酬或者用人决策进行辩解,用自己的理由说服下属的观点。还有一种情况,就是告诉下级员工,领导会认真考虑员工的建议,但需要开会讨论,综合考虑企业的实际情况并最终会给予其明确答复等。但实际结果可能是领导并不把员工的建议拿到会议上重新审议,他对员工的答复过程,仅仅是一种有保留的积极反馈。他给自己保留了一种机会,保留了一种方便,还保留了一种与企业其他领导继续沟通的空间。

9.2.3　拒绝接受式反馈

如果被沟通者对沟通者存在一些敌对情绪,或者对沟通内容产生抵触情绪,则被沟通者就可能拒绝去理解沟通内容,即使能够彼此理解,也可能会假装不理解;或者并不理解,而是假装理解。也就是说,即使沟通过程看起来是有效的,也不会产生相应的积极有效沟通效果,因为被沟通者可能采取敷衍的行为,或者会选择拒绝反馈的行为。

沟通过程的目的是为了更有效地办好事情,协调彼此之间的理解偏差,传递有效工作建议等。而且,企业工作人员都清楚共同工作的重要性,但沟通过程有时候却很难开展。有时会因为各种原因导致沟通过程得不到有效的反馈。拒绝接受的现象实际上也是很多的。下级做事情被上级误解后,下级的希望解释说明情况的沟通请求就可能被拒绝。同事之间产生比较严重的误解后,某一个方面的沟通请求也常常会被拒绝。希望了解事情真相的沟通请求也可能会被拒绝。再者,沟通者在对问题的理解层面上存在的不同观点,也会被客观拒绝等。

在实际工作中,某位企业高层因为一件事情,对下属办事员工产生了消极看法。该下属员工知道此事之后,认为领导产生此看法实际上是误解了处理事情时的实际情况。为此,该员工希望能够通过沟通过程,向领导解释此事。但该领导刚愎自用,不仅拒绝下属的沟通请求,而且在之后的工作中,不再给这位下属安排合适的能够体现其能力的有关工作,并且拒绝采纳该下属的所有建议,致使该骨干员工多年未得到企业的重用。显然,这个结果对企业和该下属员工都造成了一定的消极影响。

企业工作中,一些管理政策的制定也可能不符合实际管理环境。下属单位或者员工可能在政策实施之前就向上级提出此问题,但无济于事。而在企业管理者强行推行该管理制度时,由于下属单位或者员工无法按照此制度开展工作,则企业的实践工作实际上就是拒绝落实该管理制度的实际应用。企业管理过程中,经常会出现这种情况。这一方面也证明,导致企业的一些无效管理行为的根本原因是制度与政策本身存在问题,而并非是员工刻意抵制该制度的执行。有效的积极客观的沟通准备,有可能弱化这种现象。

9.2.4　积极回应式反馈

员工的工作态度,也是影响对沟通反馈产生影响的重要因素。比如,被沟通者不愿意主动接受沟通者的沟通愿望时,沟通反馈就可能会出现障碍。如果被沟通者愿意主动工作,他选择的态度可能就是诚恳和认真地接受沟通者的沟通内容,从不同角度去理解沟通者叙述的内容,尽量理解沟通者的表述方式,而不强调自己能否真正理解对方意愿所表达的意思,并对沟通过程与内容提出消极性的异议。

分配公平、程序公平、互动公平都是组织公平的重要内容。尽管企业中存在为了实现人生价值而努力工作的员工,但更多的员工是为了谋生而在企业工作的。多数很重视分配的公正性。因此,对于存在更多公正性的分配考核方案,员工的反馈可能会更为积极。同样,能够在更为透明与公正的工作环境中工作,也是员工的基本需求之一。员工能够得到企业的尊重,能够在彼此交流互动中体会到自身的尊严,这同样也是员工的正常需要。

当员工满意企业的管理政策、管理方式以及管理者的管理手段时,这满足沟通过程中的良性互动过程,员工就会对企业的管理要求、上级的管理目标以及那些为了企业更有效工作的沟通内容产生积极的反馈,并用自己的态度与行为积极回应这些要求。对于能够依据管理过程有效性与和谐性的目的,需要在管理工作中选择一种符合各种利益相关者利益的经营目标。为了实现此经营目标的积极沟通,是对落实和实现目标的支撑。因此,沟通不是目的,而是一种积极的辅助性行为。

认可企业的经营目标,满意企业的各种管理行为,理解不同员工的良好沟通要求,是企业管理过程中实施顺畅有效沟通的基础。能够对各种沟通倾向做出积极反馈,也是企业文化落地生根的反映。如果企业设置的建议箱中接收到员工的合理化建议时,企业会有专人负责回复;企业听到员工的工作建议或者意见时,能够认真处理,给出客观理性的答案;如果企业员工之间都能够将企业利益与自身利益有效结合,如果企业能够对员工的积极行为给予关心、培育、有效鼓励,就能够通过企业文化的影响深化对企业经营环境的积极作用。同样,如果员工之间的工作沟通过程也能围绕企业的需求而开展工作,则顺畅和有效的沟通就能成为必然结果。员工彼此之间的工作沟通与交流能够围绕着提高工作效果而展开,必然能够为减少彼此之间的不理解而产生积极影响,能够为减少实际工作困难而做出积极贡献。

沟通反馈还分为积极与被动两种形式。在企业中,被动反馈是常见的形式,而积极的沟通反馈则是稀缺的情形。在与工作人员交流中,不少人认为能够严格依据工作程序对沟通请求进行反馈就是在努力工作了。实际上,能够更深入理解工作责任,主动地考虑进一步做好工作的各种途径,选择一些能够更好提升工作质量的办法,对企业或者其他员工的沟通请求作出反馈,将是主动反馈的重要表现。

　　进一步说,多数情况下,主动反馈的内容与深度要远远大于程序化反馈的要求。企业中的主动反馈是反映企业管理水平本质的标志性工作。

9.3　沟通反馈的形式

　　对沟通过程进行反馈,可以有多种具体的形式。同时这些形式表达着不同的意思。常见的沟通反馈形式,分为语言反馈、行为反馈两大类型。

9.3.1　语言反馈

　　语言反馈是通过语言形式,针对沟通者的意图与目的,表达被沟通者自身的想法、感受,以及心理倾向等的反应过程。语言反馈可以包含有口头语言或书面语言不同类型。

　　通过倾听与观察,被沟通者接受沟通信息。结合自己的体会、认识,对沟通者的意图等作出自己的反映。这些反应可以包括口头形式与书面形式的赞同、怀疑、补充、反对等不同的态度。

　　显然,口头语言表达的意图是最直接的反馈形式。选择这种反馈形式的依据与语言表达的选择依据是基本一样的。不同点表现在沟通者必须是主动的,而被沟通者的沟通反馈可以是被动的、消极的甚至拒绝性的。

　　在口头反馈过程中,被沟通者站在自己的利益角度,考虑是否接受沟通者的观点与意图。在从情感与理性两个方面都能接受对方观点的条件下,通过综合的比较分析,哪怕是瞬间的平衡之后,才会给出自己赞同或反对的观点。然后再选择合作、讨论、怀疑,甚至拒绝的态度。

　　在更为正式的工作场合,或接受的信息很重要,或者是正式的书面沟通信息,则被沟通者可能会选择书面语言对沟通内容进行正式反馈。在选择书面语言的反馈过程中,被沟通者具有足够的时间进行斟酌,可以选择更为合适的词汇准确表达自己的观点。书面语言反馈不仅意向可以更准确,情感的表达也会更加细腻。

9.3.2　行为反馈

　　行为反馈是在理解对方的沟通意图与内容之后,被沟通者不是选择具体的语言对沟通意图进行反馈,而是通过具体的实际行为对沟通意图做出反馈的过程。

　　显然,如果同意对方的意图与观点,被沟通者就会选择积极合作的配合行为。如果沟通的目的是要求对方做一件事情,被沟通者无需言语,可以直接用行动去做对方希望自己做的事情。如果认为对方的观点存在不客观的内容,不方便接受或者不便实施反馈,则被沟通者就可能选择缓慢反应的方式予以反馈。如果认为对方的沟通意图是不可行的要求,则会选择不理睬、不作为等具体的行为予以反馈。

会议沟通过程是企业或者业务部门通过知会的形式,告诉员工在后续的工作中需要注意的事情,或者小范围内共同讨论做好某项工作的原则与策略等。会议决议或者形成某种确切的意图之后,组织成员能否在实际工作中予以执行或者落实,就属于行为反馈的内容。行为拒绝对企业某级组织形成的决议是一种致命性的否定。

9.4 影响沟通反馈的沟通类型

为了某个沟通目的,沟通者会选择自己认为合适的方式与对方进行必要的沟通。沟通者是沟通过程的发起者,沟通者的性格特征、修养品行、文化素质、处事风格等不同因素都可能反映在具体的沟通方式上,形成特定的沟通类型差异,并对沟通结果产生特殊的影响,以致最终影响到对方的反馈方式。

9.4.1 未考虑对方困难的沟通

当某个员工看到一个同事的工作出现了不顺利的状况时,可能想主动去帮助这位同事缓解困难。比如经过思考后,该员工为其同事选择了一件可能很有益处的事情。认为自己的同事做好该事情之后,就能够从根本上改善现存的工作状况,并很希望对方能够去做这件事情。该员工将自己的想法与该同事交流之后,其同事却认为这件事情尽管很有意义,但可能对自己现在的工作产生一些不必要的附带麻烦,尽管未来的结果可能会很好,但他并不愿意牺牲现有的清闲,从而就会明确拒绝该员工的善意建议。这种拒绝似乎有些不合乎人之常情,沟通者也可能一时无法理解,但从被沟通者思考问题的思维定式角度、从被沟通者的利益最大化角度看问题,则完全有理由并应该拒绝该员工的好意。也就是说,由于该员工在思考问题的时候,忽略了同事做自己所建议事情时可能存在的问题,所以沟通反馈的结果与该员工的初始设想结果之间必然会出现偏差。

实际工作中,也见过其他一些沟通反馈出现障碍的事情。有个员工看到企业领导与一个同事因为对某件事情的看法产生矛盾,并影响到了该员工的工作状况与收入等多方面的事情。他看在眼里,急在心里。该员工认为其同事与领导之间的矛盾不是根本性利益关系导致的问题,希望通过与双方的沟通,帮助他们消除之间的误会,并妥善解决问题。为此,该员工首先找到单位领导,询问了领导对此事的看法,以及该领导对解决此问题的思路与看法。在设身处地考虑领导建议的情况下,推心置腹地与领导讨论解决问题的具体方案。然后,该员工又找到当事的员工,叙述了自己与领导之间的交谈内容,并说了自己与领导谈话的结果,并希望该同事能够坦诚说出自己的想法,自己也可以将同事的观点转告领导。但当该同事听完热心员工的叙述之后,并没有给出任何积极的反馈。相反,该同事认为这个好心的员工无事生非,认为他找领导是不应该的。因为领导是个不能体恤民意的昏君,找他谈问题就是表现了自己的软弱,起到了助纣为虐的作用。该同事同时明确表示,希望该员工以后别为自己的事情与领导沟通了。

显然,这个沟通过程也是失败的。认真思考导致该沟通过程失败的原因,其实并不复杂。该员工没有真实或者清楚了解同事的性格特征,应该就是这个沟通过程出现问题的症结所在:该同事工作能力强,人们在工作中对他的态度除了尊重外,未被他人轻视过,他基本不屑其他人的看法,尤其是无法承受他人的轻视。这次领导在处理问题上却表现出了他从未感受到的傲慢与非公正行为,伤害了他的自尊心。所以,对于与领导和解的任何努力,他都会从内心排斥。因此可以说,了解和理解沟通者的真实需求,才是解决问题、得到积极有效沟通反馈的基础条件。

9.4.2　让对方感觉为难的沟通

在现实生活中,还存在一类可能使被沟通者感觉很为难的沟通过程。在这种类型的沟通中,沟通者为了自己的利益或者感受,会希望对方完成一些难以完成的工作,做成一些非常困难的事情。由于这种事情会在一定程度上损害对方的实际利益,因此这种沟通也很难得到对方的积极反馈。即使存在沟通反馈,也可能属于消极类型的反馈。

例如:一个员工给企业人力资源部门主管员工培训的管理人员打电话,提出自己在一段时间之前的一次培训中没有得到考核成绩,并说自己不仅参加了整个培训过程,而且还有人证明自己确实说的是实话。该员工询问该管理人员是否把自己的试卷弄丢失了,或者忘记了登记他的成绩,或者说是否存在其他什么原因使得此件事情出现了偏差等。依据该员工这种说法分析,这名员工的态度看起来是比较诚恳的,而且目的很明确:希望管理人员能给他一个培训成绩。但是显然这名员工在沟通之初,就出现了判断失误。

其一,如果该员工找到同事证明自己确实参加培训和考试了,则推断的结果必然是这名管理人员的工作出了差错:或者丢失了试卷,或者忘记登记成绩了。这样的情况导致的结果就是这名管理人员可能被企业处罚。所以,如果这名员工不拿出确凿的有效证据,这种沟通请求是不可能得到积极反馈的。

其二,管理人员不愿意也不可能认可员工的说法。理由有多种:比如相信员工说辞的依据不充分;证明人的可信度不够;这种让别人受批评的合谋可能性是存在的,而且有以往的案例可以证明这种合谋曾经出现过。

其三,员工可能根本没有参加过考试。该员工是期盼管理人员因为记忆可能弱化或者消退,可能在糊弄这个管理人员呢。如果管理人员真的给他补充了考核成绩,他就可能在不远的将来,散布这个管理人员很糊涂等等的一些不负责任的言语。而这种言语对该管理人员的工作存在很大的消极影响。

综上分析可以看出,该员工的这次沟通从初衷到过程,再到实际结果三个方面讲,都可能使得被沟通者感觉为难,所以沟通过程几乎不可能得到有效反馈。

9.4.3　轻易否定他人观点的沟通

在实际工作中,不少员工会认为企业的管理政策存在着不公正现象。在一个宣传公正企业文化的企业中,员工可能会认为企业管理制度、策略、方式中存在的问题是由于管理者的失误造成的。由于对管理者的个人品行积极认可,为了企业管理制度有效性,就会认真思考。为了改善管理效果,向企业制度的制定者或者管理者提出自己的观点,包括相应的工作改进建议等,并且期待能够得到管理者的认可。

但在实际的管理工作中,员工建议得到认可的可能性实际上是比较小的。尤其是不合适的管理政策的制定过程常常并非是失误造成的,而是有意蓄谋的结果。积极的员工与阴暗的管理者之间信息是不对称的。管理者可能宣传的是阳光型、透明性、主动性的企业文化,而宣传企业文化的管理者,实则并未认可文化的精髓。一些管理者作为个体,行为上做不到大公无私,但在表面上,在公开场合却标榜着自己行为的公正性。

许多实际的管理方式,管理层或者制度制定者本身就是制度的受益者,只是他们没有明确说明而已。员工提出的改进建议可能会导致这些受益者的利益减少,这种沟通的结果在一定意义上也可能就是对管理现状的否定,是对利益分配格局的重新认识,也可能是对现有管理方式的不满。尽管是以改善的面目出现的建议,但改善的是现状,同样是对现实的某种否定。所以员工提出的善意的、负责任的沟通建议也是很难得到积极反馈的。

另外,企业员工在沟通过程中,经常会面临被否定的情况。如果与人交流过程中,首先否定别人的观点,或者间接客气地否定别人的工作,即使沟通过程是善意的,也不会很容易得到对方的积极反馈。所以,理解对方的工作,明白对方的工作特点,能够运用积极的态度,在肯定对方成绩与善意的前提下进行沟通,也是达成沟通目的、得到积极的沟通反馈的重要条件。

9.4.4　彼此存在理解偏差的沟通

这种情况主要出现在沟通双方对具体问题的理解上。在做一件事情的时候,沟通者认为应该选择一种做事方式,而被沟通者认为可以选择另外的方式。此时,如果沟通者一定要求别人按照自己的设想做事,则对方可能会选择不配合或者不接受的态度。尽管沟通者可能会选择不同的方式说服对方,但当该方式不能让对方感到满意,或者让对方感受到自身的利益有可能受损,则可能的结果就是被拒绝,或者得不到积极反馈。

如果沟通者是企业或者企业中某个组织的领导者,被沟通者是其下属,则被沟通者即使对沟通目的不满意,也会根据利益平衡的原则,以消极的态度进行积极反馈的。曾经常常听人们说的"理解要执行,不理解也要执行"的情形,就是针对上级与下级之间的特定关系而说的。在管理过程中,上级领导占有很多资源,他们可以依据自己的喜好,决定资源的分配方式,所以,听从领导的指示,按照领导的意图做事,可以为当事人带来一定的收益。在这种情况下,尽管存在理解偏差,下属员工也会选择认真、积极地沟通反馈的。

如果沟通双方关系平等,且沟通双方对沟通内容的理解存在偏差,则被沟通者就可能选择直接拒绝的态度。当然,被沟通者也有可能选择明处答应对方的沟通要求,或者并不反驳沟通建议,但暗处却选择消极反馈的行为。比如,在会议上同事布置任务时,对方似乎很平静接受了,但到该提交工作结果的时候,任务接受者却默不作声,甚至还会用很无辜的方式告诉你,这个事情没有办法做。

由于员工之间存在专业差异,彼此对一件事情的认识也存在差异,甚至不同员工的心态差异、价值观差异等都会影响彼此对事情的理解与处理方式。因此,能够在善意与积极的条件下认真考虑对方的思维方式与可能的思考结果,对消除认识方面的差异,加深彼此的理解并达成共识,促进沟通过程中的积极反馈倾向,是有积极促进作用的。

9.4.5　对方内心拒绝合作的沟通

任何企业都总是会存在一些不负责任的员工,这些人在遇到需要做事情的时候,会在潜意识中选择一种消极对付的工作态度。只要布置任务的员工甚至领导者不去催促,该员工必定会选择漠然的态度对待自己的工作。即使是领导者交代的具体事情,也会遇到这种装糊涂、能拖就拖的反馈结果。例如,在企业的会议上给不同员工分配了某项具体工作任务,任务分配者也征求了接受任务者对接受此项工作任务的意见,该员工明确表态完成此项工作不存在困难。但实际上,该员工可能会很快很轻易忘记他曾接受这项任务。该员工接受任务的时候,可能其内心深处并不愿意接受,所以到提交工作结果之前,这个员工根本就没有去做这件事情。这种沟通情况实际上就反映了一种软性拒绝反馈的形式。

由于员工选择这种拒绝反馈并不会给该员工造成很大的利益损失,所以,企业实际工作中出现这种情况就成了司空见惯的事实。笔者在企业曾经遇到过这样一件事情:一个员工答应另外一个部门的同事,某日下午大家一起讨论某项交叉任务的工作计划。但到下午开会时,该员工却并没有如期参加讨论。后来询问原因时,另一位同事说,那位员工的领导临时让他陪企业领导出去办事了。由于承诺下午参加会议的员工是这次会议的主角,会议主要是听取他对某项业务内容的介绍,而且参加会议者除了企业相关部门的员工之外,还有企业外部协调单位的人员。因此该员工的缺席,直接导致了下午会议无法召开的消极后果。

反思这件事情,实际上也算是一次消极沟通反馈的事例。在处理这件事情的过程中,爽约员工实际上就是选择了一种对沟通过程的消极反馈行为。从理解的角度看待问题,该爽约员工可能认为领导的要求对其自身利益更为重要,不能拒绝;而下午的会议则非自己必需的本职工作,所以爽约对自己的利益而言是无所谓的。其次,会议召集人并没有说明因为这个员工的缺席,会导致下午会议无法召开。再者,企业领导要求该员工出去的要求可能是不合适的。但领导叫该员工陪同出去办事的时候,该员工的领导并没有告诉企业领导他答应参加下午会议的事情。不论因为哪种原因,该员工爽约不参加下午会议的行为都说明,该员工在接受邀请参加会议的时候,并非在内心愿意参加该会议。会议召集人的沟通过程并没有得到积极反馈。

有些时候企业的沟通过程是顺利的,甚至沟通过程的效率也是比较高的,但沟通的结果却不尽如人意。在实际的管理过程中,某些员工并不是故意拒绝那些有利于企业的沟通过程,但该员工接受沟通要求之后,可能会因为自己的行为习惯,并未重视沟通过程讨论或接受的工作委托,还有可能是刻意回避让自己超额工作的一些事情。从而导致受委托的事情不能被很好重视,并最终耽误了企业的正常工作。导致这种情况出现的具体原因,一种可能是因为被沟通者确实忘记了受托的过程,还有一种可能是在成本不高的情况下,为了自己少做事情而刻意忘掉的,再者,也可能是因为突然工作比较忙碌,故意将耽误事情的责任转移到其他人那里。

对于上述事实,如果爽约员工的领导不知道该员工下午要参加跨部门的会议,说明该企业员工的工作内容是随机的,企业工作的计划性较差;如果该员工的直接领导知道下午的会议,仍然要求该员工陪同企业领导出去办事,说明该企业部门之间的合作状况是存在问题的;同理,如果企业领导知道下午的会议仍然还要求该员工陪同一起出去办事,则这个单位的管理状况就不能让人恭维了。

9.4.6　逃避工作责任的沟通

企业管理与沟通工作的效果可能受很多不确定因素的影响,但究竟是哪些因素在实时影响着沟通效果,确实还不是一下子就容易说清楚的事情。但随意耽误企业的工作,却应该是不能触摸的底线。

按照常识,企业任何员工的行为都应该符合岗位责任的要求。但是,由于一些员工的修养、品行以及行为特点等方面因素的复杂影响,甚至包括其在成长过程中受到的某些消极影响,都会造成这些员工自我意识浓郁,而对企业的利益却不是很关心的现象存在。

这些员工面对自己的本职工作,并不能做到精益求精,甚至不能做到恪尽职守。为了自己的方便与自由,他们可以把工作责任置之度外。在面对工作内容与自身利益的矛盾冲突时,就可能会放任自己的不负责任的行为。

　　在企业的工作中,与这种类型的员工进行沟通,期待的反馈结果常常会出现不尽如人意的情况。他们可能会轻易答应领导布置的工作,但却不能够按时、按质按量完成工作。如果遇到与自身工作关系不紧密的事项,则更是能推就推,能躲就躲。他们会遇到把需要即时解决的事情往后拖,把需要自己办理的事情往外推等情况。他们期待的状况是工作轻松,权力很大,但工作的复杂性与危险性要低,工作时间要短,工作规律性要强,而且自己的收入还要高。与这种类型的员工沟通,常常得不到令人满意的沟通反馈。

　　在经营过程中,企业的管理者需要制订严格的考核办法,不仅要能用于评价员工的工作业绩,还要评价他们的工作主动性与认真态度,从制度方面约束这种责任心淡漠的员工的行为。如果存在可能性,企业就要尽量把这类员工从企业里清理出去。当然,招聘新员工时能够拒绝责任心差的员工,可能是降低后续管理成本的更重要的方法了。

9.5　改善沟通反馈的策略

　　沟通反馈是沟通过程的重要环节。改善沟通效果的目的之一,就是能激发被沟通者反馈的有效性。选择有效的激励措施,是改善沟通效果的必要条件。下面从几个方面讨论改善沟通效果的具体办法。

9.5.1　使用具有普适性的沟通语言

　　由于沟通者之间岗位角色不同,自己所擅长的工作特点也有差异,所以其使用的语言也存在一些明显的特点。不同角色的员工,如果在沟通过程中不考虑被沟通者的角色,也会导致对方在理解上产生障碍的。所以,让被沟通者的理解过程容易化、理解方式简单化就会让对方具备更好的接受心态,并更容易让对方愿意反馈。

　　提倡使用普适性语言,主要考虑的是沟通者的语言特点差异可能对沟通效果产生实际的影响。在上级与下级的沟通、不同业务部门之间的沟通中,各个主体的工作习惯必然导致在语言运用时存在的差异。这些差异又会导致沟通者对问题本质方面的理解差异、导致沟通者之间对问题的认识产生偏差。所有这些状况的出现是管理沟通过程出现障碍的客观原因。从另外的角度看待这些问题,语言又需要有个性特点,所以沟通者需要根据实际环境特点,去选择合适的语言表达方式。

　　由于沟通双方对事物理解方面存在差异,即使是彼此都具备很强沟通愿望的双方,也可能会因此出现认识上的问题。比如一个重视企业管理过程的员工与一个重视技术的员工相比,他们对一个管理问题或者某个技术问题的认识就会出现不一致的地方。管理者的思维与技术人员的思维可能是不一样的。企业管理人员的思维可能更灵活,而技术人员则可能更严谨。这些不一致的思维方式与语言表述特征,必然导致彼此之间的在观点与理解方面的沟通障碍,并导致增加沟通过程的困难性。

为了能够使得沟通过程更为顺利,需要企业不同专业的员工能够在理解本身专业特点的基础上,能够粗略了解企业中具备共性的一些知识内容。通过对事物认识方面的共识,达到沟通过程中的有效性,进一步促进彼此之间的理解,并最终顺利促成积极的沟通反馈。

9.5.2　建立具备程序化的工作方式

如果沟通者能够在需要的时候,及时选择解决问题的方式,并且能够主动与当事人进行有意义的沟通,还能够使用被沟通者期待的方式与对方进行沟通,对企业的有效工作存在直接的促进作用。

在实际的管理过程中,很多岗位责任者是在被动完成自己的岗位责任,而不是积极主动地进行思考,努力去完成一些对企业经营有益的工作内容。在这个意义上讲,企业员工能否积极和主动地针对问题与当事人进行沟通,对于解决管理过程中的问题是极为重要的。

被沟通者能够主动接受沟通,能从提升企业管理效果的角度去理解沟通内容同样是重要的。如果沟通双方都能在此基础上看待和处理问题,沟通的效果就是显然的了。反之,如果沟通双方之一不具备这种沟通和解决问题的愿望,则沟通的效果就会大打折扣了。

为了保证必需的沟通过程能够顺利进行,企业需要分析其基本的工作内容。针对企业处理不同事务的共性特点,制订企业处理相关问题的工作程序与流程,并针对流程中涉及的工作内容,确定责任相关者的基本义务与责任,用制度的方式确定责任者的工作内容与标准。

这种针对具体业务内容而制订的程序化与制度化的工作方式,有可能从根本上杜绝某些员工不负责任的工作态度。尽管被动的沟通态度还会存在,但辅助性的考核制度也会促使那些不负责任的员工,更认真对待沟通工作中存在的程序化的刚性要求。

9.5.3　提高无视岗位责任的行为成本

按照人性的基本假设,企业员工也是"经济人"。人们为了自身在生命周期中的利益最大化而安排自己的生活与工作。在这个过程中,一些人可能综合考虑现行与未来的整体利益,而另外一些人则更多考虑眼前的利益获取。员工的这两类行为模式可能会存在很大差异。由于社会发展过程中可能伴随出现大量的随机性事情,导致人们对现实利益与未来利益的可控性存在很大差异。因此,很多人更注重眼前利益的获取。

员工的这些行为特点,在一定程度上决定其与他人相处的方式与沟通特点。显然,注重眼前利益的人,在与他人相处与沟通过程中,盘算更多的是现实利益最大化的途径,而注重整体利益的人,则更多地会注重整体利益的获取。当然,这些算计并非一定会反映到人的所有行为当中,但会以隐性方式反映出来。

对于具备长远观点的人,会注意约束自己的行为方式,会比较多地从获取长远利益的思路下勾画自己的行为模式,从而在行为中更多地表现出具备合作特点的个性;而注重眼前利益的人则更多地关注短期收益,他们会更多地在行为中表现出所谓的精明特征,斤斤计较与他人的瞬时性利益关系,在沟通中关注得更多的是自己在合作中的即时利益的获取与结果。

在这个概念基础上看待人的性格特征,分析员工的行为模式,就能比较容易理解某些员工不重视岗位责任的行为。因此,企业在管理过程中,可以依据工作的程序要求,通过绩效考核的方式,依据工作态度与结果确定利益分配方案的形式,提高员工的"违约"成本,这样能在一定程度上强化员工的责任意识,促使他们更好地按照企业的要求完成自己的工作,保证沟通反馈行为的正常化与有效性。

9.5.4 强化企业文化的约束作用

不同的性格特征,可以反映到人与他人之间的交往与沟通过程中。笔者曾经在课堂上作过调查,请学生根据自己的工作环境与生活经历,列出自己认为具备良好人际关系的人的个性特点。最终,大家的看法集中到了体现安全感、开朗热情、行为能力强且乐于助人等几个方面。同样的调查结果反映出:那些容易与人交往的人,同样也是被他人喜欢的人。

上面的说法反映出一个事实:人们喜欢那些乐于助人的人。因为人们与具备这些特征的人进行交流时,会感觉到轻松自然、心情愉悦。而且,具备这些人格特征的人也能给别人带来和谐心情的快乐体验。

当然,人们在生活中也会碰到一些斤斤计较、处处精明、与人处事的时候自我意识极强的人,但事实上大家都明白这些人的所谓精明,人们更多的选择是敬而远之。他们不能与别人和睦相处,因为与之相处的人都需要提防被算计,与他们的交流会显得沉重和疲惫。所以这些人就不是可爱的人。

在现实生活中,还有一类人,他们从来不去侵占他人的利益,但也不会去有意帮助别人。这是一类不坏的人,但这种人在与别人的交往过程中,很少可以使得别人得到轻松的生活感受。因此,这些也会导致许多人不能很好地与之交往。显然,正常的员工不会有与这种人沟通的强烈愿望,更不用说那些在与人相处过程中充满敌意的人了。

如果企业文化中包含有能够给人提供安全感的内涵,能够有弘扬轻松愉悦享受生活与工作的氛围,能够具备发挥员工能力、开发员工潜力的制度,则企业文化就能在一定程度上利用自身的软约束力,促使员工按照环境的要求行事,这不仅能够使员工自觉履行对提升企业价值有益的工作责任,还能因为自己的工作给合作对象带来实质性的方便,使企业或者同事能够相信:自己的行为与岗位职责是相符的。

9.5.5　激励主动履行工作责任的行为

在企业经营过程中,某些人在面对成绩的时候,他总是站在前面,认为自己的工作与单位取得的成绩之间存在必然联系;而如果单位的工作出现某些问题的时候,他总是退缩到后面,表现出这些问题与他的工作之间毫无关系;甚至他还会说,因为大家没有听取他的建议才导致了问题的出现。即使问题与他负责的工作密切相关,甚至就是他所负责的工作出现了问题,他也会寻找各方面的理由推卸责任,似乎他的工作永远都是最优秀的,要么是制度存在不足,要么是环境不好,要么是别人的配合不到位,要么是其他什么原因造成了所开展的工作出现了问题等等。

人们很难与这种员工交往,同样也难以进行沟通。因为在这种员工的心里,他几乎没有表现出不合适的任何行为。对于这种不愿承担责任而且自以为是的人,交流与交往都是存在障碍的。想通过特定的交流或沟通解决这些问题,可能是非常困难的事情。在真实的生活和工作环境中,能够解决与上述类型人员交流的办法,可能就是尽量明确他的工作责任范围,给他一个与别人的工作联系较少的任务。只有这样才能够解决工作和生活中不必要的矛盾。

这类员工完成工作任务的特点之一,就是被动与自私。为了避免这些行为模式在一个企业中蔓延,企业可以选择的方法之一,就是积极鼓励那些认真履行岗位职责的员工。不仅从精神与物质方面进行鼓励,而且还能在一定程度上宽容员工非故意的工作失误与不足。通过实际行动,激励那些能够主动工作,为企业工作尽心尽力的员工,从而帮助企业形成一种更好更有效的工作氛围与文化导向。

9.5.6　选择简单明了的沟通方式

沟通的方式和类型,也与沟通的反馈之间也存在着一定的关系。在实际工作当中,企业的不少管理制度都存在着一定程度的不确定性,而且再细致的管理制度也很难明确规定岗位的责任细节。比如企业的岗位考核与分配制度之间有时就不能有效匹配。有些员工的利己心理很严重,总是在寻找有利于自我发展的制度条文,对于与自己利益关系不是很强的工作,一般都会采取漠然处之的态度。因此,企业很难要求每个工作人员都能够主动和积极地考虑那些与自己关系不是很密切的问题。尤其是一个企业的考核制度很严格的时候,员工会考虑如何做事才能躲避制度的惩罚,而不愿意去做那些可能得到"或有"激励的工作内容。

在企业的实际工作中,某些需要交流的内容可能是模糊的。比如,领导提出一个含混不清、模棱两可的问题,此时员工该如何回答呢?因为员工与领导对问题的理解可能是不一样的,也可能领导自身对问题的答案都不是明确的。所以,在这种情况下,沟通将是一件很困难的事情,有效反馈就更是不容易了。

在实际生活和工作中,沟通内容应该是明确的,沟通的方式也应该是简单,并且能够容易让对方实施有效反馈的才行。复杂、含糊的沟通方式,很难让对方理解,结果不明确的沟通要求会让对方退避三舍。企业选择的沟通过程,不论是口头的,还是书面语言形式的,都不应该让对方感觉到反馈困难,或者让对方感觉到积极的反馈可能会伤害自己的某些利益,让对方产生希望回避的愿望。

本章小结

反馈是衡量沟通效果的重要标志。从一般情况判断,如果被沟通者能产生积极的沟通反馈,则此沟通过程就是成功的,但沟通反馈未必是沟通过程所期待的。比如,沟通过程是成功的,但反馈可以是积极有效的,也可以是沉默的,或者是消极的。同样,即使沟通过程不成功,沟通者期待的反馈也会出现,并非一定是消极的或者没有意义的。再者,即使被沟通者认可沟通者的观点,但被沟通者可能由于无法调整自己的行为,会对这种沟通淡然处之。对于无法理解和产生共鸣的沟通过程,沟通反馈则可能就是消极的。

本章主要讨论了沟通反馈的属性、类型、形式以及影响沟通效果的方式和提升沟通效果的策略等内容。同时从沟通反馈的本质、沟通反馈对沟通目的的影响以及改善沟通效果的策略等方面做了讨论。

在研究管理背景与沟通之间关系的过程中,重视沟通反馈的问题,是一件最本质的事情。如果从产生效果角度看待沟通,然后用回溯的方式往回看,也会对沟通过程中的不同环节产生积极的促进作用。导致积极的沟通反馈行为与效用,是沟通过程所有前置环节产生作用的结果,因此,对沟通过程所有环节的重视,是导致反馈过程有效性的基本要求。

阅读材料

我与公司总经理的一次错误交流

1. 案例简介

2009 年 10 月,作为公司市场开发部部长的我,得知一较大工程项目即将进行招标,由于采取向总经理电话形式简单汇报未能得到明确答复,使我误以为被默认而在情急之下便组织业务小组投入相关时间和经费跟踪该项目,最终因准备不充分而成为泡影。事后,在总经理办公会上陈述有关情况时,总经理认为我"汇报不详,擅自决策,组织资源运用不当",并当着部门人员的面给予我严厉批评,我反驳认为是"已经汇报,领导重视不够,故意刁难,是由于责任逃避所致"。由于双方在信息传递、角色定位、有效沟通、团队配合、认知角度等方面存在意见分歧,致使企业内部人际关系紧张,工作被动,恶性循环,公司业务难以稳定发展。

从该案例分析,这实际上是一个上下级没有有效沟通的典型案例。

2.推敲与分析

(1)沟通者的不足。

个性上来说我是一个精力充沛、敢作敢为的人,且具有敏锐的市场敏感度,由于以前工作的成功经验,自认为具备了一定的创新能力和影响力。但是由于角色转换,新任开发部负责人,缺少一定管理经验和沟通技巧,最终导致了总经理对我的偏见认识,分析原因有三:

第一:我忽略了信息组织原则。

在得知企业有一个很大机会的时候,我过于自信和重视成绩,在掌握对方信息不足及总经理反馈信息不足的情况下盲目决策,扩大自己的管理幅度,并没有有效地对人力资源信息进行合理分析,发挥企业最强的竞争优势,致使准备不充分谈判失败。

第二:我忽视了正确定位原则。

作为市场部负责人,没有努力地去争取上级总经理的全力支持,仅凭自己的主观和经验,而没有采取合理有效的分析,拿出具体的实施方案获得沟通批准,使总经理误以为抢功心切,有越权之嫌疑。

第三:我没有运用好沟通管道。

事后对结果没有与总经理提前进行面对面及时有效沟通和总结,而是直接在总经理会议上表达自己的想法,造成总经理在不知情的情况下言语误会,慢慢地通过领导者的影响力导致了企业内部的关系紧张。

第四:我缺少组织团队意识。

公司是一个团队,而我的小部门成员只是一个工作组,当我获得了一个给企业创造利润的机会时,我没有发挥团队协作精神,利用公司最有效资源,也没有让员工有一个明确的团队目标,就凭着干劲去工作。这样一来,不但没给企业带来好的绩效,而且损伤了下属的工作积极性。

(2)被沟通者的不足。

而在该事件的另一主体——总经理——作为决策者也犯了一些严重的沟通错误,导致了企业的凝聚力下降,企业经营业绩不佳。主要表现有:

第一:总经理缺乏同理心倾听。

　　沟通是双方面的,当我给总经理电话汇报工作方向信息时,总经理没有核查对我所传达信息的理解,也没有积极的回应,让我以为默认做出不正确判断。事后,我给总经理陈述我的想法时,他也没有认真从我的角度去倾听我的工作思路,只是主观地认为我的过失。导致后来把这种负面情绪带到整个组织中。

　　第二:总经理缺少对下属员工的理解和信任。

　　沟通的有效性又一次遭到破坏。如果我们双方都处在一个公平的位置进行沟通,总经理就不会对着下级部门对我进行严厉批语,挫伤我的自尊和积极性。这样我们之间就会在整个沟通过程中保持坦诚,并以换位思考的方式把自己放在对方的位置上,而采取宽容包含对方的这次过失的方式,以鼓励我在以后的工作中汲取教训,更努力地工作。

　　第三:总经理缺少建立有效团队的技巧。

　　通过总经理办公会争执后,企业的小领导班子里引起了小小的波浪,但是总经理没有及时地采取适当方法去构建和谐团队,对整个事情引以为鉴,制订更好的企业在传递信息方面的有效机制,而是听之任之,不和下属员工交流,使事态进一步扩大。

　　3. 改进计划

　　沟通也是一个互动的过程,实现有效沟通需要沟通双方共同努力。基于上述事件的分析,我认为沟通双方可以在以下几个方面作出改进。

　　(1)沟通者——我。

　　我应作出的改进:①在沟通前作好信息准备工作。这些信息包括电话汇报、翔实的书面汇报、经营分析、因素分析、可行性分析、经费分析、总结分析等报告,做到有备而战;②改进和完善沟通方式。除电话请示汇报外,可以采取面对面或者进一步的书面分析汇报材料,供领导决策及反馈;作为下级,应事先及时与总经理对投标失误进行沟通,争取理解,而不该在办公会上让双方下不了台。③自我认知度的加强。由于公司是一个整体,要及时进行角色的换位思考,从总经理角度去想每件事的正确与否,及时调整自己的位置作出相应的工作对策,同时由于角色转换,而不应过分依赖以往成就,而更多的是应该以创新方式从对方的心态去尝试配合好总经理工作。

　　(2)被沟通者——总经理。

　　总经理应作出的改进:①培养充分有效的授权艺术。作为总经理,日理万机,应尽可能地掌握好授权艺术,充分发挥领导班子整体功能,而不应该使权力过于集中,明知信息的情况下,却忘记决策指导,使下属难以充分发挥自己的智慧和领导能力。②加强对下属的宽容,减少指责。作为主管领导,应对事不对人,不能在下属已经犯错误或者失误的情况下,再去过于指责,导致人心涣散,影响团队稳定性和团队效应的发挥。③用心倾听技巧的培养。作为领导,不能过于看重自己的权力,让员工在惧怕或者防备的状态中去工作,而应更多的从对方的心理去分析、倾听来自不同方面的建议,以便更好地改进工作和机制。④加强解决问题和决策能力的培养。对企业内部出现的各种矛盾问题,要通过不同的手段和方式去化解,同时要学会果断和科学决策意识,促进企业全面健康发展。

4.结束语

从这个案例我们看出,一个错误交流给人们心灵和组织带来的是巨大伤害和损失,而有效的交流沟通可以实现信息的准确传递,达到与其他人建立良好的人际关系、借助外界的力量和信息解决问题的目的。因此,组织成员在工作中必须掌握好有效的沟通技巧和沟通策略,以适应不同的人和不同的情境,为企业发展续写新篇。

(MBA 952　李哲宇)

思考与讨论

1.企业不同岗位的员工,考虑问题的出发点存在差异。不能满足沟通对象的沟通愿望,就可能得不到期待的沟通结果。您认为该阅读材料的作者在经理办公会上陈述有关情况的目的是什么? 他是否应该得到总经理的理解?

2.总经理在会议上批评该阅读材料作者的行为属于哪一种沟通反馈? 你能理解总经理的行为吗? 如果总经理在经理办公会上肯定作者的情况陈述,可能对企业后续工作产生的影响会是积极的还是消极的?

3.该阅读材料中提出的"改进计划"是否具备理性成分? 这种分析对改善作者与总经理之间的紧张关系能够产生积极作用吗? 如果公司总经理看到该"改进计划",可能会选择什么样的反馈行为?

第 10 章
影响管理沟通效果的积极因素

本章学习要点

1. 通过沟通过程，能够使企业与企业的利益相关者的利益达到多赢的结果，是沟通有效性的积极表现。如果不能出现这种效果，沟通过程就是有瑕疵的。

2. 完善企业的工作过程与方式，通过积极有效的管理控制，促进企业经营效果的完善与提升，是提高企业管理效率的客观表现。

3. 促进企业管理过程的工作效率，改善管理效果的表现特征，体现在工作成本的降低与各种收益的增加。沟通的积极结果之一，就是提高管理工作的有效性。

4. 通过沟通工作，提升员工的工作热情，增加利益相关者对企业管理工作的理解，理顺企业的管理过程是评价沟通环节顺畅和有效的重要指标。

在正常情况下，企业的一切活动都是围绕着企业的生存与发展而选择的。从企业的经营目标看企业的经营活动，不论是利润最大化、股东权益最大化、企业价值最大化，或者现金流量最大化等，都是为了企业的生存与发展这个终极目标而设定的。

为了保障企业的工作能够有助于企业的生存与发展，企业的经营行为要与社会可持续发展的目标形成一致。否则，不论是即时的还是未来的，政府都会采取各种措施约束企业选择的那些可能危害社会可持续发展的行为。因此，企业需要认真考虑利益相关者的价值取向与需求。从这个意义上讲，企业选择的经营行为应该与企业的发展目标保持一致。

考虑影响沟通效果的相关因素，关注这些因素的积极价值，对于企业鼓励相关的工作方式，激励员工的工作主动性，达成企业的经营目标，都是重要的工作内容。

10.1 沟通的背景条件

在企业的管理过程中，人们给工作中的沟通过程赋予了特定的内涵，认为每个沟通过程都与工作过程中的某件事情存在着必然的联系，每次沟通的目的都是为了解决企业面临的积极或者消极的矛盾,或者都是为了使工作更加有效,也可以说要么属于"雪中送炭"、要么属于"锦上添花"。如果沟通过程不能达成目的,则就可能会对企业的管理过程造成一定的消极影响。在这个意义上讲,管理沟通过程应该是一个理性的过程。在沟通过程中,需要假设沟通的双方都是理性的和客观的主体。

由于沟通涉及企业管理过程中的外部主体,也涉及企业内部的利益主体,而这些主体的行为可以是理性的,也可以是非理性的。管理过程中的沟通者可以具有利于沟通成功的性格特点,也可能存在着自私、利己的精神与心理需求。为了讨论的方便性,需要对这些主体的行为依据进行基本的假设讨论。

10.1.1　企业选择行为的依据

企业选择某种沟通行为的依据,应该是企业价值最大化。在此假设条件下,不论企业在实际工作中的行为特点如何,企业的行为初衷必然不会是想恶化企业的经营环境。企业的决策制定、制度管理、人力资源管理、考核与绩效管理、业务管理等所有工作应该都是为了企业更好实现经营目标服务的。

企业的经营行为可以是群体决策的结果,也可以是某位领导决定的结果,但最终都会落实到某个员工的具体工作行为上。当然,这些行为实施的实际结果,可以是为了企业整体利益服务的,也可能是某些或者某个员工获取了利益,当然也可以是企业与员工共同获益。按照理性或者大家认可的标准,直接受益者首先应该是企业,但实际结果可能并非如此。也就是说,企业的行为结果有可能与设想的或者理论结果之间存在着差异。

为了企业利益最大化,企业需要与外部主体进行沟通,也需要与企业内部的利益主体进行利益方面的平衡。甚至说,员工之间也需要利益之间的沟通与平衡过程。最终才能达成各个利益主体之间的一种动态平衡。

从某种意义上看,企业经营过程中存在的沟通活动本身,是一种利益的平衡过程。不论是为企业谋求利益增长的过程,还是减少工作成本的过程,或者是解释工作疑虑的过程,提出建议与改进要求的过程,都是为了沟通者之间的利益协调或者利益衡量过程中的一种动态平衡。比如,企业可以选择一种做大蛋糕的方式,谋求自身在未来能够多分配一些物质利益;可以选择减少消耗企业资源的方法,力求少消耗一些自己的资源;还可以选择某种策略,力求在财富或者盈余分配过程中,自己能够在制度的支持下,得到更多某些利益方面的收获;当然,也可以在现有资源条件下,通过运用多种合适的方式与策略,谋求更公正的经营成果分配方案等。

显然,企业行为导致的沟通理由与事由很多,目的也不单一。但不论如何,即使是为了一己私利,行为选择者也会以发展企业的名义,或者公正的借口选择理由并进行沟通的。因此,为了更好达成企业的经营目的,企业就需要制定一套多数员工认可的工作与沟通标准,并设定一系列监督者和判断企业行为的公正性与合法性的准则,以保证行为的理性程度与行为的可接受性,并保证在多种条件下,能够支持企业利益最大化目标的实现。这些内容也可以算做衡量沟通结果是否有效的依据之一。

10.1.2　利益相关者的行为特点

利益相关者是企业面对的交易伙伴、利益集团以及其他主体。从理论上讲,这些利益相关者追求的利益目标都与社会可持续发展目标一致。但在实际生活中,这些利益相关者的选择可能与理论目标相背离,甚至一些利益相关者在追求自身利益最大化的过程中可能还会使用道貌岸然的语言或者方式为自己的某些非伦理行为作掩护。或者说,大家的想法可能会与追求存在差异。这些主体自身的愿望与自己的行为目的也可能存在差异。

按照上述说法,企业的沟通对象的行为也可能是矛盾和复杂的,并且还可能是比较难以理解的。因此,企业如果希望与利益相关者之间的沟通是有效的,就可能需要适应性较强的复杂沟通技能。沟通者既要理解对方在阳光下的追求与说法,还需要理解沟通对象的性格特征,甚至于沟通对象在潜意识中的实际与不确定需要。所以,能够对利益相关者的各种需求特点进行分类与分析,才能使自己在沟通过程中做到游刃有余。

在企业的交易伙伴中,涉及股东、员工、供应商以及消费者等多种利益主体。这些主体与企业除了利益关系之外,还存在着重要的合作关系。当然,这种合作关系的密切程度也存在很大差异的。在企业与股东的利益关系中,股东对企业的影响程度差异很大,所以在企业与股东的交流过程中,也需要选择不同的沟通方式。企业与员工的沟通,主要依据是制度与工作责任。制度对员工的支持、帮助以及行为约束过程,可以是刚性的,也可以是柔性的,可以是冷峻的语言,也可以是尊重与柔中有刚的态度。企业与供应商的关系同样也存在不同的方式。比如,依据企业与供应商之间的买方或者卖方关系特征,某些企业就会选择不同的交往方式。在买方市场中,企业可能会选择自我为主的交易导向,甚至会忽略合作本身的基本要求等。而对消费者,企业也会依据与对方之间存在的市场关系,选择迁就、合作、诚实或者虚伪等不同形式的合作态度。

如果沟通对象是政府有关部门,企业就需要理解政府部门的职责特点、政府职能部门的管理与服务特点等。实际上,除了政府的职责特点外,还要了解履行职责过程中可能存在的自由裁量空间,履行政府职能人员的性格特点与需求方式,以及该职员与人交往的具体特征等。真正理解这些具体内容之后,企业才能在满足对方工作要求的基础上,更好地改善并强化与对方的业务及情感沟通过程,达到彼此交流与交往过程中互相理解与和谐的目的。

10.1.3 企业部门的行为特点

企业的职能部门是企业组织机构的组成部分。职能部门的正常工作任务,是落实企业制定的工作计划,配合其他职能部门完成工作内容,并承担培养员工,开发员工潜力,营造和谐工作环境的基本责任。职能部门的工作责任者是部门的领导者,而职能部门的领导者首先是一个自然人。他的工作除了完成制度规定的责任之外,还有满足自身实际需求的需要。企业与职能部门的关系,是上下级之间的工作关系。企业与职能部门的沟通,除了制度约定的工作之外,还存在一些其他的沟通内容。

履行岗位职责是职能部门的主要工作,但一个职能部门的责任也可能与其他部门履行责任之间存在利益矛盾。同时,部门与企业、部门与员工之间都存在具体的利益关系。因此,职能部门选择某种工作方式时,必然会认真考虑其他利益主体的愿望与需要。在企业的实际工作中,由于部门隶属于企业的管理之下,部门利益与企业的政策内容关联较大。所以,部门可能更看重企业的整体需要。职能部门与其他部门之间存在的是配合关系,所以,考虑对方需求的强度就会相对弱些。而员工属于部门的管理对象,职能部门的管理内容与方式可以决定内部员工的利益取舍,所以相对于员工位于支配位置。

不同的沟通主体,在与职能部门进行沟通的时候,都需要明确自己的角色定位以及自身与企业职能部门的关系特点。然后才能选择特定的合适方式,开展与企业职能部门或者部门领导之间的工作沟通。作为员工,要考虑职能部门履行的责任与自身责任之间的关系,明确自身利益与部门利益之间的关联,知道自己与部门的配合、与部门领导的和睦关系对完成自身工作以及部门工作之间的联系有重要的影响等。只有这样,才能正确处理彼此的利益与工作关系。作为另外的职能部门,就需要明白两个部门之间的工作关联性,需要在此基础上,在保证企业利益的前提下,选择开展合作与配合的工作方式。在做好企业工作的前提下,才能再考虑本部门的利益。这种思维方式与先考虑自身利益再考虑企业利益的思维方式是不同的。如果职能部门首先考虑自身利益的选择并忽略企业的整体利益,就很可能会给职能部门领导的工作带来不必要的麻烦。

作为企业的代表,企业管理者要能够根据职能部门掌握的各种资源状况,理解职能部门的工作与利益特点,开展与职能部门之间的工作合作。在不为难职能部门正常工作的基本前提下,合理安排部门的工作内容并设定业绩指标,是企业处理与职能部门利益与工作关系的重要基础。因此,不论企业的管理方式如何,正确理解职能部门的工作特点与利益愿望,是改善彼此沟通有效性的重要前提。

10.1.4 员工认可的行为模式

员工的个性千姿百态,员工的需求也是百人百样。所以,要了解每个不同员工的工作需求与利益追求,就需要认真对他们的行为进行客观与深入的分析。作为一个自然人,企业中的有些员工只考虑获取自身利益最大化的途径与方法,为了自己的利益可以放弃任何其他主体的利益,也有些员工则可能会在考虑其他主体利益不受损的条件下考虑增加自身利益的方式;还有一部分员工会以社会公民的责任要求自己。所以,在考虑员工需求的基础上,理解员工的行为与需要特点,就可以寻找到与基层员工或者其他层次员工的沟通方式与方法,寻找到比较合适的方式与企业员工开展沟通,或者能够找到接近高效率的沟通方式。

　　按照马斯洛的需求层次论,理解不同类型员工的需求特点,寻找具体员工的不同个性需要,就可以在很大程度上把握沟通的内容与方式,选择并设计合适的沟通过程。对于那些利用工作挣钱养家糊口的员工,就需要从能获取更多利益的角度与他们进行沟通,要为这些员工提供更多的工作机会,帮助其发挥自己的长处,然后才是精神方面与发展方面的相关沟通等。对于那些注重精神需要的员工,则要更注重工作内容与能力特点之间的和谐性,需要从员工的未来考虑其对工作的需要;而对那些兼顾收入与精神需求的员工,则要根据该员工的能力与性格特点,安排较为合适的工作内容,在满足企业发展需求的前提下,使其更好地发挥其能力。

　　为了沟通过程的有效性,沟通者必须要了解员工的需求特点,理解员工的个性特征。并在此基础上选择合适的方式安排员工的工作,谋求员工在企业的工作中达成自身追求的生活目标。对于管理中的沟通工作,沟通过程是一种辅助性的工作,也是管理工作本身的重要内容之一。由于员工是企业实现经营目标的决定性因素,所以,能够与企业员工开展有效沟通,形成企业与员工的利益一致化,对企业的生存与发展具有直接性的作用。

　　在经营过程中,如果企业政策制定者具备帮助利益相关者的愿望并被员工人知道,则企业员工与企业沟通的愿望就可能更为强烈,他们会更愿意找企业交流自己的愿望与想法。企业的政策与制度就更容易得到员工的赞同。如果企业愿意帮助员工解决困难,则沟通过程可能更为有效。

　　总之,员工不仅希望在企业工作中能够实现自己的生活目标,更希望在企业搭建的工作平台上发挥自己的特长,实现自己的价值。再者,能够得到企业的理解与帮助,在沟通过程中能够得到企业的实际认可,并能够与同事和睦相处、坦诚相待、轻松愉悦地交流等,这都会是员工关注并且乐于接受的工作与生活状态。或者说,多数员工认可的是能够让自己与他人都轻松愉悦,并能创造价值的人际交往环境。

10.2　企业价值增长的途径

　　企业存在的意义体现在企业对利益相关者的价值增长方面,落实在企业实际的点滴工作中。由于企业的存在,利益相关者的生活质量提高了,则企业的实际价值就增长了。交易对象的关注、政府的期待，甚至环境本身的要求都是企业选择行为的依据。

能够在企业的经营过程中提升利益相关者的价值，是管理工作中所需沟通的重要出发点。为了达到此目的，需要沟通过程能对下述工作内容产生积极的作用。

10.2.1　员工的生产行为

员工的生产行为是为企业发展产生积极意义的工作。在沟通过程中，围绕积极的生产行为讨论问题，是沟通的目的之一。比如，提升员工的工作效率，改善管理效果，优化管理环境，在考虑利益相关者利益增长的前提下，为企业创造更多的经济价值，就是企业的实质性生产行为。

沟通过程中产生的价值，可以体现在员工履行企业经营的责任心方面，也可以反映在员工做好本职工作的积极效果上，还可以表现在员工对进一步做好企业工作的其他方面。沟通的有效性与员工的生产行为是一致的。企业在遇到员工的消极行为与消极心理，甚至消极的态度时，就需要认真考虑采用沟通工具消除员工的这些可能导致反生产行为的出现。比如，在管理过程中，企业遇到某些员工的抱怨、怠工、浪费等行为时，就需要及时与对方开展积极的沟通工作，力求消除当事者的反生产情绪，或者弱化反生产倾向；遇到一些提升生产效果的机会时，就需要选择合适的方式，鼓励和激励员工的生产行为。也就是说，企业的沟通工作对员工的生产行为要有约束、弱化，以及鼓励和激励等不同的方向性措施。

企业为了提升生产效率并弱化员工的反生产行为，需要在现有管理基础上寻找改善工作的空间，积极改进企业的管理方式，并提升管理水平。这些工作需要全员参与，至少需要主要管理工作者主动观察和开展工作，并能够敏锐发现需要改进工作的机会与时机。企业员工要通过履行自己的责任，帮助企业改善生产活动的环境与条件。但是，企业的实际工作显示，为了鼓励生产行为，企业全员参与主动沟通的可能性却不是很大。一般认为，只要企业的主要管理者能够承担起主动的工作责任，就应该是很不容易的了。因此，选择有效的沟通方式与途径，改善员工的生产活动环境，提供和优化员工提升生产效率的条件，是企业管理者依据管理状况进行沟通的重要内容。

由于员工的生产行为是提升企业价值的途径，所以，评价沟通效果的指标之一就是要看沟通过程是否围绕着企业生产行为展开的，沟通之后是否能对企业的生产行为产生积极作用与促进效果。

10.2.2　企业的产品盈余

企业的经济效益主要反映在利润表中。其中主营业务利润是衡量企业盈利能力的重要指标。因此，沟通过程的效果反映在企业的管理活动中，很重要的一个衡量指标就是要看该工作对企业产品的盈利能力的贡献程度如何。

产品的盈余主要体现在产品的利润率、产品的性能与质量、产品制造成本等几个主要方面。所以,企业工作中的沟通工作的效果也要与这几个指标联系起来。比如沟通过程可以与产品销售工作有关,共同讨论销售策略、销售价格、销售促进以及客户服务等方面的相关问题,也可以讨论有关产品的动态销售策略、销售渠道建设方案等方面的工作,这些内容与实现企业产品的销售收入存在直接联系。沟通活动还可以与产品的质量存在联系,比如可以在企业管理工作中共同讨论保障产品质量的策略与方案,通过降低废品率、提高产品生产过程的材料利用率等手段降低产品的生产成本。当然,简化产品结构、优化制造过程、改进性能指标等都可以是沟通过程中的有关内容,这些工作涉及生产、管理、技术以及员工责任心等一系列的相关内容。进一步讲,员工的生产效率提升,生产能力平衡等工作也都是可以改善企业盈利能力的内容。

为了促进企业的产品利润增长,可以选择很多方面的问题进行讨论与沟通。理解员工与企业盈利能力的关系,也是需要进行分析和讨论的问题。实际工作中,当某些企业的盈利水平提高之后,各方面的员工或者部门都会认为自己的工作对这个结果产生了积极作用。技术人员认为是产品技术水平、性能、工艺等的改进促成了产品成本降低;生产部门认为是因为员工工作态度积极造成生产过程效率提高的结果;管理部门则可能认为是因为资源配置的合理化导致企业的资源产生了积极效应;甚至行政部门也会认为是服务与管理工作创造的条件导致了企业效益的提升等。在企业中这种贪功推过的行为是经常遇到的。因此,认真分析企业各类工作与企业盈利水平之间的直接与间接关系,需要听取不同部门与员工的声音,以及他们对实际工作的理解与看法。

沟通过程密切联系企业的工作目标,围绕着企业的利润提升与成本费用节约开展沟通活动,对企业的实际工作就会产生实质性的促进作用,对企业价值提升也会产生有效贡献。

10.2.3 企业的创新活动

企业要成为百年老店,成为长寿企业,就需要在各方面开展持续的创新工作,不论管理策略,还是竞争方式,不论产品性能,还是工作特点,都要能够满足日益变化的动态社会需要。所以,开展持续不断的创新活动,是企业能够长期适应社会发展需要的重要措施。

创新工作不仅仅是企业骨干成员的固有责任,也需要企业其他员工的积极参与。创新过程是灵感的落实,创新过程也是观点碰撞的结果。因此,上下级员工之间、各个不同部门之间、企业骨干成员之间的灵感都是创新工作的起点。企业的创新活动可以包括管理创新、技术创新、产品创新、理念创新等多个领域。企业的沟通工作目的之一,就是搭建激发创新工作的平台,就是构造一种良好的管理与沟通环境,营造一个大家乐于交流的氛围,并且激励和催生企业的创造性。

在管理创新工作中,企业需要对现有的管理制度、策略、方法手段、应用状况进行实际反思,探讨实际管理工作中存在的经验与不足之处,通过分析导致这些具体现象出现的原因与理由,寻找进一步做好现有工作的可能性与方向等。在此过程中,企业沟通平台的有效性,就成了支撑性的基础条件。所以,管理沟通对企业的管理风格、文化等都具有实际的影响作用。进一步讲,管理沟通还是鼓励和激励员工开展创新活动的重要基础。

在企业的技术创新活动中,不仅技术人员的个人能力与视野、创新愿望具有很重要的作用,企业的技术人员与同事、领导的交流也是极为重要的。大家彼此之间的有效配合,同事们共同的合作与协作,包括技术人员与生产一线员工的沟通过程,都会对企业的技术创新活动产生积极的促进作用。

产品创新的源头在于市场的需要,在于先进技术与先进理念的推动,还与销售人员对产品性能的敏锐观察及体会密切相关。产品性能创新、产品结构创新、产品的使用方式创新等工作都需要众多人的智慧性合作。沟通平台的坚实性与有效性,在一定程度上是保证产品创新活动顺利开展的基础条件。

经营理念创新似乎是比较虚的概念,但在实际工作中这种理念创新是非常实际的。在经营过程中,企业与供应商、消费者、员工的关系就涉及理念创新这个主题。在买方市场中,有些企业在处理自己与供应商的关系时,会选择以我为主的模式,认为自身的选择余地比较大,常常会对供应商提出一些苛刻的要求,导致彼此之间的合作存在某种程度的敌对情绪。但也有些企业,会选择合作与双赢的观念与对方共事,即使是买方市场,企业也会从相互帮助的角度出发,与供应商在需求特点、加工过程、产品工艺等方面深入沟通。这样做的结果不仅能保证企业所需的零部件能更好地满足生产与装配的需要,还能在合作过程中建立彼此之间的长期双赢关系,并且对企业的生产经营活动带来更多的便利性与有效性。

总之,沟通工作是否能对企业的创新工作产生实际性的促进作用,也是评价管理沟通效果的实际评价指标之一。

10.2.4 企业工作与合作剩余

企业在沟通过程中,涉及很多与外界合作伙伴的交流内容。企业与外界的这些交流是企业生存的重要环境保证。企业的外部利益相关者包含供应商、消费者、债权人、股东等交易者,也包括政府职能部门与其他的主体。企业与外界利益相关者的交往,必然存在着相关的利益共享问题,还存在着合作能否增加价值的问题。在与外界的合作过程中,沟通是融合彼此关系的辅助工具。企业与外界主体合作的目的是增加双方的利益。有人甚至说沟通过程能够让企业在合作过程中得到更多的利益。所以,合作过程是企业必须重视的活动。

人们知道,如果在与合作伙伴的合作过程中不能出现合作剩余,则合作双方就没有利益分享,沟通过程就会变成零和博弈的过程。在沟通过程中,能够给对方提供利益增长的条件与机会,能够在合作中诚心帮助对方增加价值并为对方提供更多的帮助,也是企业自身发展的需要。

消费者或者企业的产品用户是企业生存的基础。企业与消费者之间的关系可以是直接的也可以是间接的。人们常说消费者是企业的上帝,但在实际生产经营过程中,企业是否能够真正把消费者作为自己的上帝对待,却是值得思考的问题。为了自身的利益,企业为消费者提供没有安全保证的产品,而且提供那些可能有损消费者健康的产品,已经不是个别企业的选择,这种状况的持续发展,必然导致利益冲突。当消费者具备选择能力的时候,沟通过程就可能变得很无力。其实,如果沟通过程能与利益关系紧密联系起来,能够在企业选择损害消费者利益之前,就能通过沟通规避这些可能的消极举动,则管理沟通的效果就能很好地显示出来。观察百年老店与消费者之间的利益关系,分析长寿企业能够得到消费者长期认可的原因,就能清楚看出,这些企业不仅能够长期为消费者提供利益增长的产品,不仅在用产品与服务与消费者交流,同时还在与消费者共同分配彼此之间的合作剩余。

企业与政府之间的沟通基础,同样与合作剩余的分配存在关联。如果企业不能给政府职能部门的工作带来有效的帮助,而是不停地制造麻烦,则企业也很难得到政府的善待和有效帮助。政府工作的成绩与企业经营相关,与企业的发展和企业的支持也密切相关。只是彼此得到收益的形式不同而已。所以,企业与外部利益相关者的沟通,需要在考虑彼此收益的前提下开展。不仅考虑短期合作,还要考虑开展长期的合作。显然,有效沟通可以支持这种必需的合作,还可以在某些方面促进这种合作的实现。

10.3　沟通过程与效果

管理沟通不仅能够为企业带来和谐的工作环境,还能为企业带来实质性的价值增长。理性的理解并分析管理过程中的具体问题,从普遍意义上考虑管理过程中的问题与机会,就会在一定程度上改善企业经营活动的效果。

沟通过程的目的是希望能够选择合适的沟通方式,能让沟通过程中的每个环节都有比较合适的选择,使得每个环节形成的沟通链条更加顺畅、有效。

评价沟通过程的效果,主要可以从沟通过程是否能够有助于改善工作状况,是否能够提升企业的存在价值、增加业务收益、降低工作成本等方面进行衡量。

10.3.1　沟通与管理效率

效率是评价收益与支出之比的指标。如果沟通过程能够降低工作成本,或者在同样付出的情况下,得到更多收益,则效率提高,反之,效率下降。沟通过程能够化解工作中的一些误会;能够更清楚地表达不同主体彼此之间的观点与差异,有利于更好合作或完成工作责任;沟通还具备其他有助于效率提升的效用。因此,沟通活动不仅是企业提升工作效率的工具,也是企业更好达成经营目的的工作内容之一。

从管理的职能看,计划工作不仅需要上下级部门之间的沟通,还需要管理部门与基层管理者以及上级主管部门之间的有效沟通,才能使得工作计划的实用性与严肃性得到保障,才能使得企业的综合经营计划与各个职能计划之间形成合理的逻辑关系。同样在计划执行过程中,计划管理者还需要与有关方面进行沟通,力求消除计划与实际执行结果之间的差异。

做好企业的组织管理工作也需要沟通管理工作的支持。在配置企业资源的过程中,企业不同部门之间会从自身工作的便利性等方面提出占用更多经营资源的要求。此时,组织管理者就要能够从整体效果最好的角度,与有关方面进行必要的协调与沟通,需要从实务与理论等多个方面有理有据地表明企业的立场,说服对方尊重企业的战略规划与计划等。当然,如果资源配置者不能很好地利用沟通的功能,不能有效地与相关方面进行客观理性的沟通,则企业的经济资源就可能难以产生更高的经济效益。

同样,管理职能中的控制、协调、指挥、领导等职能的落实过程都需要必要的沟通活动支持。只要在沟通过程中能消除误解与工作障碍,能增加员工的工作责任感与协调愿望,则沟通活动就会产生积极作用,就能在一定程度上为实现企业经营目标产生推动力,就会最终提升企业的工作效率。

10.3.2 沟通与管理效果

让沟通过程产生预期的效果,实际上是一件很难实现的目标。由于管理中的沟通涉及沟通双方的很多特点,而沟通过程与众多不确定因素存在联系,所以,要让沟通过程产生效果,就必须明确各种影响因素产生积极效应的原理。

直接观察和分析沟通双方的沟通诚意、品行与修养、个性特点、利益关系,企业所提供的沟通环境以及沟通内容的复杂程度等,必然会对沟通结果产生积极影响。按照一般常识,利益关系是促成沟通的前提因素,沟通者的诚意、修养以及个性特点是影响沟通的间接因素,沟通内容的复杂程度则是沟通过程能够达成结果的制约因素,而环境因素则是沟通成功的保障因素。

为了促成工作中沟通活动的开展,也需要考虑工作中存在的利益关系。实际上,利益关系可以是显性或者隐性的,也可以是短期或者长期的,还可以是物质形态与精神方面的。在企业管理过程中,需要通过制度或者管理策略设计出每项工作与利益之间的关联方式,构建出工作内容与利益之间的必然联系。采用明确的形式让员工能够清晰地认识到工作内容的价值所在。

其次,为了使间接性的影响因素产生作用,管理者需要依据沟通者的品行、修养与个性特征,选择做好某些沟通事宜的人选,避免因为这些个性特征造成工作的被动结果。当然还要考虑被沟通者的个性特点,要以特定的策略与形式选择解决问题的方法,有针对性地利用有利条件,从性格匹配、个性相投、专业详尽等能够降低沟通难度的角度,探讨成功沟通的方案。由于需要沟通的内容有简有繁,所以,选择沟通手段与方式的策略是必然存在特殊性的。

再者,针对沟通内容的复杂程度,企业也需要从沟通资源的投入方面进行选择。企业营造的沟通环境,不仅对员工行为特点有要求,更应该是企业领导以身作则的地方。如果企业领导在沟通过程中极为强势,即使员工希望在很多事情上开展工作沟通,也很难形成实际的沟通环境。企业中的平等沟通,需要沟通双方都存在愿望才行。单方面的沟通愿望,没有明显利益基础的沟通期待,最终都可能夭折于脆弱的沟通环境中。

还有,企业文化如果能够给沟通过程提供必要的支持,则沟通过程也会更容易达成目的。如果沟通双方对企业文化的认可度产生差异,即使沟通者愿望强烈,而被沟通者没有积极性时,沟通过程也很难得到期望的结果。除非企业存在一种和谐的文化特征,出现问题时彼此都能够心平气和、理智客观地进行沟通,否则利用沟通解决问题的方式就是不可能的了。比如,在现实的家庭生活中,有些家里出现问题时,夫妻双方习惯于通过相互之间的沟通解决问题,而更多的家庭却会因为习惯而选择争吵的方式处理矛盾。从家庭生活里还可以看到另外一种现象,即使是对家庭有益的事情,由于夫妻双方的观点不同,也会出现彼此之间的争吵与辩论,最终导致为了共同目的而努力的人们之间也出现了矛盾与不快。

在不少情况下,员工之间都明白沟通的积极作用与价值,但企业的文化特点导致的工作习惯却完全有可能不能够支持沟通过程。所以,提倡并鼓励工作沟通,甚至通过激励的方式促进员工之间的工作沟通,很可能会对搞好企业工作的愿望产生意想不到的积极效果。

10.3.3 沟通与企业价值

前面讨论了沟通与实现企业利益最大化的关系。沟通可以从短期与长期利益方面对企业价值产生促进影响。但企业价值的增加必须与社会价值接近一致。如果企业认为自己的沟通能力强,就可以不重视社会对企业的某些具体的即时性约束,在未来的经营过程中,企业必然会受到社会的不满,而这种不满必然对企业的长远发展产生消极影响。

由于沟通过程能够将企业的理念与行为融为一体,能够将理念应用于经营行为中,能够让企业在理念的基础上,安排和规划企业的经营计划与行为,能够让企业与各种类型的利益相关者和睦相处,所以,合作剩余必然产生,企业可以分配的利益蛋糕也必然会更庞大。在这个意义上讲,沟通对企业价值增长的作用就比较明显了。

企业中的沟通过程可以涉及现实工作与潜在工作,沟通中的某个观点与聊天中谈到的某个话题,就很可能激发出某种管理灵感,从而对企业的现实工作或者未来的发展领域产生积极的影响,从而对企业的长远价值产生积极贡献。

在实际经营过程中,企业和企业员工常常在被动地满足着市场的需求,满足着企业的工作任务。除非迫不得已,很少有企业重视和积极把握市场中存在的潜在发展机会。所以,关注人们日常沟通中谈论的事情,从中感受积极的内容,也是企业发展与提升价值的潜在机会。

10.3.4　沟通与企业工作成本

人们常说的"家和万事兴",就含有沟通可以降低生活成本的道理。企业在实际工作中遇到的所谓"内耗",总是能轻易消耗掉那些经过努力与劳累所创造的"财富"。所以,在工作中尽量减少内耗,更多地热衷于创造价值,则企业的发展条件就会更好。

企业的成本是企业为了得到期待的收益,而付出的费用补偿。一般情况下,产品制造企业的成本主要包括产品制造成本与管理费用、财务费用以及销售费用等。

通过沟通,可以交流提高工作效率的技能,可以交流高效使用设备的方法,可以交流利用材料的技巧,还可以交流规划、节约费用的手段等。显然,这些内容都是降低产品制造成本的途径。再者,合理利用企业的有限资金,使这些资金产生更大的经济效益,也可以通过财务部门与企业其他相关部门的沟通活动得以实现,同时还能在一定程度上降低财务费用。管理部门通过合适的管理方法,更有效地组织企业的资源,发挥管理潜力,也能够在一定程度上降低管理成本等。同样,通过吸收营销管理的有效方法,也可以提升企业的销售工作成效并达到节约的目的。

总之,反复的沟通工作,可以以低成本的方式,给企业带来很多隐性收益。理解沟通工作与成本的关系,理性的企业可能就会珍惜沟通环境的培育。

10.4　沟通效果的评价指标体系

评价管理工作中沟通活动的效果,可以考虑运用绩效考核的指标评价体系。沟通也是企业工作的一个部分,需要选择合适的方式评价管理工作中沟通活动产生的实际效果。评价沟通对企业经营产生的效果,主要看沟通对企业成为百年老店、成为长寿企业所需要的条件方面得到了哪些有益的影响,更直接的方面是看沟通活动对企业价值的增长产生了哪些作用,形成了哪些结果。

10.4.1　沟通效果评价

对沟通效果的评价,可以依据达成目的的状况,针对某次或某件事情的沟通过程进行评价,也可以从沟通过程产生的间接影响,评价沟通活动的效果。沟通活动对企业所产生的积极影响,主要体现在企业与利益相关者的关系方面以及企业业绩的增长方面。可以分别从外部与内部两个方面进行讨论。

1. 企业与外部利益相关者的沟通效果

企业与外部利益相关者的沟通过程,主要考虑的是彼此之间的利益关系平衡以及彼此之间的工作配合事宜。沟通主体是否能够按照规则处理彼此之间的关系,能否按照在规则约定的条件下,在特殊条件下为对方的工作提供帮助与便利。可以使用沟通双方在满意度方面的一致性,衡量彼此之间的沟通效果。

2. 企业与内部利益相关者的沟通效果

企业与内部利益相关者的沟通,主要依据是管理制度中涉及的有关规定。如果企业制定的管理制度能够满足企业的需要,并且能够促进企业工作的发展,则制度沟通就是有效的。衡量这方面的沟通效果,可以使用内部利益相关者的满意度指标。这项工作的前提是假设企业内部管理制度不会对企业的利益增长产生消极影响,并使用企业内部利益相关者对企业的人力资源管理工作、绩效考核方式、薪酬管理制度、员工激励措施、工作氛围的满意度等指标,评价企业内部沟通的有效性。而不需要考虑内部的利益相关者是管理者还是基层员工,是企业的部门还是企业的具体工作人员等。归根结底,是看企业是否能够在很大程度上平衡内部的利益关系,并且让多数员工感觉到实质上的较高满意程度。

3. 企业内部不同主体之间的沟通效果

前面的内容已经介绍过企业内部员工之间的沟通类型。在企业内部,如果员工之间的沟通活动比较顺利,则企业内部存在的矛盾就会比较少,企业在处理具体工作的时候,效率也会更高。内部利益主体之间的沟通活动主要涉及下述几种基本类型。

(1)上级与下级之间的沟通。

上级能够顺利安排工作,下级员工能够满意接受上级领导布置的工作,保质保量完成岗位责任;上级能够真实、及时了解工作现场的状况,能够理性客观地理解下属员工的状况与需要,并能够在企业规则条件下,很好完成企业制订的工作任务。

(2)员工与同事之间的沟通。

员工按照制度的要求与上级的安排,顺利完成自己的工作任务。同事之间的工作配合是和谐的,彼此之间的工作关系是正常和透明的。员工对彼此之间的工作关系与利益关系比较满意。个别员工对他人利益的侵占可能性较低。

(3)跨部门与跨层级的沟通。

如果工作需要,不同部门的员工之间存在顺畅的沟通渠道,不同层级的员工之间也存在制度规定的沟通途径,而且企业的制度对这种不同类型的工作沟通也具有支撑和保障。

10.4.2　评价方法选择

在管理体系中,绩效评价的方式比较多。常用的有平衡计分卡、关键指标法、360 度评价法以及目标管理法等多种方式。这些方式对评价企业的管理工作都存在有特定的积极作用,但也都存在一些应用方面的局限性。

平衡计分卡法是从财务、市场、内部管理、支持与发展等四个主要的方面考虑企业的工作。对每部分主要工作设定若干财务与非财务指标进行评价。同时,将企业四个方面的衡量指标连为一体,形成彼此之间的逻辑关联。通过衡量指标之间的关系,评价企业实际工作的效果。认真理解平衡计分卡,可以看出平衡计分卡法不仅是评价企业工作状况的一种指标体系,更是一种通过结构方法观察和理解企业工作的一种工具。通过这个工具,可以更好地理解企业的工作内容以及不同内容之间的逻辑联系。使用这种方法衡量企业的沟通工作,只能从指标关系方面考虑问题。但依据沟通的特点,这种方法的适应性也存在有针对性不强的不足之处。

关键指标法是企业根据工作特点,通过分析企业工作的本质,从关键点出发,选择能够从根本上衡量工作效果的指标,并评价企业具体工作质量的方法。比如,针对企业销售工作的特点,选择销售利润率衡量销售工作的质量;根据企业产品生产过程的要求,选择一次成品率评价生产过程的严密性等。显然,使用关键指标法可以比较方便地衡量企业某项具体工作的质量状况。这种方法对改善企业的工作状况与效果是有效的。

360 度评级法,是从多角度、全方位考核评价企业的工作质量的评价方法。在实际管理工作中,这种方法视角全面、观测点众多,但在考核与评价工作状况的时候,存在着工作量大、使用成本过高的缺陷。在实际工作中,已经出现被关键指标法取代的趋势。评价企业工作中的沟通效果,不需要从大范围、全视角的角度看待问题,所以,使用这种方法评价管理沟通的效果是存在不足的。

目标管理法是针对某项具体的工作,针对该工作的管理目标,制订具体的行动方案,然后,依据计划,在过程的前期、中期与后期通过使用特定的方式对项目进行管理。针对沟通的特点,使用这种方式对沟通过程的效果进行评价应该是比较恰当的。

按照上述简单分析可以看出,结合目标管理法与关键指标法评价沟通效果将会比较好。

10.4.3　评价指标选择

目标管理法的核心是确定事情的目标。因此,首先确定某项沟通过程的目标,是使用该方法的重要内容。另外,由于管理沟通涉及的内容不仅仅是某一具体沟通过程,还涉及评价企业的整体沟通状况。所以,在考虑沟通目标的时候,要从两个方面考虑沟通效果,即:对具体沟通事例的评价与企业整体沟通状况的评价。

沟通涉及企业所有工作,但从实现企业价值角度考虑问题,则主要是从生产行为、产品盈余、合作剩余、创新行为等方面观察沟通效果的。

对一次具体的沟通活动,主要看此次沟通的目的是否已经达成,以及达成目标的程度如何。因此,要区分此次沟通的类别是属于讨论问题、协商合作、鼓励士气,还是指导工作等。显然,具体的沟通过程的目标与事先设定的沟通目的相关。在实际工作中,除了明确确定某项工作的完成日期与预期结果,多数情况下人们只是在内心对沟通结果设定了一个比较模糊的简单目标,所以,对沟通活动很难有准确的衡量指标。评价沟通活动的效果时,要为不同的沟通类型选择不同的沟通评价指标。

对企业整体沟通状态的评价,主要看企业员工对企业政策、其他员工、企业工作环境的明显抱怨是否很多。显然,在一个沟通环境较好的工作状态下,员工表现出不满的情况应该是比较少的,非正式群体有关反对企业部门的活动也应该是比较少的。换一种方式,即可以从员工对企业工作的满意度观察,或者从企业工作的成效进行观察。

1. 具体沟通活动的评价

做好一项具体的工作或者事情,一般而言都有明确的目的。如果通过沟通过程很好处理了这件事情,则可以认为效果很好,否则,就可以认为事情的处理结果并没有达到目标。为此,可以设计一个目标实现率这个指标用于评价沟通工作的状况。

$$沟通目标实现率＝实际沟通结果/预期沟通结果 \qquad (10-1)$$

其中,不论是实际或者预期沟通结果都可以是感性状态或者认知状态。这个指标的取值属于定性结果。当然,如果沟通的目的是在某个时间点解决了某个问题,而且问题确实已经得到解决,则这两个指标的取值就可能是明确和具体的。

2. 企业沟通状态的评价

企业沟通环境的评价,涉及的因素与内容更加复杂,操作性更加不容易确定。但可以从企业生产活动的有序性、企业产品的盈利能力、企业与外界合作的有效性、企业新产品与创新行为的成功性几个方面进行评价。

显然,如果企业内的沟通活动是有效的,则生产与经营过程就是顺畅和高效的。企业的产品质量、企业的营销行为、企业的正常有效性就会比较高,所以企业产品的盈余能力就会比较强,同样,企业与内外部利益相关者的合作关系也会比较好,彼此之间存在的矛盾也会小。再者,企业在生产、研发以及管理创新方面的工作也就会更为成功。因此,可以从下属四个指标衡量企业沟通状况:

$$生产活动的顺畅率 = 生产过程实际差异率/生产活动预期差异率$$

$$(10-2)$$

其中差异率可以从产品质量的一次合格率、设备故障率、安全事故率等指标进行综合衡量。

$$企业产品盈余能力 = 实际主营业务利润率/预期主营业务利润率$$

$$(10-3)$$

企业主营业务利润率的长期平稳,可以在一定程度上反映出企业的整体沟通状况处于比较稳定的状况之下。

$$内外部利益主体不满率 = 实际不满率/预期不满率\qquad(10-4)$$

其中:　　　内外部主体不满率 = 内部不满次数 + 外部不满次数

企业内部员工对企业管理工作的不满意次数,表现在提意见的次数、冲突的次数、上访的次数、向有关部门举报的次数等。而企业外部的部门次数则表现在被诉讼、被仲裁以及外部利益相关者明确提出不满的次数。尽管很多不满不会明确提出来,而且企业也会刻意隐瞒员工不满的情况,但如果企业愿意客观面对,则是很有可能了解这些不满的状况的。

$$企业创新状况 = 企业各类创新活动次数/企业上期各类创新活动次数$$

$$(10-5)$$

显然,良好的创新状况,反映出企业的管理与利益处理状况,是能够符合员工的多种需求的。并显示员工能够很好理解和接受企业的管理政策,具备比较炽热的创造愿望。或者说,企业员工具备很好的主动工作的精神状态。

10.4.4　评价指标体系

企业沟通状况的评价,需要具备真实的数据支持。如果企业或者企业的部门愿意评价企业的沟通环境,则可以通过问卷调查的方式与查看财务报表数据的方法去确定企业在沟通方面的实际情况。问卷调查的内容与评价目的之间存在关联,所以具体内容由调查目的决定。

企业依据调查所得到的结果,对所获取数据进行相应处理,可以通过表 10-1 所列方式进行相应的计算处理。

表 10 - 1　企业沟通状况评价表

评价指标	调查得分	权重	评价值	备注
沟通目标市现率				
生产活动顺畅率				
产品盈余能力				
利益主体不满率				
企业创新状况				
合　计				

当然,如果从调查开始,到填写表 10 - 1 中的数据,还需要数据处理过程予以支撑。具体处理过程可参考有关方法即可。

10.5　沟通效果的评价

评价企业的管理沟通效果,主要是看沟通目的能否达到,不论是员工个人之间的沟通活动,还是企业沟通环境的改善,都需要从达成目的的角度考虑问题。

在实际工作中,有求于对方帮助并需要沟通的事情包括:沟通者对被沟通者提出的求助、对完成某些任务遇到困难的表述等。所有这些内容都是在需要对方理解和帮助的基础上需要开展的沟通过程。显然,只有当被沟通者愿意开展沟通时,这些有助于企业工作的沟通过程才能正常开展。

评价沟通环境的有效性,主要看沟通双方是否都具备沟通的愿望与善意特征。正常情况下,企业员工对企业的各种管理策略的满意度越高,企业员工对企业管理工作的理解就可能越多。企业开展沟通活动的目的主要有下述几点。

10.5.1　得到社会理解与支持

企业与外部利益相关者之间存在着利益与工作关系。企业经营过程不仅需要与外部利益相关者共同合作并满足完成经营工作的需要,还要在特殊工作状况下,让对方理解企业所选择的某些消极行为。比如,企业资金特别紧张的时候,应付账款的还款时间延滞;企业产品偶尔出现的质量问题,售后服务的不及时;企业与社会职能部门的合作中存在的一些不令人完全满意的做法等。

两个经济主体之间的利益关系,可能是动态稳定的。如果要求彼此之间的关系能够处于一种静态稳定状态,显然是很难做到的。比如,在处理企业与供应商、消费者、债权人之间的关系时,不仅会出现合作密切的阶段,也会出现彼此不满意的时候,甚至出现不甚和谐的事情。因为,任何一方在合作过程中都有可能出现困难的阶段,都可能会选择一些不能让对方满意的合作方式。但不论某个时间点的情况如何,人们面对的合作关系都可能是长久合作条件下某些时间点存在的不和谐。能够通过彼此之间的沟通过程,使双方在一些特殊的事情上达成理解,也是沟通过程要达到的重要目的。

能够结合具体事情的特点,说出让对方感觉符合逻辑的道理,提出对双方都有益处的建议;能够运用丰富的专业知识,介绍并解释自身对一件事情或项目的理解与说明,让对方接受的观点,都是沟通者需要具备的能力。这种能力对企业得到利益相关者的认可,是很有效的要素。能够在实际工作中做到与利益相关者之间的彼此理解,合理运用沟通方式更好地推动彼此之间的相互配合,也是沟通过程有效性的一种具体体现。

10.5.2　提升员工工作的热情

从沟通目的看,能够让企业员工彼此之间的工作关系建立在信任的基础上,则员工之间的沟通结果就更容易达成。在企业中营造一种和善的工作气氛,不仅是人文方面的需要,也是促进企业开展有效工作的重要内容。可以看出,做好此事并非很容易。从普通家庭中的沟通情况就可以看出,即使在彼此存在浓郁亲情的家庭成员之间,也未必一定存在良好的沟通氛围。领导者在与下属相处的过程中,是严肃要求对方如何做事情,还是在做事情的基础上能够用充满热情的方式或者语言,激发下属主动工作的积极性;是从乐趣与价值角度与下属谈论工作,还是从责任与要求方面进行交流,其短期与长期作用都应该是不同的。

如果一个企业中的员工之间、员工与企业之间存在一种真正的信任关系,则利益主体之间就可以随意表达自己的愿望与观点。员工不会担心因为自己做事情时可能出现的失误被批评而放弃主动工作的态度,员工可以因为自己的努力工作而感受到工作的乐趣。此时,员工就会萌发一种积极的工作热情,会主动提出改善现有工作不足的积极建议等。

主人翁意识是通过企业的管理特点激发出来的,而不是凭口头的说法建立起来的。共赢的管理方式、相互尊重的交流形式,都可能促进企业各种沟通的有效性,都会导致企业内部员工工作热情的提升。评价沟通活动产生的效果,要看通过沟通活动与沟通环境建设活动是提升员工的工作热情还是压抑了员工的工作热情。

10.5.3　夯实企业文化的基础

企业开展文化建设活动,是焕发企业员工工作热情的措施之一。通过改善企业的沟通活动,让员工能够从内心深处产生一种向心力,产生一种努力工作的愿望,对企业的各项工作都会产生很好的帮助。

在现实生活中,企业的文化氛围与企业领导的管理风格之间关系很大。一个只关心自己、处事严谨、不苟言笑的领导下面，是很难出现一种具有热烈工作热情的沟通环境的。因此，企业领导的工作状况与风格，也是提升沟通环境的重要影响因素。

能够通过管理工作，激发员工为改善工作效果而努力的热情，提升员工开展生产活动的质量，促使员工认真处理事情、产生开展创新活动的愿望，是建设企业文化的重要目的之一。企业员工具备共同认可的价值观、行为模式、工作态度等，是企业文化的精髓。将企业文化倡导的内容落实到具体的工作细节中，并通过沟通活动强化和夯实文化基础，对企业达成经营目标也存在积极作用。

从企业文化角度观察沟通活动的效果，主要是要看员工行为与企业文化倡导的工作方式是否趋向一致，要看员工是否热衷于创新活动，员工是否能够按照生产活动的基本要求选择自己的工作行为等。

10.5.4　理顺管理工作的关系

企业管理工作的重点之一，是通过运用各种有效的办法与手段，合理组织企业的各种工作资源，并设计和安排各种资源的协调关系，形成一种资源优化配置的结果，产生更合适的投入产出效果。

沟通过程是在这个过程中预防差异、消除差异，并促成管理目标的过程。因此，通过实际工作中的沟通活动，可以消除工作中的可能误解，降低工作成本，热衷创新工作，并增加工作参与者彼此之间的理解，使得不同员工、不同部门、不同管理者之间更容易对企业工作产生共同的见解，以及比较接近一致的行为方式。

从管理效率提升和改善的角度看待沟通效果，主要的评价指标就是看企业在管理过程中是否经常性出现管理障碍。当管理制度中存在一些消极的不和谐之处时，沟通活动可以在一定程度上消除这种故障导致的不和谐，而这种管理制度中存在的不一致，在几乎所有企业中都是必然存在的。如果沟通过程能够产生这种解决问题的效果，显然，沟通活动就是有效的活动了。同理，企业能够认可与鼓励员工在实际工作中的积极倾向，能够保障企业员工心情舒畅地主动工作，则企业的管理制度对企业的长久发展就将是有效的。

本章小结

在本章中，主要讨论了沟通过程的效果评价问题。需要注意的是，本章内容讨论的主题是评价管理过程中的沟通活动的效果，而不是对沟通者的沟通能力的评价。

在企业管理过程中，沟通活动主要涉及两个方面的内容。其一是对管理工作中的办理某件事情所导致的有关内容进行沟通和交流，其二是处理沟通与企业经营目的之间的关系。能够有效处理管理过程中遇到的各种工作，使之能够在有效的条件下顺利进行，是评价沟通工作的重要指标。

企业的经营过程涉及员工的生产活动、企业与外界的利益关系处理、企业盈利能力是否能够得到保障以及企业创新能力的培育与保护等多个方面。不论如何处理事情，只要沟通过程对这几个方面的工作能够产生积极影响，企业中出现的沟通活动能够达到既定目的，则企业管理过程中出现的沟通活动就是有效的，就是值得肯定的。

阅读材料

关于 YD 公司财务工作的沟通建议

1. 提出沟通建议的背景

YD 公司是一家电力行业监理服务企业，成立于 2004 年 6 月，主营电力工程监理和电力工程招标代理，2009 年公司实现财务收入 1500 万元。公司设置总经理工作部、经营部、财务部、招标代理部、工程部、质安环部六个部门，现有员工 206 人，其中本部工作人员 17 人，现场监理人员 189 人。本部工作人员平均年龄 34 岁，30 岁以下人员比例为 41%。财务部编制 4 人，主管会计 1 人，制证会计 2 人，出纳 1 人，受 YD 公司和集团公司财务部双重领导。

我于 2010 年 3 月从集团公司财务部调出，任 YD 公司副总经理，管理经营部、财务部和招标代理部三个部门的工作，向 YD 公司总经理负责。任职三个月后，发现 YD 公司财务部有不少奇怪的现象：①财务凭证装订停留在"手工时代"。集团公司两年前推广的塑管半自动装订机不见踪影，仍使用手工打孔机和线绳。②财务档案遍地开花。档案柜严重不足，2010 年的财务档案堆放在财务室各个角落。③收转内部邮件需手持 U 盘来回奔跑。财务部 4 人中只有主管会计具有公司内部办公自动化邮箱，其余人员收转邮件要么借用主管邮箱，要么手持 U 盘到别的办公室进行相关操作。④网上纳税需到会议室上网申报。财务人员将国税、地税网上申报系统均集成在了公司会议室电脑上。⑤财务部的年轻人极少参加公司本部的午餐会。本部 7 个年轻人，因离家较远大多选择中午不回家，午餐会已成常态，但极少看到财务部年轻人的身影。

观察到上述种种现象后，我认为需要与财务部主管会计和相关人员进行进一步的沟通，了解产生这些现象的根源，寻找解决之道。

2. 与 YD 公司财务部主管会计及相关人员的沟通

YD 公司财务部主管会计，系公司成立之初即从事该岗位的资深员工。当我谈起上述问题时，她仿佛终于找到知音一般，开始了长达一个多小时的倾诉。随后的一周内，我分别逐一约谈了财务部其他人员和总经理工作部等部门人员。通过约谈、询问和倾听，我逐步了解到了前述问题的根源，梳理如下：

（1）装订机问题。

主管会计称，不是不用，而是集团公司当时未配发，且由于构成固定资产，YD公司无法自行决定采购，需报集团公司层层审批，因手续繁琐迟迟未办，所以一直使用手工装订机。

（2）档案柜问题。

主管会计称，总经理工作部配发的档案柜不实用，有两个中间无隔板，不适合摆放凭证，且财务室空间不大，无法再放置新的档案柜。

（3）办公邮箱问题。

财务人员称，两年前集团公司统计办公邮箱名单时，总经理工作部未给所有财务人员申报开通，只能用 U 盘解决。

（4）网络纳税申报问题。

财务人员称，公司上网的路由器安装在会议室，由于距离财务室较远，上网速度较慢且时常无法登录，所以只能将报税系统安装在会议室电脑上。

（5）午餐会问题。

总经理工作部、招标代理部工作人员称，财务部的人不太好打交道，大家在一起时经常没什么可交流的，久而久之就很少在一起活动了。

在了解到这些问题的缘由之后，我认为财务部的有些问题已影响到本部门工作的开展，个别问题还存在着较大财务风险，并且对 YD 公司团队建设、企业氛围都会产生不利影响，非常有必要向 YD 公司总经理尽快提出相关建议，通过内部、外部沟通解决上述问题。

3. 关于 YD 公司财务工作的沟通建议

一周后，我拟出了相关建议，通过办公自动化邮件发给了 YD 公司总经理。建议的主要内容如下：

（1）外部沟通。

①装订机问题。

A. 说明 YD 公司目前财务凭证的装订业务量，比较新型装订机与手工装订机的优劣，需由总经理向 YD 公司董事长汇报购置计划，获得董事长同意；

B. 由 YD 公司副总经理（我本人）与集团公司财务部、设备部沟通，同意后即由 YD 公司总经理工作部主任提交书面固定资产购置计划并全程办理审批手续。

②办公邮箱问题。

A. 说明办公邮箱对财务工作的必要性及 U 盘导入导出财务文档的风险，需由 YD 公司总经理与集团公司科技信息部主任沟通；

B. 由 YD 公司总经理工作部主任一周内提交开通办公自动化邮箱书面申请，审批后由科技信息部负责安装软件。

③网络纳税申报问题。

A. 说明国税、地税报税系统及数据是 YD 公司重要机密,在公共会议室上网申报存在极大财务风险,必须卸载会议室电脑报税系统,在财务部办公室开通互联网,将系统全部集成在财务部办公室电脑上,需由 YD 公司总经理与集团公司科技信息部主任沟通;

B. 由 YD 公司总经理工作部主任一周内提交开通财务部互联网书面申请,审批后由科技信息部负责布线调试。

(2)内部沟通。

①档案柜问题。

A. 说明财务档案柜使用情况,预计 2010—2012 年财务凭证、报表数量,估计购置的档案柜数量,需 YD 公司总经理同意;

B. 由 YD 公司总经理工作部主任根据需求在两周内安排购置,并综合利用搬出的档案柜。

②午餐的问题。

关于午餐会的问题,我没有写在提交给总经理的建议中,也没有直接给财务部人员提出建议。我私下里告诉总经理工作部、招标代理部的几个年轻人,YD 公司是个大家庭,请他们举行午餐会时"强行"拉财务部人员出去几次,我会不定期的参加。

4. 沟通结果

提出建议一个月后,前四个问题均已解决,财务人员也开始参加午餐会。公司、部门、员工之间的交流,是一个长期的过程,非一朝一夕之事。

沟通了解彼此,倾听促进信任,从这次解决 YD 公司财务工作问题的实践中,我深深体会到,要创造高绩效的团队,必须具备有效的沟通,而懂得倾听,则是解决之道的开端,它可能决定着随后的路径走向和顺利程度。

(MBA 952　郑剑)

思考与讨论

1. 通过沟通过程能够促进工作过程的效率提升,或者能够改善工作环境都是人们期待的沟通结果。您认为该阅读材料的作者所选择的沟通内容是否能对管理工作产生积极作用? 如果作者不提出这些沟通建议,是否会受到同事的批评?

2. 请具体分析并评价该阅读材料所提建议的具体效果。您认为作者对管理过程中沟通行为的理解是否正确? 如果财务部员工与公司其他部门员工之间能够建立起更融洽的朋友关系,可能会对公司后续工作产生哪些影响?